教育部　财政部中等职业学校教师素质提高计划成果
物流专业师资培训包开发项目(LBZD048)

仓储与配送实务

Cangchu Yu Peisong Shiwu

教育部　财政部　组编
白世贞　主编

中国财政经济出版社

图书在版编目（CIP）数据

仓储与配送实务/白世贞主编．—北京：中国财政经济出版社，2011.10
教育部、财政部中等职业学校教师素质提高计划成果　物流专业师资培训包开发项目．LBZD048
ISBN 978-7-5095-3176-1

Ⅰ.①仓…　Ⅱ.①白…　Ⅲ.①仓库管理-中等专业学校-师资培训-教材 ②物流配送中心-企业管理-中等专业学校-师资培训-教材　Ⅳ.①F253

中国版本图书馆 CIP 数据核字（2011）第 204144 号

责任编辑：张　铮　　　　责任校对：徐艳丽
封面设计：陈　瑶　　　　版式设计：董生平

内容提要

本书是教育部、财政部“中等职业学校教师素质提高计划成果”中“物流专业师资培训包开发项目（LBZD048）”的结题成果之一。本书将仓储与配送实务教学内容共分为进货作业、货物入库作业、货物在库保管、订单处理作业、拣货作业、补货作业、配货作业、送货作业和退换货作业等九个学习单元，24个学习任务。每个任务都包含任务描述、任务分析、相关知识、技能训练、教学研讨五个方面。

本书可用于中等职业学校物流专业教师上岗层级、提高层级和骨干层级的培训指导用书，也可作为各级物流专业教师培训的指导与参考用书。

中国财政经济出版社 出版

URL：http：//www.cfeph.cn
E-mail：cfeph@cfeph.cn

社址：北京市海淀区阜成路甲 28 号　邮政编码：100142
营销中心电话：88190406　北京财经书店电话：64033436　84041336
北京富生印刷厂印刷　各地新华书店经销
787×1092 毫米　16 开　17.25 印张　415 000 字
2011 年 12 月第 1 版　2011 年 12 月北京第 1 次印刷
定价：40.00 元
ISBN 978-7-5095-3176-1/F·2686
（图书出现印装问题，本社负责调换）
质量投诉电话：88190744

教育部　财政部中等职业学校教师素质提高计划成果
系列丛书

物流专业师资培训包开发项目
(LBZD048)

项目牵头单位　哈尔滨商业大学
项 目 负 责 人　白世贞

出版说明

根据2005年全国职业教育工作会议精神和《国务院关于大力发展职业教育的决定》（国发［2005］35号），教育部、财政部2006年12月印发了《关于实施中等职业学校教师素质提高计划的意见》（教职成［2006］13号），决定“十一五”期间中央财政投入5亿元用于实施中等职业学校师资队伍建设相关项目。其中，安排4 000万元，支持39个培训工作基础好、相关学科优势明显的全国重点建设职教师资培养培训基地牵头，联合有关高等学校、职业学校、行业企业，共同开发中等职业学校重点专业师资培训方案、课程和教材（以下简称“培训包项目”）。

经过四年多的努力，培训包项目取得了丰富成果。一是开发了中等职业学校70个专业的教师培训包，内容包括专业教师的教学能力标准、培训方案、专业核心课程教材、专业教学法教材和培训质量评价指标体系5方面成果。二是开发了中等职业学校校长资格培训、提高培训和高级研修3个校长培训包，内容包括校长岗位职责和能力标准、培训方案、培训教材、培训质量评价指标体系4方面成果。三是取得了7项职教师资公共基础研究成果，内容包括中等职业学校德育课教师、职业指导和心理健康教育教师培训方案、培训教材，教师培训项目体系、教师资格制度、教师培训教育类公共课程、职业教育教学法和现代教育技术、教师培训网站建设等课程教材、政策研究、制度设计和信息平台等。上述成果，共整理汇编出300多本正式出版物。

培训包项目的实施具有如下特点：一是系统设计框架。项目成果涵盖了从标准、方案到教材、评价的一整套内容，成果之间紧密衔接。同时，针对职教师资队伍建设的基础性问题，设计了专门的公共基础研究课题。二是坚持调研先行。项目承担单位进行了3 000多次调研，深度访谈2 000多次，发放问卷200多万份，调研范围覆盖了70多个行业和全国所有省（区、市），收集了大量翔实的一手数据和材料，为提高成果的科学性奠定了坚实基础。三是多方广泛参与。在39个项目牵头单位组织下，另有110多所国内外高等学校和科研机构、260多个行业企业、36个政府管理部门、277所职业院校参加了开发工作，参与研发人员2 100多人，形成了政府、学校、行业、企业和科研机构共同参与的研发模式。四是突出职教特色。项目成果打破学科体系，根据职业学校教学特点，结合产业发展实际，将行动导向、工作过程系统化、任务驱动等理念应用到项目开发中，体现了职教师资培训内容和方式方法的特殊性。五是研究实践并进。几年来，项目承担单位在职业学校进行了1 000多次成果试验。阶段性成果形成后，在中等职业学校专业骨干教师国家级培训、省级培训、企业实践等活动中先行试用，不断总结经验、修改完善，提高了项目成果的针对性、应用性。六是严格过程管理。两部成立了专家指导委员会和项目管理办公室，在项目实施过程中先后组织研讨、培训和推进会近30次，来自职业教育办学、研究和管理一线的数十位领导、专家和实践工作者对成果进行了严格把关，确保了项目开发的正确方向。

作为“十一五”期间教育部、财政部实施的中等职业学校教师素质提高计划的重要内容，培训包项目的实施及所取得的成果，对于进一步完善职业教育师资培养培训体系，推动职教师资培训工作的科学化、规范化具有基础性和开创性意义。这一系列成果，既是职教师资培养培训机构开展教师培训活动的专门教材，也是职业学校教师在职自学的重要读物，同时也将为各级职业教育管理部门加强和改进职教教师管理和培训工作提供有益借鉴。希望各级教育行政部门、职教师资培训机构和职业学校要充分利用好这些成果。

为了高质量完成项目开发任务，全体项目承担单位和项目开发人员付出了巨大努力，中等职业学校教师素质提高计划专家指导委员会、项目管理办公室及相关方面的专家和同志投入了大量心血，承担出版任务的11家出版社开展了富有成效的工作。在此，我们一并表示衷心的感谢！

编写委员会

2011年10月

前　言

本书是教育部、财政部中等职业学校物流专业师资培训包开发项目（LBZD048）的课题成果之一，由牵头单位哈尔滨商业大学组织国内相关高等学校和职业院校研究人员编写。课题组在确定了以职业能力为本位，以工作过程和情景为导向，以教学需求为前提，以职业生涯为背景的开发原则，打破由专业学科构成的以结构逻辑为中心的教材体系，以职业能力为基础，由实践情景构成的、以过程逻辑为中心的行动体系来确定中职物流专业师资培训教材内容。

本书遵循项目成果《中等职业学校物流专业教师能力标准》和《中等职业学校物流专业教师培训方案》的相关要求，将仓储与配送实务教学内容共分为进货作业、货物入库作业、货物在库保管、订单处理作业、拣货作业、补货作业、配货作业、送货作业和退换货作业 9 个学习单元，24 个学习任务。每个任务都包含任务描述、任务分析、相关知识、技能训练、教学研讨五个方面。

本书主编为哈尔滨商业大学白世贞教授，副主编为黑龙江生态工程职业学院马剑锋教授、大连大学贾晓航教授，参加编写的还有上海市职业教育现代物流开放实训中心黄裕程主任，哈尔滨商业大学沈欣副教授，哈尔滨商业大学张琳老师、马丽老师。其中白世贞编写第 1、6 单元，马剑锋编写第 5、8 单元，贾晓航编写第 4 单元，沈欣编写 2、3、7 单元，张琳、马丽编写第 9 单元，全书由霍红教授主审。感谢北京交通学校王国文主任和柳和玲老师的无私帮助。感谢石伟平教授、邓泽民教授、徐朔、杨铭铎教授等项目办专家的全程指导和点拨，最后感谢同济大学专业项目办的精心组织和安排。

由于时间仓促，水平所限，难免有疏漏错误，希望读者海涵，不吝赐教。

编　者

2011 年 9 月

目 录

单元一

进货作业

进货作业是商品配送的前置工作。进货作业涉及商品所有权的转移，商品一旦收下，仓储部门或配送中心将承担商品完好的全部责任。因此，进货作业至关重要。本单元主要包括进货准备和进货单的制订两大任务。

学习目标

□ 能合理安排进货准备工作；
□ 能制作进货单；
□ 能识别与合理选择相关物流设备；
□ 能运用定期订货法、定量订货法确定订货数量；
□ 能绘制机务员的岗位业务流程；
□ 能针对进货作业组织教学。

任务一　进货准备

任务描述

万事开头难，做好准备工作是顺利完成任务的基础。进货准备任务是指在进行具体进货操作之前进货员先要获取进货的相关信息，进而做好储位、设备器材及人力准备，以确保接下来的进货作业能够顺利实施。

任务分析

1. 获取进货信息

（1）登录货物信息。在进货前应该首先获取当前货物信息，把相关的入库信息准确地录入库存货物信息系统，以及时更新统计库存货物的数量。

入库货物信息通常需要录入以下的内容：

①商品的一般特征，通常包括货物名称、型号、规格、包装容器、包装单位、包装尺寸及单位重量等。

②货物的原始条码、进货入库单据号码、内部编号。

③货物的入库时间、入库数量、生产日期、进货批次、货物单价、质量状况等。

④供应商信息，包括供应商名称、合同号、编号等。

（2）搜集和处理辅助信息，包括：

①货物的数量分布和一般特征。

②货物的包装容器、尺寸、单重的分布状况。

③每一段时期内进货批次的分类。

④卸货方法和所需时间。

⑤货物入库的场所。

2. 储位准备

仓库管理人员根据预计到货的商品特性、数量、质量、体积和到货时间等信息，结合商品分类、分区和储位管理的要求，预先确定商品的储存位置和理货场所。

为了使商品存取工作方便、快捷地展开，必须要对仓库的货位进行编号。

货位编号就如同商品的地址，通过它可以迅速地在仓库中找到商品。

（1）对货位进行编号。对货位进行的编号应该符合“标识明显易找、编排规律有序”的要求。常见的货位编号方法包括区段编号法、地址编号法、品类群编号法及坐标法四种。

①地址编号法。地址编号法是利用仓库存储区中的现成参考单位，按相关顺序编号。

其中“四号定位”法是常见的地址编号方法，此法对货位进行编号时采用一串四个数字号码，这几个数字号码分别对应库房（货场）、货架（货区）、层次（排次）、货位（垛位），如图1－1所示。

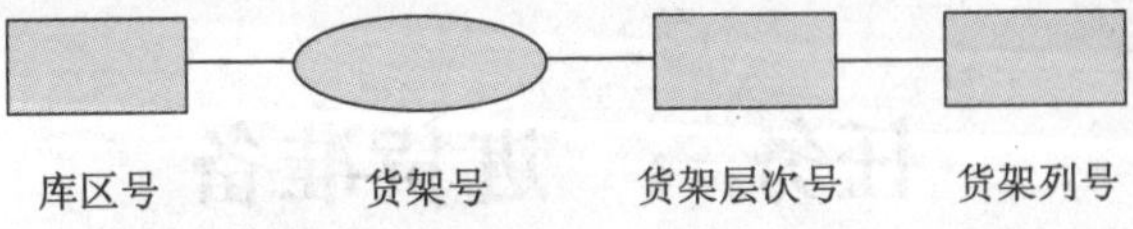

图1－1　货架货位四号定位法

库区号：整个仓库的分区编号。如图1－2所示。

货架号：面向货架从左至右编号。如图1－3所示。

货架层次号：从下层向上层依次编号。

货架列号：面对货架从左侧起横向依次编号。如图1－4所示。

A通道

3	2	1
4	5	6

B通道

9	8	7
10	11	12

图1－2　库区号编号

②区段编号法。区段编号法适用于单位化货品、保管期短进出暂存区的大量货品。它是把存储区分成几个区段，再对每个区段进行编码。这种方法以区段为单位，每个号码代表的储区较大。如图1－5所示。

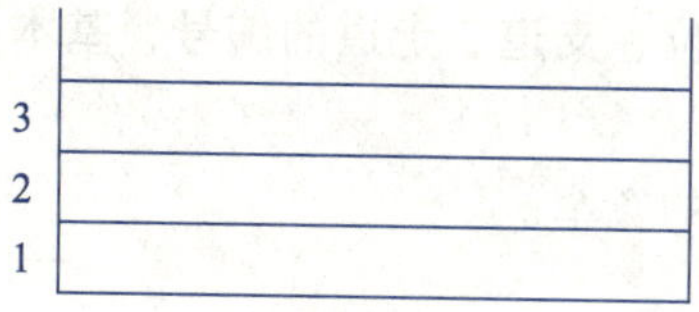

图 1－3 货架号编制

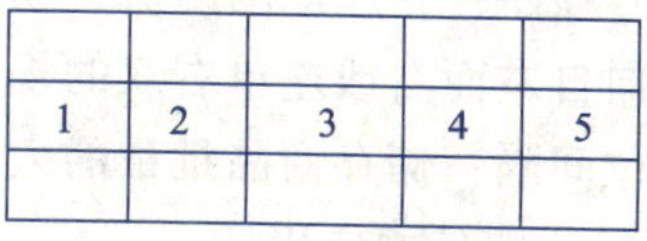

图 1－4 货列编号

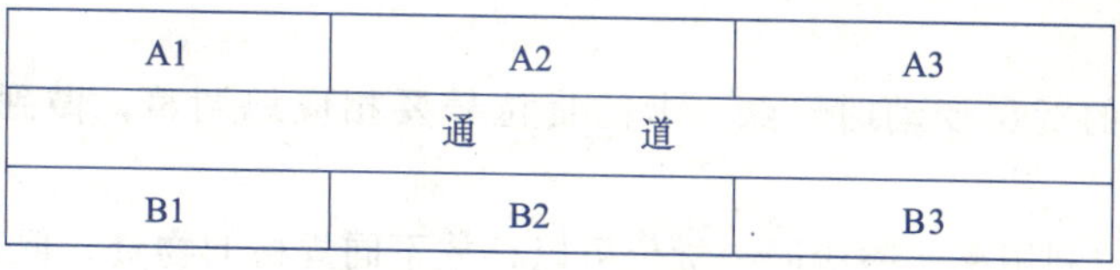

图 1－5 区段编号法

③品类群编号法。品类群编号法就是把一些相关性的商品经过集合后，区分成几个品项群，再对每个品项群进行编码。此法适用于品牌差别大和容易按商品群保管的商品。

④坐标法。此法适用于存放时间长且流通率很小的货品。它利用 X、Y、Z 空间坐标对货位进行编码。由于这种编码方式直接对每个货位定位，因此管理起来很复杂。

（2）对货位编号的要求。货位编号如同商品在库的“住址”。根据商品类别、不同库房条件和批量整零的情况，安排好货位划线及编排序号，使之符合“标志明显易找、编排循规有序”的要求。

①标志设置：货位编号的标志设置，应选择适当位置，因地制宜，采取适当的方法，如表 1－1 所示。

表 1－1 货位表设计

****	货位表		****	货位表	
	字段名称	数据类型		列 号	数 字
	货位编号	数 字		有 货	是/否
	***货	数 字		备 注	备 注
	层 号	数 字			

②标志制作：制作货位编号标志统一使用阿拉伯字码。在制作走道、支道和库房标志时，可以在阿拉伯字码外，再辅以圆圈；还可以用不同直径的圆表示不同处的标志，如图 1－6 所示。

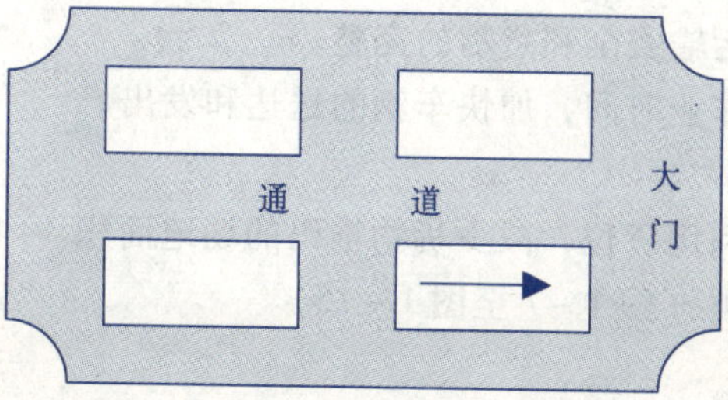

图 1－6 仓库标志

③编号顺序：仓库范围的房、场、棚及库房内的段位、支道、走道的编号，基本上都按进门的方向自左而右或左单右双的规则进行。

④段位间隔：储存商品批量的大小决定了段位间隔的宽窄。

(3) 货位编号的应用。

①物资入库后，应将物资所在货位的编号及时地登记在保管账、卡的“货位号”栏中，采用计算机管理的应输入电脑。出库货物的准确性取决于货位输入的准确与否，应该认真操作，防止出现差错。

②当物资所在的货位变动时，账、卡的货位号要相应地调整，做到“见物知账”和“见账知物”。

③为了提高货位利用率，一般同一货位可以存放不同规格的物资，但必须采用具有明显区别的标识，避免差错。

④支道、走道不宜经常变动。否则不仅会打乱原来的货位编号，还要调整库房照明设备。

3. 设备器材准备

设施器材的准备是根据到货商品的理化性能、单位体积、单位重量、到货数量及包装等信息，确定计量、检验、卸货与搬运方法，准备好度量衡、相应的检验设施、卸货及堆货工具与设备，并妥善确定好卸货站台空间。

(1) 装卸搬运设备。装卸搬运设备是物流系统中使用数量最多、使用频度最高的一类机械设备。主要用来搬移、装卸、升降和短距离输送物料或货物的机械。它可用于库场、车厢内、舱内、货栈等的装卸作业以及货场的堆垛、拆垛、运输等相关作业。

知识链接

装卸搬运设备的特点

(1) 适应性强：适于不同的作业环境、货物品类及作业时间等。

(2) 工作能力强：生产作业效率高，起重范围大，起重能力强，具有很强的装卸搬运能力。

(3) 机动性较差：主要在设施内完成装卸搬运任务。

(4) 安全性要求较高：不产生损坏和危害健康。

(5) 工作忙闲不均。

①装卸搬运设备的作用。节约劳动力，改善劳动强度，提高装卸搬运效率。

提高装卸质量，保证运输安全和货物的完整。

加速车辆周转，缩短作业时间，加快车辆的送达和发出。

降低装卸搬运作业成本。

加速货位周转，充分利用货位，减少货物堆码的场地面积。

②装卸搬运设备的分类（图 1-7 至图 1-15）。

- 装卸搬运设备分类
  - 按主要用途或结构特征分
    - 起重机械
    - 输送机械
    - 装卸搬运车辆
      - 托盘专用装卸搬运机械
      - 集装箱专用装卸搬运机械
      - 船舶专用装卸搬运机械
  - 按作业性质分
    - 装卸机械
    - 搬运机械
    - 装卸搬运机械
  - 按装卸搬运货物的种类分
    - 长大笨重货物的装卸搬运机械
      - 轨行式起重机(龙门式起重机、桥式起重机)
      - 自行式起重机(汽车起重机、轮胎起重机和履带起重机)
    - 散装货物的装卸搬运机械
    - 成件包装货物的装卸搬运机械
    - 集装箱货物装卸搬运机械
      - 1吨选用内燃叉车或电瓶叉车作业
      - 5吨及其以上集装箱采用龙门起重机或旋转式起重机
      - 箱式采用集装箱跨运车、集装箱牵引车、集装箱搬运车

图 1－7 装卸搬运设备分类方法

图 1－8 龙门式起重机

图 1－9 桥式起重机

图 1－10 汽车起重机

图 1－11 轮胎起重机

图 1－12 履带起重机

图 1－13 集装箱式起重机

图 1－14　集装箱式牵引车

图 1－15　集装箱搬运车

（2）叉车。

①叉车的分类。

a. 按动力装置不同分类（表 1－2、图 1－16 至图 1－18）：

表 1－2　叉车按动力装置不同分类

分　类	动力装置	特　点	适用范围
内燃动力叉车	以内燃机为动力提供作业所需能量	功率大，独立性强，机动性好	应用范围广
电动叉车	以蓄电池供给能量，直流电动机驱动	特点是操作简单、自重轻、体积小、安全省力、维护方便，但动力持久性差，对路面要求高，需要专用的充电设备，行驶速度低	主要适合于室内作业
手推液压堆高车	利用人力推拉运行的简易式叉车	操作简便，驾驶员无需进行专门培训	适用于工厂车间、仓库内效率要求不高，但需要有一定堆垛、装卸高度的场合

图 1－16　内燃动力叉车

图 1－17　电动叉车

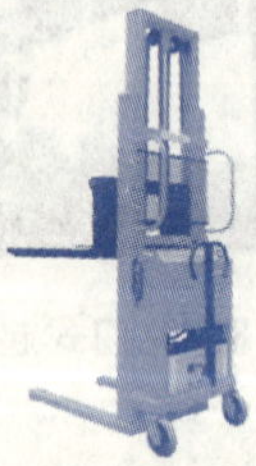

图 1－18　手推液压高车

b. 按结构特点不同分类（表 1－3、图 1－19 至图 1－21）：

c. 按用途不同分类：

i 专用叉车。具有专门用途的叉车。

ii 通用叉车。在大多数情况下都能够使用的叉车。

②叉车的主要技术参数。叉车是物料搬运的主要工具，种类及规格繁多，不同类型的叉车有其不同的适用的环境场合。

叉车的技术参数包括性能参数、重量参数、尺寸参数。要选择适合的叉车，首先必须了解叉车的技术参数（表 1－4）。

叉车的性能参数有：最大起升高度、门架倾角、载荷中心距、满载最大运行速度、满载

表 1-3　　叉车按结构特点不同分类

分　类	结　构	特　点	使用范围
平衡重式叉车	将升降架和货叉装在车体前部，而在车体尾部设有平衡重	机动性好，功率大，结构的安全性好	适合于室外作业
前移式叉车	叉车有两条前伸的支腿，两前支轮较大，支腿较高	优点是重量轻，车身小，转弯半径小，机动性好，不需在货堆间留出空处，前轮可做得较大。但行驶速度慢	主要用于室内搬运作业，但也可在室外工作
电动托盘叉车	主要适于对带有托盘架的货物进行集中搬运、装卸和堆垛的小型仓储机械	结构紧凑、转弯半径小、外形小巧、操纵轻松便捷、环保	适于仓库、车间、货场、码头等狭窄通道及空间有限的作业
插腿式叉车	叉车前方带有小轮子的支腿，可同货叉一起伸入货板叉货，再由货叉提升货物	自重和外形尺寸小，结构简单，但行走轮直径小，速度慢，对地面要求较高	适合在狭窄的通道和室内堆垛、搬运
侧叉式叉车	门架和货叉位于车体中部的一侧，不仅可前后伸缩，还可上下运动	叉车行驶时稳定性好，速度快，司机视野比正叉平衡重式叉车好	主要用于搬运长大件货物
集装箱式叉车	采用柴油发动机作为动力，承载能力 8.0~45.0 吨	分为空箱堆高机和重箱堆高机	专门用于集装箱的装卸搬运
高货位拣选式叉车	操作台上的操作者可与装卸装置一起上下运动，拣选储存在两侧货架内的货物	主要用于高位拣货	适用于多品种少量出入库的形式

图 1-19　平衡式叉车

图 1-20　前移式叉车

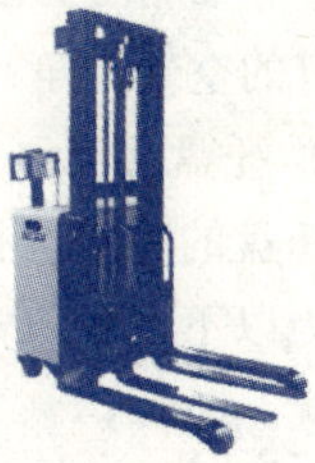
图 1-21　叉腿式叉车

最大起升速度、牵引力、最小转弯半径、满载爬坡度、90°交叉通道宽度、直角堆垛的最小通道宽度等。

叉车的重量参数有：轴负荷、整机自重、额定起升重量等。

叉车的尺寸参数有：轴距、前后轮距、外廓尺寸、最小离地间隙等。

③叉车操作注意事项。叉车各种不同的传动方式决定了其操作方法也有所不同。叉车驾驶员应该熟悉自己所操作的叉车的工作原理、结构及技术性能。在操作过程前，首先要做好检查，叉车的一般检查要做好以下几方面。

表 1-4　叉车的主要技术参数

主要参数	含　义
额定起升重量	指用货叉起升货物时，货物重心至货叉垂直段前壁的距离不大于载荷中心距时，允许起升货物的最大重量
载荷中心距	指在货叉上放置标准重量的货物、确保叉车纵向稳定时，其重心至货叉垂直段前壁间的水平距离值
门架倾角	指无载叉车在平坦、坚实的地面上，门架相对其垂直位置向前和向后倾斜的最大角度
最大起升高度	指叉车在平坦坚实的地面上，满载、门架直立、轮胎气压正常、货物升到最高时，货叉水平段的上表面到地面的垂直距离
最大起升速度	指叉车在坚实的地面上满载时，货物举升的最大速度
最大运行速度	指叉车满载时，在平坦、干燥、坚实的地面上行驶时的最大速度
满载最大爬坡度	指叉车满载时，在干燥、坚实的路面上，以低速等速行驶所能爬越的最大坡度，用百分数或度表示，满载行驶的最大爬坡度
最小外侧转弯半径	指叉车在无载低速转弯行驶，转向轮处于最大转角时，车体最外侧至转向中心的最小距离
最小离地间隙	指车体最低点与地面的间隙，它是叉车在满载低速行驶时通过性的主要参数

a. 检查车辆上全部灯光及喇叭是否正常。

b. 检查前、后轮胎气压是否符合规定。胎纹中嵌有石子等杂物时要立即清除。

c. 检查离合器踏板及制动器踏板自由行程是否符合规定，制动是否灵活可靠。

d. 检查发动机油底壳及喷油泵下体中机油是否在标尺应有范围内，油箱内燃油是否足量，各油管接头处有没有渗漏现象。

e. 检查各水管接头处有无渗漏，散热管内水是否充满。

f. 检查拉杆接头螺栓是否紧固可靠或松脱，转向系统有无泄漏（液压转向）。

g. 检查发电机是否充电，蓄电池极柱导线是否松动。

h. 检查燃油管路中是否含有空气，一旦发现要予以排除。排气时首先将滤清器放气螺钉拧开，排除油箱至滤清器间的空气，再拧开喷油泵上的放气螺钉，用输油泵上手泵打油，使油路中含有的空气排净，最后拧开喷油泵上的放气螺母，以手泵打油，排净高压管中空气。

（3）托盘。

①托盘的种类。托盘是在搬运车或叉车等进行作业的货盘。按照不同的作用和结构托盘可以分为以下几种（表 1-5、图 1-22 至图 1-27）。

表 1-5　托盘的种类及其使用范围

种　类	使　用　范　围
平托盘	通常所说的托盘一般就是指平托盘
柱式托盘	在不压货物的情况下可进行码垛（一般为四层），常用于棒料管材等的集装及包装物料
箱式托盘	多用于散状物料或散件的集装，金属箱式托盘还用于热加工车间集装热料
轮式托盘	在柱式托盘、平托盘或网箱托盘的底部装上脚轮而成。适于企业各工序间的物流搬运；也可在配送中心或工厂装上货物运到商店，直接作为商品货架的一部分
网箱托盘	可存放形状不规则的物料。这种托盘可使用托盘搬运车、叉车、起重机等作业；空箱可折叠、可相互堆叠四层
特种托盘	油桶专用托盘等特殊要求的托盘

图1－22 平托盘

图1－23 柱式托盘

图1－24 箱式托盘

图1－25 轮式托盘

图1－26 网箱托盘

图1－27 特种托盘

②托盘的特点。托盘具有装盘容易、自重小、易堆垛保管货物、保护性较好等特点，然而，托盘自身的重量和体积减少了仓库有效的空间和载重，同时增加了空盘回收、整理、保管的麻烦，而且需要较宽的通道。

（4）卸货作业设备。卸货方式通常包括人工卸货、码托盘叉车卸货和输送机卸货。送货方到指定地点卸货，并将送货凭证、抽样商品、增值税发票交验。考虑到作业安全和方便，卸货时常需要用到下面的设施。

①可移动式楔块。可移动式的楔块又叫竖板，当装卸货品时，可放置于拖车或卡车的车轮旁固定，从而防止装卸货期间由于车轮意外滚动而造成危险。

②升降平台。升降平台是最有弹性也最安全的卸货辅助器。当配送车辆到达时，以卡车升降平台而言，能够提高或降低卡车后轮使得车辆底板高度与月台一致，以方便装卸货；如果用码头升降平台，那么可以通过调整码头平台高度来配合车辆车底板的高度，所以二者有异曲同工之效（图1－28）。

图1－28 升降平台

③车尾附升降台。车尾附升降台是一种装置于配送车辆尾部的特殊平台。当装货、卸货时，能够应用此平台将货物装至卡车或卸至月台。升降台既可以延伸到月台，又能够倾斜放到地面。它的设计样式很多，适用于无月台设施的配送中心或零售点的装卸货使用。

（5）仓储辅助设备。

①传感器。传感器是能感受规定的被测量并根据一定的规律将其转换成相应电信号的装置或器件，在仓储中被用来进行湿度、温度等的测量和监控（图1－29至图1－32）。

传感器的用途各异、种类也很多，自动化物流工程和物流产品中，有以下两类最常用的传感器：

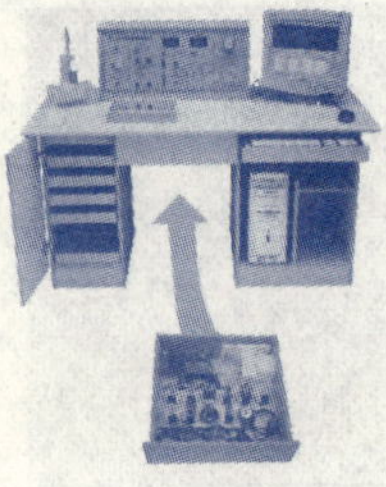
图 1－29　传感器

图 1－30　烟感探测器

图 1－31　红外火焰探测器

图 1－32　可燃气体探测器

机械量：力、力矩、质量；尺寸、形态、位移；导声；加减速度、振动等。

热工量：压力、深度、温度、流量等。

②安全消防设备。应该准备好仓库防盗防火的各种安全消防器材及工具（表 1－6）。

表 1－6　　常见的安全消防设备

防盗报警传感器	人体感应传感器、光电式传感器、微波传感器、开关传感器
火灾自动报警设备	烟感探测器、感温探测器、火焰探测器、可燃气体探测器
灭火器	化学泡沫灭火器、干粉灭火器、1211 灭火器、二氧化碳灭火器、酸碱灭火器

③计量设备。是对物品的重量、数量、长度、容积等量值进行度量的仪器与器材。

a. 计量设备的特点。应具有灵敏性、不变性、稳定性、正确性等特点。

b. 常用的计量设备（表 1－7、图 1－33 至图 1－36）

表 1－7　　常用计量设备

常用设备	内　容
地重衡	将磅秤台面安装在车辆行驶的路面上，使得通过的车辆可以迅速称重
轨道衡	安装在轨道下的磅秤，当有轨车辆经过时，称出车辆的总重量
电子秤	由传力系统、信号处理系统和信号转换系统三部分组成
自动检重秤	对不连续成件载荷进行自动称重的仪器
非连续类加自动秤	对散料进行称量并自动累加总重量的一种集机、仪、电、计算机为一体的技术含量较高的计量设备

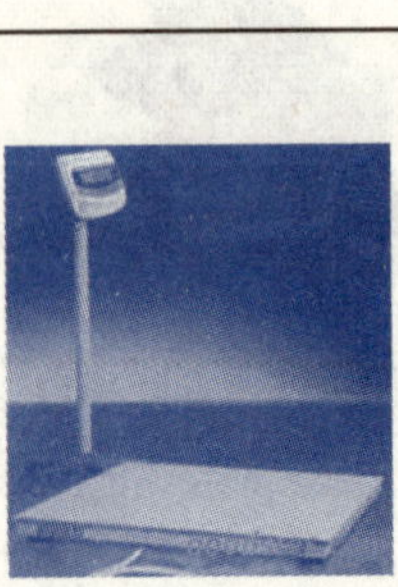
图 1－33　电子地重衡

图 1－34　动态轨道衡

图 1－35　电子秤

图 1－36　自动检重秤

④常用辅助设备（图 1－37 至图 1－40）。

图 1－37　轴流通风机

图 1－38　空气去湿机

图 1－39　离心通风机

图 1－40　除锈机

a. 轴流通风机：在旋转叶片的流道中沿着轴线方向流动的通风机。

b. 空气去湿机：将潮湿的空气冷却到露点温度以下，以使水汽凝结成为水滴被排出，被冷却干燥的空气再送至仓库内。

c. 离心通风机：在离心力的作用下气体被压缩并沿着半径方向流动的通风机。

d. 除锈机：利用机械力去摩擦、冲击、敲打金属从而去除表面的污物和锈层。

4. 人力安排

按照到货的时间及数量，事先计划并安排好卸货、接货、检验、搬运货物的相关作业人员。

相关知识

1. 设备的选择与配置

减轻劳动强度，改善劳动条件，增强安全作业，提高作业效率及效益是合理选择和使用物流设备的目的。设备的数量、先进程度应该以适用为主，集成化与配套使用。选择物流设备要遵循以下的原则（表 1－8）。

表 1－8　物流设备的选择原则

原　　则	要　　求	
合理性原则	合理采用物流机械系统	半自动化、自动化、机械化
	合理选用物流机械设备	经济性、先进性、整体优化，不可以造成设备功能的浪费，同时要考虑设备的环保性
	物流机械设备的合理配套	物流各环节本身和物流各环节之间要合理配套
整体最优原则	物流系统运作的及时性、快速性、经济性和准确性原则依据设备的经济性进行选择和配置	
标准化原则	选择物流工器具和设备时应选择具有一致性的	
灵活性、适应性原则	应简单、不易出错、易掌握，方便维修和维护方便的机器设备	
充分利用空间的原则	在物流设备选择建设过程中要与相应的物流设施相配套，依据仓库类型、功能进行选择和配置	
减轻劳动强度原则	减少人力搬运以确保人身安全，符合人机工程学的要求	

2. 仓储与配送设备的管理

为了最大限度地发挥其综合效益，应尽量保证其使用价值。在保证和提高各种设备功能的同时，通过有效合理的管理，保证仓储与配送设备处于良好的工作状态。

（1）仓储与配送设备管理的主要内容，见表 1－9 所示。

表 1－9　　仓储与配送设备管理的主要内容

管理要点	相应内容
设备的技术管理	规划、自制、选购、安装调试、故障诊断、事故处理、维修保养、备件管理等
设备的组织管理	制度建立、人员培训、检查、监督、评比等
设备的经济管理	资金投入、效益分析、折旧、设备更新等
仓储机械设备的现场管理	责任落实、规范操作、定期检查保养
仓储机械设备的前期管理	建立管理体制、成立管理组织、落实责任和任务、制定相应的管理制度

（2）仓储与配送设备管理的任务流程（见图 1－41 所示）。

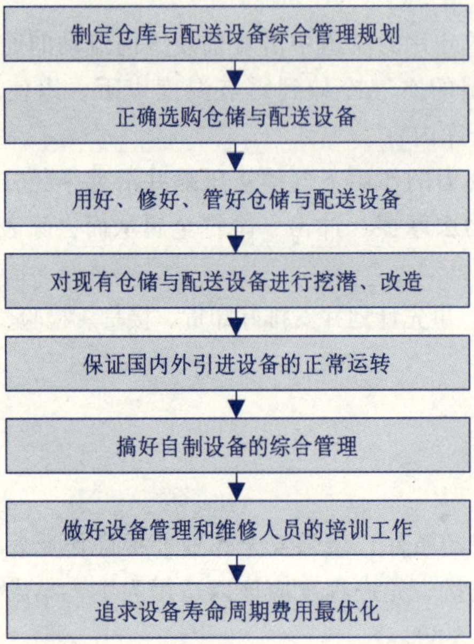

图 1－41　仓储与配送设备管理的任务流程

3. 叉车

（1）叉车的特点与作用（表 1－10）。

表 1－10　　叉车的特点及作用

特　点	作　业
机械化程度高	在货叉与货板配合使用或在使用各种自动取物装置的情况下，能够实现装卸工作的完全机械化，且不需要工人的辅助体力劳动
机动灵活性好	叉车重量轻，外形尺寸小，可以在作业区域内任意调动，适应货物数量及货流方向的改变，能机动地与其他起重运输机械协调工作，提高机械使用效率
可以“一机多用”	在配备与使用各种取货装置，例如货叉、臂架、铲斗、抓取器、串杆、货夹等的条件下，能够适应各种形状、品种和大小货物的装卸作业
充分利用空间	可以提高仓库容积的利用率，堆码高度一般达 3～5 米
便于单元化作业	便于开展托盘成组运输和集装箱运输
经济效果好	与大型起重机械比较，其投资少、成本低，可以取得良好的经济效果

（2）叉车的维护保养。仓储与配送作业中，叉车的使用非常广泛。在流通过程中，通常要经过仓库存放这一环节；存放时，叉车的性能不可以受到影响，所以要进行维护保养。一般叉车的技术维护保养措施分为以下三级，如表 1－11 所示。

表 1－11　　　　叉车的维护保养的具体内容

<table>
<tr><th>维护保养</th><th colspan="2">具体内容</th></tr>
<tr><td>日常维护</td><td colspan="2">检查库房内的湿度、温度，清洗叉车上的泥土、污垢等，进行外表保养</td></tr>
<tr><td rowspan="4">一级技术保养</td><td rowspan="4">使叉车达到清洁、润滑、整齐和安全的要求，减少设备的磨损，避免叉车隐患</td><td>部分配合间隙进行调整</td></tr>
<tr><td>对零部件进行拆卸及清洗</td></tr>
<tr><td>除去叉车表面油污和斑迹，检查调整润滑油路，保证畅通不漏</td></tr>
<tr><td>清洗附件及冷却装置</td></tr>
<tr><td>二级技术保养</td><td colspan="2">主要目的是延长叉车的使用年限和大修周期，保持及提高叉车的完好率，使设备达到完好标准</td></tr>
</table>

4. 搬运人员的岗位职责

（1）提高搬运活性，减少不必要的搬运环节，缩短移动距离；

（2）严格遵循搬运流程和注意事项完成货物的装卸搬运工作；

（3）搬运时要结合相关岗位的作业特点，选用适合的搬运器具和搬运方式；

（4）严格遵守搬运要求，严禁野蛮作业，轻拿轻放；

（5）做好搬运设备的日常维护与保养工作；

（6）加强搬运作业的安全管理，防止发生事故；

（7）保持现场整洁，作业后及时清扫现场；

（8）完成上级布置的工作任务；

（9）做好与相关岗位的协调工作，提高工作效率。

5. 机务员的岗位职责

机务员主要负责仓库与配送中心内各种设备的保养和维护，确保其时刻处于正常运行的状态，防止因为设备故障影响仓储配送的顺利进行。

（1）定期对库内设备进行检查及调试，排除故障；

（2）负责制定设施设备的使用及保养制度；

（3）负责仓库内设施设备的管理与维护；

（4）定期开展设备操作人员的技术培训，并传授设备的维护及保养方法；

（5）提高生产效率，加强对设备的技术改造；

（6）做好与相关岗位的协调工作，并提高工作效率；

（7）完成上级布置的工作任务。

完成任务

进货员完成进货信息的获取，储位准备，设备器材准备及人力安排工作后，即完成进货准备任务。

技能训练

技能训练一　机务员岗位操作流程图绘制

【技能训练目的】

通过本项训练，使学生掌握机务员岗位操作流程，了解机务员的工作职责。

【技能训练步骤】

1. 指导教师对学生讲解机务员的主要工作职责。

2. 根据机务员的工作职责，指导教师向学生讲解机务员的岗位操作流程。

3. 学生依据指导老师的讲解，绘制机务员岗位操作流程图。

【技能训练评价】

机务员岗位操作流程图绘制评价评分表，见表 1－12 所示。

表 1－12　　机务员岗位操作流程图绘制评价评分表

考评人		被考评人	
考评地点			
考评内容	机务员岗位操作流程图		
考评标准	内　容	分值/分	实际得分/分
	工作流程的先后顺序正确	40	
	绘制的流程图，内容全面、正确	40	
	流程图布局合理，图面简洁	20	
合　计		100	

注：考评满分为 100 分，60～70 分为及格；71～80 分为中；81～90 分良好；91 分以上为优秀。

技能训练二　叉车的使用和维护

【技能训练目标】

1. 了解叉车的总体构造，初步掌握叉车作业技能和叉车驾驶技术。

2. 掌握叉车装卸搬运操作，学会使用叉车将货品按规定线路和货位运送到位。

【技能训练准备】

1. 手动叉车

2. 托盘

3. 托盘货架

【技能训练人员】

1. 每 5 名学生一组，每组选定一名组长。

2. 以组为单位轮流使用叉车，在现场联系。

3. 严格按照叉车安全操作规程执行操作训练，教师对训练过程与完成情况进行全面的总结。

【技能训练评价】

叉车的使用与维护职业能力训练评价评分表，见表 1－13 所示。

表 1-13　　叉车的使用与维护职业能力训练评价评分表

考评人		被考评人	
考评地点			
考评内容			
考评标准	内　容	分值/分	实际得分/分
	能够正确说出叉车构造及操作要领	20	
	熟练驾驶掌握叉车的驾驶技术	30	
	按规定线路行驶、在规定时间内完成	30	
	各项操作要领规范、严密	20	
合　计		100	

注：考评满分为 100 分，60～70 分为及格；71～80 分为中；81～90 分良好；91 分以上为优秀。

【技能训练建议】

1. 组织学生严格依据叉车安全操作规程进行操作训练，并学会对叉车进行日常维护作业。

2. 由于叉车驾驶训练带有一定危险性，为了人员及车辆的安全，指导教师必须持有叉车驾驶资格证和教练证书。

教学研讨

1. 探讨货位编号有哪几种方法？各自有哪些要求？
2. 探讨装卸搬运设备有哪些？各自有什么特点？
3. 探讨叉车的类型及各自的适用范围？
4. 在叉车的使用方法教学中，如何组织叉车使用的教学任务？以及叉车如何进行保养？

任务二　进货单的制定

任务描述

完成进货准备任务后，进入本单元的第二个任务——进货单的制定。这项任务需要进货员着手进行具体进货安排，包括检查现有库存及在途进货量，然后制订采购计划，采购部门将根据具体的采购计划下达进货单。

任务分析

1. 检查库存及在途进货量

生产的连续性和由生产成批性及运输条件所造成的供应的间断性，形成了供需之间的矛盾，而库存便是解决这种供需矛盾的一种方法。适量的库存，是用最低的存货成本，实现对企业生产经营的供应，即最佳或经济合理的供应。因此在制订采购计划之前我们先要对库存有所了解。

库存有不同的形式，从不同的角度可以对库存进行不同的分类：

（1）按库存的作用分类（表1－14）：

表1－14　按库存的作用分类

分类	定义	作用
周转库存	指企业在正常的经营环境下为满足日常的需要而建立的库存	存放的目的是为了准备生产或销售，缓冲供需之间在时间上的矛盾
安全库存	是为了应付需求、生产周期或供应周期等可能发生的不测变化而设置的一定数量的缓冲库存	它是一项以备不时之需的存货，在正常情况下一般不动用，一旦动用就必须在下批订货到达时进行补充
在途库存	指正处于运输以及停放在相邻两个工作地之间或相邻两个组织之间的库存，这种库存是一种客观存在，而不是有意设置的	该库存的大小取决于运输时间以及该期间内的平均需求
调节库存	用于各生产阶段的产出不均衡而设置的库存	调节需求或供应的不均衡和生产速度与供应速度不均衡
投机库存	指为了避免因货物价格上涨造成损失或为了从商品价格上涨中获利而建立的库存	
促销库存	是指为了应对企业的促销活动产生的预期销售增加而建立的库存	
沉淀、积压库存	是指因物品品质变坏不再有效用或因没有市场销路而卖不出去的商品库存	

（2）按其在生产和配送过程中所处的状态分类（表1－15）：

表1－15　按其在生产和配送过程中所处的状态分类

分类	定义	作用
原材料库存	指企业通过采购和其他方式取得的原材料、零部件等，准备用于生产，但还没有用到生产之前的暂时等待阶段	支持企业内制造或装配过程的库存
在制品库存	指已经过一定生产过程但尚未全部完工，在销售以前还需进一步加工的中间产品和正在加工中的产品	这种在制品库存能够衔接上下工序，保障上下工序都能顺利进行
产成品库存	是等待装运发送给客户的完整的、可以对外销售的最终产品	产成品库存衔接供需，保障生产和销售都能顺利进行
包装物和低值易耗品库存	企业为了包装本企业产品而储备的各种包装容器以及由于价值低、易损耗等原因而储备	不能作为固定资产的各种生产资料
维修、维护库存	由于维修、维护设备的需求和所花时间的不确定性，所以需要有用于维修、维护的经常消耗的物品或零件	不包括产成品的维护活动所用的物品或部件

（3）按物品所处状态分类：

①静态库存。是指长期或暂时处于储存状态的库存。

②动态库存。是指处于制造加工状态或运输状态的库存。

（4）按库存来源分：

①自制库存。是由企业内部制造的库存。

②外购库存。是指企业从外部购入的库存。

2. 制订采购计划

（1）分析确定采购需求。采购人员在分析确定采购需求时，应遵循一定的逻辑顺序，方可确定出合理科学的采购需求量，从而制订合理的采购计划，如图1－42所示。

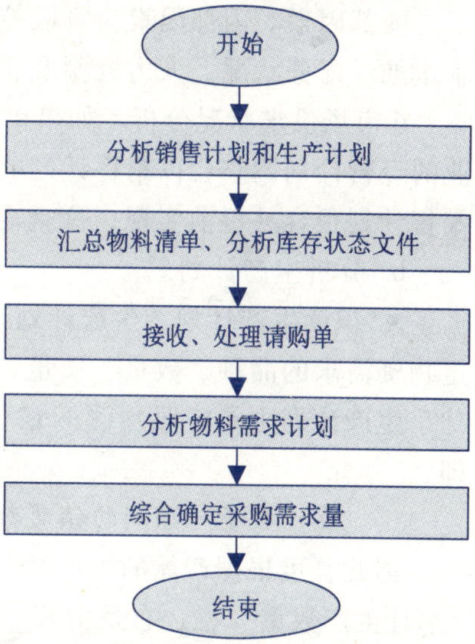

图1－42 确定采购需求工作程序图

①分析销售计划和生产计划。

a. 分析销售计划。采购人员分析销售计划时，关键在于准确识读销售计划表、综合平衡销售计划，并能对影响产品销售的因素进行分析。

销售部门制订每个销售周期（月、季、年）的销售计划，上交给上级主管部门。接着生产部门根据销售计划表制订出自己的生产计划，以此来确定对物料的需求，因此销售计划间接地影响着企业的采购决策。

销售计划是企业制订经营规划、未来发展计划、利益计划、损益计划等各项计划的基础，简明销售计划的内容至少应包括商品计划（销售什么产品）、渠道计划（通过何种渠道）、成本计划（用多少钱）、销售单位组织计划（谁来销售）、销售总额计划（销售到哪里，比重如何）、促销计划（如何销售）。

销售计划表的样式多种多样，以月度产品销售计划为例，常见的一种样式如表1－16所示。

表1－16　　某企业月度产品销售计划表

年度：　　　　月份：　　　　编号：

序号	产品名称	单位	内销			外销			合计		
			数量	单价	金额	数量	单价	金额	数量	单价	金额
合计											

审核：　　　　填表：

• 分析影响销售的因素

i 微观因素分析。

外部因素。外部因素为不可控制的因素，主要包括经济发展状况（GDP、失业率、物价、利率）、人口增长、政治体制、文化及社会环境、技术发展、竞争者状况等。

内部因素。内部因素为可以控制的因素，比如原材料及零部件供应情况、厂房设备、技术水准、财务状况、人力资源及企业声誉等。

ii 市场供求状况分析。如果市场上供大于求，就意味着企业的预期销售会存在风险，企业的经营计划调整会以销售计划的调整作为起点；如果市场出现供不应求的状况，则企业的销售计划很容易提前实现，这就需要采购人员做好物料供应的准备工作。

b. 分析生产计划。

• 识读生产计划。生产计划工作由总量计划工作与生产进度安排两部分构成，它对确定物资需求的品种、数量、质量、时间等都有着决定性作用。

生产计划则是按照预测的销售数量加上预期的期末存货，再减去期初存货来制订的，即：

生产数量＝预测的销售数量＋期末存货数量－期初存货数量

据此，可根据产品的生产数量进而确定其基本原材料数量。在表 1－17 中，第四栏为“本月生产数量”栏，它是由第二栏“本月销售预测”与第三栏“本月库存数量”相减得出的，根据第四栏的数值可确定第七栏的“原材料用量计划”栏。

表 1－17　某企业月生产计划报表

月份：

产品名称/规格①	本月销售预测②	本月库存数量③	本月生产数量④	预计生产数量⑤	开机台数⑥	原材料用量计划⑦

总经理：　　厂长：　　审核：　　拟定：

• 分析生产进度计划。生产进度计划是将全年的生产计划任务按照各个季度、各个月份进行分配，从而满足市场或用户不同时期需要的计划。在分析生产进度计划时，主要从影响生产进度计划的企业生产能力和生产效率两大因素展开。

分析企业生产能力。首先分析车间各生产线的产能，然后计算出企业总的生产能力，再通过比较生产计划，最终确定各个时期的物料需求。

分析企业生产效率。企业生产效率决定着企业生产进度快慢，也影响着原材料供应部门的物资供应，所以在作出物料需求计划前，应当对生产效率进行分析。

②汇总物料清单、分析库存状态文件。

a. 汇总物料清单。物料清单是为生产（或销售）提供具体所需物料数量的基础性文件，它指的是单位产品所需物料的数量。该文件一般由产品研发部提出，以图纸形式表现，因而这里的物料清单就是 MRP 系统中的主产品层次结构图（BOM）的表格形式。由于物料清单是产品研发部经查定后计算出的需要量，所以通常以此用量与实际使用量作比较，物料清单作为消耗定额来制约实际使用数量的增减。若实际使用量大于物料清单数量，属于浪费物料；而在确保生产任务保质完成的情况下，实际使用量小于物料清单数量，则属于节约物料。

汇总单一产品所需不同物料的清单，如表 1－18 所示。

表 1－18　某产品物料清单

产品名称：　　　　　　　　　　　　　　　　单位：

层次	物料号	物料名称	单位	数量	类型	ABC 编码	生效期	失效期

汇总不同产品对同一物料的需求数量，如表 1－19 所示。

表 1－19　不同产品（不同部门、车间）某物料清单

物料名称：　　　　　　　　　　　　　　　　物料号：

产品（部门、车间）	单位	数量	类型	ABC 编码	生效期	失效期
合　　计						

另外，采购人员还必须善于将同一物料在不同部门或同车间不同生产流程的物料清单汇总起来，这样才能形成该物料的采购需求量。

b. 分析库存状态文件。库存状态文件即库存信息，指的是企业所有产品、半成品、在制品和生产所消耗的原材料、零部件、设备等库存状态的资料。在正常情况下，库存状态文件主要表现为以下 4 种库存量。

安全库存量——为防止需求或供应不测而保留的最低库存量。

现有库存量——企业库存中实际存放可用的物料数量。

已分配量——尚存在库中但已被分配掉的物料数量。

在途预收量——根据采购订单即将入库的物料数量。

③接收、处理请购单。请购单，是指请购部门提出的采购申请，是采购部门确定采购需求量的主要依据之一。采购人员必须严格执行请购制度，在核实请购单的核批手续及传递程序等相关规定的基础上开展请购单汇总工作。

a. 核实请购单核批手续：

- 了解请购部门的划分。
- 核实请购单的核批权限（内购）。

采购人员在核实请购单时，还需核实请购单的核批权限。

- 核实请购单的内容。

不同物品的请购单应注明的请购内容不同。比如对于生产用物料的请购，应注明物料的品名、规格、数量及请购日期、需要日期、请购单编号、请购用途说明和过去采购厂商及询价记录等，如表 1－20 所示。

表 1－20　　生产用物料的请购单

请购单编号

填表日期　年　月　日

需用日期　年　月　日

<table>
<tr><td rowspan="3">请购内容</td><td>品名</td><td>材料编号</td><td>规格</td><td>单位</td><td>数量</td><td>交货地点</td><td colspan="3">分批交货方式</td></tr>
<tr><td></td><td></td><td></td><td></td><td></td><td></td><td colspan="3"></td></tr>
<tr><td>通知单号码</td><td colspan="2"></td><td colspan="6">说明事项</td></tr>
<tr><td rowspan="3">参考资料</td><td>预估（库存）单价</td><td></td><td colspan="2">本通知单需用量</td><td></td><td>厂长</td><td>主管</td><td>请购人</td></tr>
<tr><td>库存量</td><td></td><td colspan="2">可用日数</td><td></td><td></td><td></td><td></td></tr>
<tr><td>请购未到量</td><td></td><td colspan="2">可用日数</td><td></td><td></td><td></td><td></td></tr>
<tr><td rowspan="5"></td><td>厂商</td><td>1</td><td>2</td><td>3</td><td rowspan="3">采购拟办</td><td colspan="2"></td><td rowspan="3">使用单位意见</td></tr>
<tr><td></td><td></td><td></td><td></td><td colspan="2"></td></tr>
<tr><td></td><td></td><td></td><td></td><td colspan="2"></td></tr>
<tr><td>总价</td><td></td><td></td><td></td><td>总经理</td><td></td><td></td><td>采购</td></tr>
<tr><td>附注</td><td></td><td></td><td></td><td></td><td></td><td></td><td></td></tr>
<tr><td rowspan="4">验收记录</td><td>交货日期</td><td>验收编号</td><td>交货量</td><td>剔退及短缺量</td><td>实收合格量</td><td>单价</td><td>总价</td><td>实收累计量</td><td>检验人</td><td>经收人</td></tr>
<tr><td></td><td></td><td></td><td></td><td></td><td></td><td></td><td></td><td></td><td></td></tr>
<tr><td></td><td></td><td></td><td></td><td></td><td></td><td></td><td></td><td></td><td></td></tr>
<tr><td></td><td></td><td></td><td></td><td></td><td></td><td></td><td></td><td></td><td></td></tr>
</table>

b. 熟悉请购单传递程序。请购单一般都经由请购部门填写，经核批权限人签字和仓库管理人员核实库存状态后，送至采购部门。图 1－43 是原材料或零配件请购单（一式五联）的传递程序。

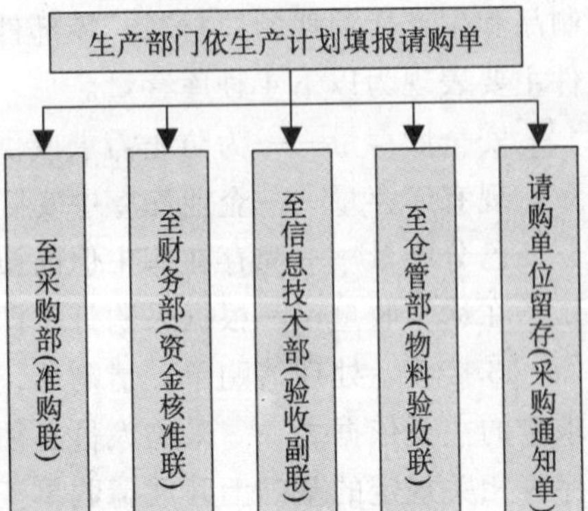

图 1－43　原材料（零部件）请购单传递示意图

c. 汇总请购单。采购人员在确定采购需求、编制订单或采购计划时，一般都要按物料的规格和品种选择供应商，所以需要按物料名称和规格将各部门或请购单位的请购单进行汇总。

ⅰ整理请购单。采购人员在收到请购单后，按物料名称和规格整理各部门或请购单位的请购单，并加以归类，这有利于得出每种请购物料的需求总量。在整理的时候，还需将请购单位提出的使用日期按名称和规格予以单独汇总，并在与供应商签订订购合同时予以书面明确，以确保按时用料。而对使用部门提出的紧急请购料，请购部门应当在请购单说明栏中说明原因，并加盖紧急用料章，以急件卷宗报送，经核批后，作特殊处理。

ⅱ请购单排序。根据需求量的大小和与供应商的关系，在一家或多家厂商中选择相应物料的供应商，并将归类后的请购单按供应商代码排序。

iii 核对库存量。根据仓管部传递来的请购单（物料验收联），查核该物料是否还有库存及其库存水平，对请购物料的库存进行第二次核对，确保采购需求量的科学合理。

ⅳ调整请购量及预算金额。根据物料的实际需求量、物料供给、资金需求、技术等因素，合理地调整请购量，在财务部的配合和指导下进行采购金额的预算。

v 确定采购需求数量。根据调整后的请购量，确定物料的需求数量，并根据议价的结果，预估所需的资金金额并拟定供应商。

④分析物料需求计划。

i 了解物料需求计划。物料需求计划（MRP）是根据主生产进度计划和主产品层次结构逐层逐个地求出主产品所有零部件的出产时间、出产数量。若零部件由企业内部生产，需要根据各自的生产时间长短来提前安排投产时间，形成零部件投产计划；若零部件需要从外部采购，就要根据各自的订货期提前确定订货时间和采购数量，从而形成采购计划。MRP 的逻辑原理如图 1 - 44 所示。

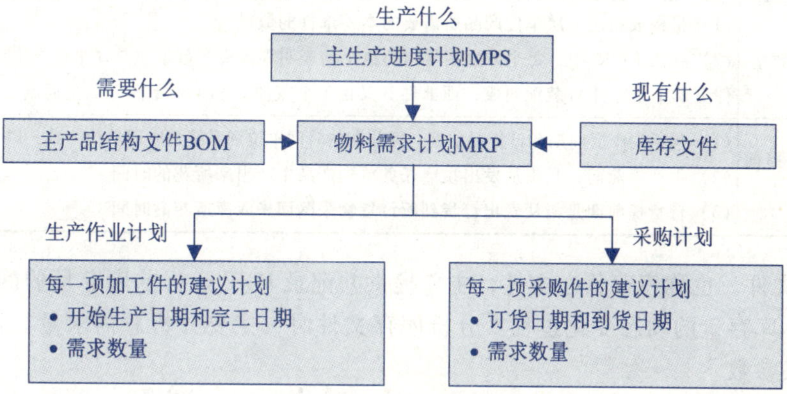

图 1 - 44　MRP 逻辑原理图

由图可知，物料需求计划是根据主生产进度计划、主产品结构文件和库存文件而形成的。MRP 的运行结果是生成生产作业计划或是采购计划。生产作业计划交生产车间用以指导生产，而采购计划则交采购部用以指导采购。

ii 分析 MRP 的输入文件。

• 主生产进度计划（MPS）。主生产进度计划是 MRP 系统最主要的输入信息，同时也是 MRP 系统运行的主要依据。它一般表示的是主产品的产出时间进度表。主产品通常是独立需求物品，依据市场的订货合同、订货单和市场预测来确定其未来一段时间的总需求量和需求时间等。

• 主产品结构文件（BOM）。主产品结构文件不是一份简单的物料清单，而是提供了主产品的结构层次以及各层零部件的品种数量和装配关系。通常是用一个自上而下的结构树表示，如图 1 - 45 所示。

如图 1 - 45 所示，每一层都对应一定的级别。最上层是 0 层（即主产品级），下一层是 1 级（对应主产品的一级零部件），这样一级一级往下分解，直到最末一级 n 级，即最初级的原材料、外购零配件。每一层的各个方框都标有 3 个参数，如表 1 - 21 所示。

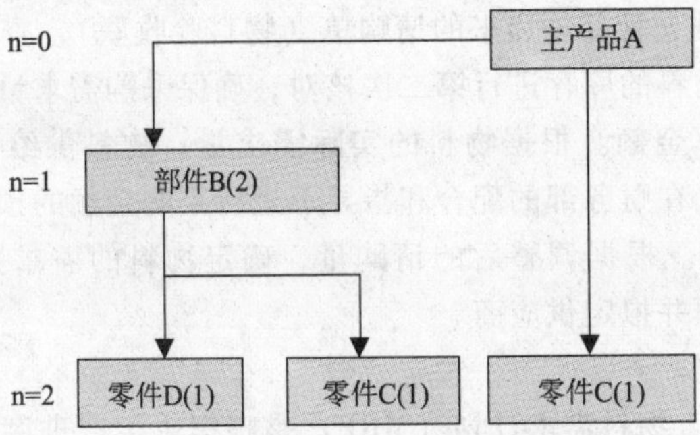

图 1－45　A 产品结构树

表 1－21　**产品结构树组成参数表**

参数名称	解释或示例
1. 组成零部件的名称	如图 1－45 所示，A 是主产品的名称，B、C、D 则是组成 A 的零部件的名称
2. 组成零部件的数量	（1）指构成相连上层单位产品所需要的本零部件的数量 （2）在图 1－45 中，每个方框括号内的数字均表明零部件的数量。具体来说，主产品 A 由 2 个部件 B 和 1 个零件 C 装配而成，而部件 B 又由 1 个零件 D 和 1 个零件 C 装配而成
3. 各种零部件的提前期	（1）包括生产提前期和订货提前期，提前期的时间单位和系统的时间单位一致，以“周”为单位 （2）生产提前期，是指从发出投产任务单到产品生产出来所花的时间 （3）订货提前期是指从发出订货到所订货物采购回来入库所花的时间

• 库存文件。也称库存状态文件，主要提供并记录 MRP 运行前库存量的静态资料及运行过程中实际库存量的动态变化过程。分析库存文件时，主要分析总需求量、计划到货量、库存量等相关参数。

⑤综合确定采购需求量。综合确定采购需求量，是指根据企业过去的物料需求资料、生产计划等得出物料的需求规律，根据需求规律预测企业下一个生产周期的物料需求规格、需求量及需求时间。在此基础上，采购人员就可以主动地制订物料采购计划、开展采购作业。采购人员在确定采购需求量时，要综合考虑企业各个时期的经营计划、销售计划、生产计划、物料消耗定额、物料需求报表等多种因素，综合运用统计分析、技术分析、经验估计等多种方法。下面以物料消耗定额、物料需求报表为例来说明。

a. 根据消耗定额确定采购需求。生产企业通过分析物料消耗定额，根据主产品结构文件或工作量计算出所需要的物料品种和数量，通过估计生产过程中物料的消耗量来估计未来生产中物料的需求量。生产企业确定物料消耗定额的一般方法如下：

i 统计分析法。是根据以往物料消耗的统计资料，经过分析研究并考虑到计划期内生产技术变化等因素而制定消耗定额的方法。如在制订产品 A 的物料消耗定额时，可根据过去一段时间仓库的领料记录和同期内产品的产出记录进行统计、平均，从而求出平均每个产品的物料消耗量。

ii 技术分析法。是根据产品结构设计、技术特点、加工设备和工艺流程来制订物料消耗定额的方法，适用于生产企业对产品的物料消耗制订定额。

iii 经验估价法。即根据技术人员和工人的实际生产经验，参考有关技术文件，并考虑企业在计划内生产条件变化等因素制订消耗定额的一种方法。

b. 根据需求报表确定采购需求。

i 根据物料需求表确定需求。每个月或每个季度的物料需求表直接显示了各项物料的需求量，因此确定需求时有必要分析物料需求表，表 1 – 22 为一种常见的物料需求表样式。

表 1 – 22　　　　物 料 需 求 表

材料名称	规格	单位	供应情况				基本存量				供需措施				备注
			库存	已定	未定	合计	一月	二月	三月	合计	增购数量	催交数量	缓交数量	紧急采购	

ii 根据物料供应计划表确定需求。物料供应计划是采购需求的直接来源，供应部门制订了供应计划，采购部门就得按照供应计划去采购各项商品。物料供应计划表是确定需求的重要依据之一，如表 1 – 23 所示。

表 1 – 23　　　　物料供应计划表

物料名称：　　　　　　　　　　　　类别：A□B□C□

填写日期：　　　　　　　　　　　　页次：第　页，共　页

<table>
<tr><td>物料规格</td><td colspan="2"></td><td>编号</td><td colspan="3"></td><td colspan="4">计划期间
年　月—　年　月</td></tr>
<tr><td rowspan="2">部门编号</td><td colspan="2">月</td><td colspan="2">月</td><td colspan="2">月</td><td colspan="2">月</td><td colspan="2">月</td></tr>
<tr><td>预计</td><td>实际</td><td>预计</td><td>实际</td><td>预计</td><td>实际</td><td>预计</td><td>实际</td><td>预计</td><td>实际</td></tr>
<tr><td>用量合计</td><td></td><td></td><td></td><td></td><td></td><td></td><td></td><td></td><td></td><td></td></tr>
<tr><td>采购数量</td><td></td><td></td><td></td><td></td><td></td><td></td><td></td><td></td><td></td><td></td></tr>
<tr><td>库存数量</td><td></td><td></td><td></td><td></td><td></td><td></td><td></td><td></td><td></td><td></td></tr>
</table>

核对：　　　　　　　　　　　　　　填写：

iii 根据库存状态文件确定需求。由于应采购数量必须扣除库存数量，因而库存状态文件的记载是否正确将直接影响到采购需求量分析的结果。所以，确定采购需求时需要准确分析库存信息，以便作出正确的决策。表 1 – 24 是一张常用的原材料库存月报表。

表 1 – 24　　　　原材料库存月报表

编号：　　　　　　　　　　　　　　日期：　年　月　日

物料品名	规格	单位	上月结存		本月进度		本月发出		本月结存		备注
			数量	金额	数量	金额	数量	金额	数量	金额	

（2）编制采购计划的目的与影响因素。采购计划是采购管理的前提，也是企业生产计划体系中的重要组成部分。它是为了维持正常的产销活动，决定应在何时购入何种材料及购买数量的估计作业。

①编制采购计划的目的。企业维持生产经营活动的前提是从供应商处购入原料和物料，而采购计划的重点就在于解决如何获取足够数量的原料、物料。因此，一份可行有效的采购计划应达到表 1－25 所列的目的：

表 1－25　编制采购计划的目的

目　的	具体要求
确定合适数量	避免因数量过少而使供应不足，同时还要避免物资库存过多，积压资金及占用堆积的空间
确定合适时间	即采购部门应做好事先准备，选择有利时机购入材料。所谓合适时间是指在保证供应，不影响产销活动的前提下获得采购成本最低的时机
确立材料耗用标准	以便管制材料购用数量及成本
配合公司生产计划与资金调度	

②影响采购计划的因素分析。影响商品采购计划编制的因素包括以下六个方面：

a. 企业销售计划。企业的经营计划往往以其年度销售计划为起点，而销售计划的制订又受到销售预测的影响。决定销售预测的因素包括外界的不可控因素（经济发展状况、技术发展和竞争者状况等）及内部的可控因素（原材料及零件供应状况、厂房设备和财务状况等）。

b. 企业生产计划。企业生产计划是依据销售计划来制订的。如果销售计划过于保守，将导致产品不足以满足顾客所需，企业便丧失了创造利润的机会；如果销售计划过于乐观，将使产品变成存货，造成企业自身的财务负担。所以，生产计划会随销售计划的改变而改变，而企业采购计划与预算也应作出及时的调整与修正。

c. 生产效率。生产效率的高低将直接影响采购计划的制订，它会使实际的供应量与预计的商品需求量产生误差。若商品的生产效率降低，会使得采购的物料数量大于实际需求数量，亦会导致采购作业的经常性修改。因此，当生产效率有降低趋势时，物料采购计划必须将此额外的耗用率减去，才不会发生采购物料的积压现象。

d. 库存管理。企业在进行采购时所要购买的数量是扣除库存后的数量，因而物料库存管理卡的记载是否正确将影响商品采购计划的制订。这其中包括货账是否一致，以及物料存量是否全为合格品。如果账上物料数量与仓库里的数量不符或者存量中并非都是规格正确的物料，都将导致库存数量低于实际的可取用数量，进而采购计划中的应购数量将会偏低。

e. 设定商品标准成本。在制订商品采购预算时，很难对将来拟购商品的价格进行预测，故经常用标准成本代替实际采购成本，因而标准成本与实际采购价格的差额是采购预算准确性的评估指标。制订标准成本要考虑的因素如表 1－26 所示。

f. 价格预期。在制订商品采购计划时，企业应对市场景气与否、商品价格涨跌幅度乃至汇率变动等作出充分预测并将它们列为调整预算的因素。但由于个人主观的判定与实际情况常有差距，也可能会造成采购预算的偏差。

表 1－26　　标准成本的制订需要考虑的因素

考虑因素	
供应商的生产规模	供应商生产规模越大、生产成本越低，针对其制订的采购价格便可以低一些
供应商所处的地理位置	若供应商所处的位置比较偏僻，这样会给运输带来很大不便，采购时可以适当地降低定价以抵消部分因运输而带来的成本增加
采购商品的敏感度	如果公司采购的商品属于敏感的商品，消费者对该商品的需求量会因价格的变动而产生很大变化，那么采购时就应该尽量降低采购价格，以保证当市场需求下降时可以进行降价销售
企业毛利策略	企业通过自身发展方向、策略、费用、成本、以往销售状况的分析和对自身销售预测等方式制订出综合毛利率的要求

在实践中，由于影响商品采购计划制订的因素很多，采购计划需要经常进行调整，因此采购计划与预算制订之后，必须与销售部门保持经常的联系，针对现实的状况做必要的调整与修订，并协助财务部门妥善规划采购资金的来源，才能达成企业的最佳采购目标。

（3）采购计划的编制程序。现在常见的采购计划的主要环节有准备认证计划、评估认证需求、计算认证容量、制订认证计划、准备订单计划、评估订单需求、计算订单容量、制订订单计划，下面将对这 8 个环节分别进行阐述。

①准备认证计划。准备认证计划是采购计划的第一步，也是非常重要的一步。图 1－46 简单说明了准备认证计划过程。

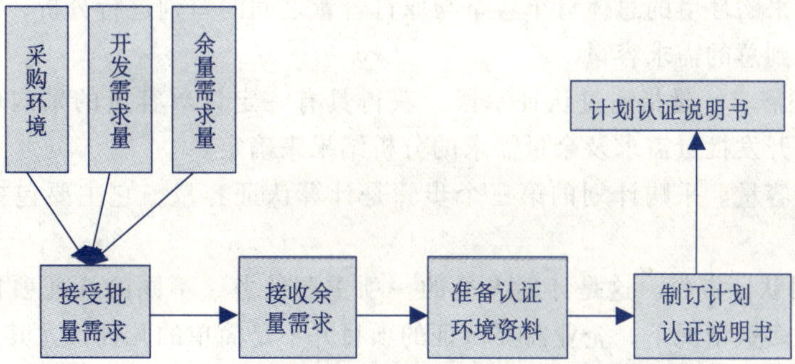

图 1－46　准备认证计划过程

a. 接收开发批量需求。在采购过程中，开发批量需求是供应程序流动的牵引项，所以在制订认证计划前，必须非常熟悉开发需求计划。开发批量需求通常有两种情形：一是在以前或者是目前的采购环境中就能够挖掘到的物料供应，例如，若是以前所接触的供应商的供应范围比较大，就可以从这些供应商的供应范围中找到企业需要的批量物料需求；二是企业需要采购的是在原来形成的采购环境中不能提供的新物料，这就需要企业的采购部门寻找新的供应商。

b. 接收余量需求。余量需求的产生主要有两个方面的原因：一方面，随着企业规模的扩大，市场需求也会变大，而旧的采购环境容量不足以支持企业的物料需求；另一方面是因为采购环境有了下降的趋势，使得物料的采购环境容量逐渐缩小，从而无法满足采购的需求。余量需求的产生致使企业对采购环境进行扩容。采购环境容量的信息一般由认证人员和订单人员来提供。

c. 准备认证环境资料。采购环境的内容一般包括认证环境和订单环境两个部分。有些供应商的认证容量比较大，但是其订单容量比较小；有些供应商的情况恰恰相反。产生这些情况的原因是认证过程本身是对供应商样件的小批量试制过程，这个过程需要强有力的技术力量支持，有时甚至需要与供应商一起开发。但是订单过程是供应商规模化的生产过程，其突出表现就是自动化机器流水作业及稳定的生产，技术工艺已经固化在生产流程之中，故订单容量的技术支持难度比起认证容量的技术支持难度要小得多。所以认证容量和订单容量是两个完全不同的概念，企业对认证环境进行分析的时候一定要分清这两个概念。

d. 制订认证计划说明书。即把认证计划所需要的材料准备好，其内容不仅包括认证计划说明书，还附有开发需求计划、余量需求计划、认证环境资料等。

②评估认证需求。这包括分析开发批量需求、分析余量需求、确定认证需求三个方面。

a. 分析开发批量需求。这不仅要分析数量上的需求，而且要掌握物料的技术特征等信息。

对于如此复杂的情况，计划人员应该对开发物料需求做详细的分析，必要时还应与开发人员、认证人员一起研究开发物料的技术特征，按照已有的采购环境及认证计划经验进行分类。

b. 分析余量需求。分析市场销售需求的扩大以及采购环境订单容量的萎缩，这两个余量认证的产生来源导致了目前采购环境的订单容量难以满足用户的需求，所以需要增加采购环境容量。对于前者，可通过市场及生产需求计划得到各种物料的需求量及时间；而对于后者，可以对现实采购环境的总体订单容量与原订容量之间的差别进行分析，将这两种情况的余量相加即可得到总的需求容量。

c. 确定认证需求。是指通过认证手段，获得具有一定订单容量的采购环境。要确定认证需求可以根据开发批量需求及余量需求的分析结果来确定。

③计算认证容量。采购计划的第三个步骤是计算认证容量，它主要包括 4 个方面的内容：

a. 分析项目认证资料。这是计划人员的一项重要任务，不同的认证项目其过程及周期也是不同的。大多数情况下，企业需要认证的项目并不是简单的几种，尤其是对于规模比较大的企业，这时分析上千种甚至上万种物料其难度则要大得多。

b. 计算总体认证容量。在采购环境中，供应商订单容量与认证容量是两个不同的概念。订单容量是采购方向供应商发出的订单上的数量，但是认证容量经常用在认证供应商的过程中，它是指为了保证供应的物品质量以及其他各方面工作的顺利进行而要求供应商提供一定的资源用于支持认证操作。在供应商认证合同中，应说明认证容量与订单容量的比例，以防止供应商只做批量订单，而不愿意做样件认证。计算采购环境的总体认证容量的方法是把采购环境中所有供应商的认证容量叠加即可，但对有些供应商的认证容量需要加以适当的系数。

c. 计算承接认证量。供应商的承接认证量等于当前供应商正在履行认证的合同量。一般认为认证容量的计算是一个相当复杂的过程，各种各样的物料项目的认证周期也是不一样的。最恰当、最及时的处理方法是借助电子信息系统，模拟显示供应商已承接的认证量，以供认证计划决策使用。

d. 确定剩余认证容量。某一物料所有供应商群体的剩余认证容量的总和，称为该物料的“认证容量”，可以用下面的公式简单地进行说明。

物料认证容量＝物料供应商群体总体认证容量－承接认证量

认证容量是一个近似值，仅作为参考，但它能指导认证过程的操作。采购环境中的认证容量不仅是采购环境的指标，而且也是企业不断创新，维持持续发展的动力源。

④制订认证计划。制订认证计划的主要内容包括对比需求与容量、综合平衡、确定余量认证计划、制订认证计划4个方面的内容。

a. 对比需求与容量。认证需求与供应商对应的认证容量之间一般都会存在差异，如果认证需求小于认证容量，则直接按照认证需求制订认证计划；假如认证需求量大大超出供应商容量，就要进行认证综合平衡，对于剩余认证需求需要制订采购环境之外的认证计划。

b. 综合平衡。综合平衡是指从全局出发，综合考虑生产、认证容量、物料生命周期等要素，判断认证需求的可行性，通过调节认证计划来尽可能地满足认证需求，并计算认证容量不能满足的剩余认证需求，这部分剩余认证需求需要到企业采购环境之外的社会供应群体之中寻找容量。

c. 确定余量认证计划。这是指当采购环境不能满足剩余认证需求，应提交采购认证人员分析并提出对策，与之一起确认采购环境之外的供应商认证计划。如果采购环境之外的社会供应群体没有与企业签订合同，那么制订认证计划时要特别小心，并由具有丰富经验的认证计划人员和认证人员联合操作。

d. 制订认证计划。制订认证计划是衔接认证计划和订单计划的桥梁。下面给出认证物料数量及开始认证时间的确定方法：

认证物料数量＝开发样件需求数量＋检验测试需求数量＋样品数量＋机动数量

开始认证时间＝要求认证结束时间－认证周期－缓冲时间

⑤准备订单计划。准备订单计划也主要分为4个方面的内容：

a. 接收市场需求。市场需求的才是生产企业要生产的。要想制订比较准确的订单计划，必须首先知道市场需求计划或市场销售计划。企业的年度销售计划一般在上年的年末制订，根据年度计划制订季度、月度的市场销售需求计划并报送至各个相关部门，同时下发到销售部门、计划部门、采购部门，以便指导全年的供应链运转。

b. 接收生产需求。这对采购来说可以称为生产物料需求。生产物料需求的时间是根据生产计划产生的，通常生产物料需求计划是订单计划的主要来源。物料需求计划主要来源于主生产计划、独立需求的预测、物料清单文件、库存文件。编制物料需求计划的主要步骤包括：决定毛需求；决定净需求；对订单下达日期及订单数量进行计划。

c. 准备订单环境资料。准备订单环境资料是准备订单计划中一个非常重要的内容。订单环境指的是在订单物料的认证计划完毕之后形成的，订单环境的资料主要包括：订单周期、最小包装信息、订单物料的供应商消息和订单比例信息。

d. 制订订单计划说明书。制订订单计划说明书也就是准备好订单计划所需要的资料，主要内容包括订单计划说明书（物料名称、需求数量、质量、到货日期、付款方式等）并附有市场需求计划、生产需求计划、订单环境资料等。

知识链接

订单环境的资料内容：

1. 订单周期，指从下单到交货的时间间隔，通常以天为单位。
2. 最小包装信息。
3. 订单物料的供应商消息。
4. 订单比例信息。

⑥评估订单需求。只有准确地评估订单需求，才能为计算订单容量提供参考依据，从而制订出好的订单计划。它主要包括以下3个方面的内容：

a. 分析市场需求。必须仔细分析市场签订合同的数量与还没有签订合同的数量（包括没有及时交货的合同）的一系列数据，同时研究其变化趋势，全面考虑要货计划的规范性和严谨性，还要参照相关的历史要货数据，找出问题的所在。只有这样，才能对市场需求有一个全面的了解，才能制订出一个满足企业远期发展与近期实际需求相结合的订单计划。

b. 分析生产需求。这是评估订单需求的首要工作。要分析生产需求，首先就需要研究生产需求的产生过程，然后再分析生产需求量和要货时间。

c. 确定订单需求。订单需求是根据对市场需求和对生产需求的分析结果来确定的。其内容一般是通过订单操作手段，在未来指定的时间内，将指定数量的合格物料采购入库。

⑦计算订单容量。只有准确地计算好订单容量，才能对比需求和容量，经过综合平衡，最后制订出正确的订单计划。计算订单容量主要有4个方面的内容：

a. 分析项目供应资料。在采购过程中，物料和项目是整个采购工作的操作对象。但如果没有供应商供应物料，无论是生产需求还是紧急的市场需求，一切都无从谈起。因此，供应商的物料供应是满足生产需求和紧急市场需求的必要条件。

b. 计算总体订单容量。总体订单容量是多方面内容的组合，一般包括两方面内容，即可供给的物料数量及交货时间。

c. 计算承接订单容量。是指某供应商在指定的时间内已经签下的订单量，但它的计算过程较为复杂。

d. 确定剩余订单容量。剩余订单容量指某物料所有供应商群体的剩余订单容量的总和，可以用下面的公式表示：

物料剩余订单容量＝物料供应商群体总体订单容量－已承接订单量

⑧制订订单计划。主要包括4个方面的内容：对比需求与容量、综合平衡、确定余量认证计划、制订订单计划。

a. 对比需求与容量。只有比较出需求与容量的关系才能有的放矢地制订订单计划。若经过对比发现企业的物料需求小于供应商的容量，则企业要根据物料需求来制订订单计划；若容量小于企业的物料需求，则要求企业根据容量制订合适的物料需求计划，这样就产生了剩余物料需求，需要对剩余物料重新制订认证计划。

b. 综合平衡。这是指综合考虑市场、生产、订单容量等要素、分析物料订单需求的可行性，必要时调整订单计划，计算容量不能满足的剩余订单需求。

c. 确定余量认证计划。供应商的容量小于需求时就会产生剩余需求，对于剩余需求，要提交认证计划制订者处理，并确定能否按照物料需求规定的时间及数量交货。为了保证物料及时供应，此时可以通过简化认证程序，并由具有丰富经验的认证计划人员进行操作。

制订订单计划是采购计划的最后一个环节，订单计划做好之后就可以按照计划进行采购工作了。一份订单包含的内容有下单数量和下单时间两个方面。

下单数量＝生产需求量－计划入库量－现有库存量＋安全库存量

下单时间＝要求到货时间－认证周期－订单周期－缓冲时间

相关知识

1. 采购管理组织的职责

（1）采购经理的岗位职责，如图 1－47 所示。

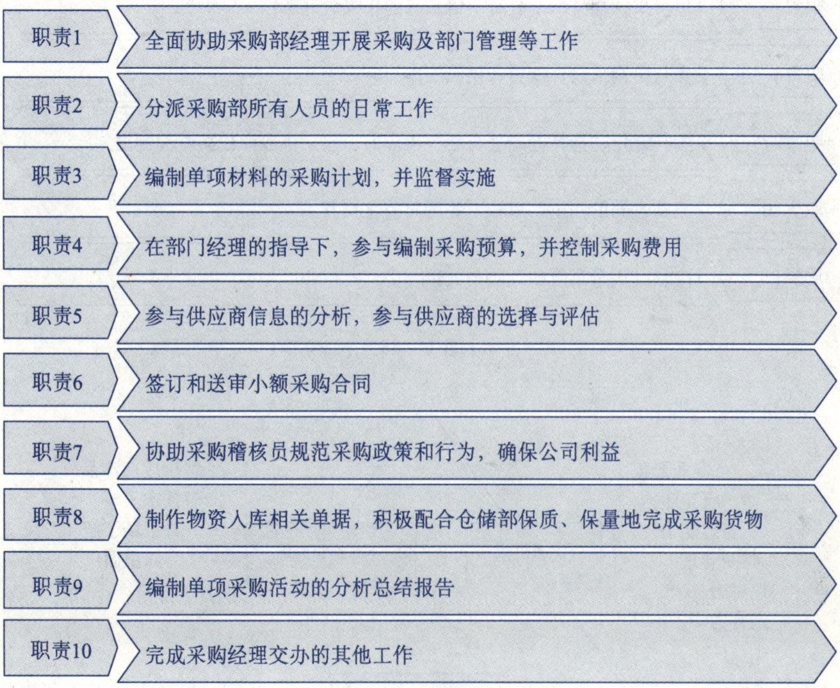

图 1－47

（2）采购主管的岗位职责如图 1－48 所示。

2. 采购人员知识与能力要求

（1）采购人员素质。采购人员必须具备与工作复杂性相适应的素质和能力，要通过专业化的工作和能力培训达到甚至超过与企业和市场要求相适应的水平。采购人员的能力素质模型如图 1－49 所示。

①态度（Attitude）与品德方面。采购工作没有固定规则，而且采购行为难以控制，致使在实际工作中，有许多采购员营私舞弊，造成企业采购费用开支过大，或采购商品质量低劣，给企业造成巨大损失。因此，在选择采购人员时必须将品德素质放在首位。觉悟高、品行端正是一个采购员应有的基本素质，只有思想品德高尚，才能大公无私、克己奉公，处处为企业大局着想，不贪图个人小利。

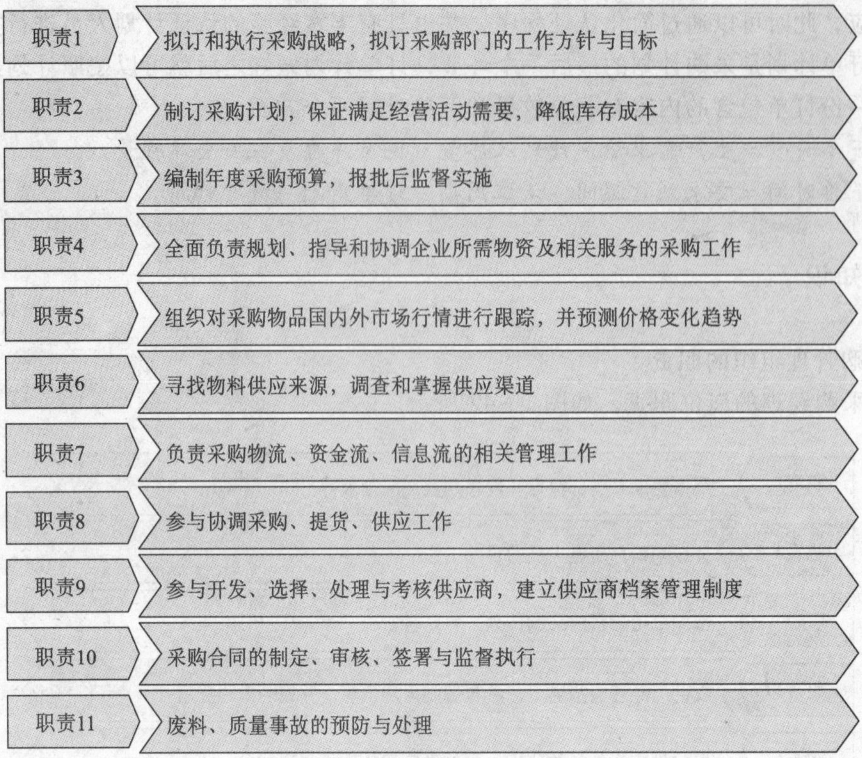

图 1－48

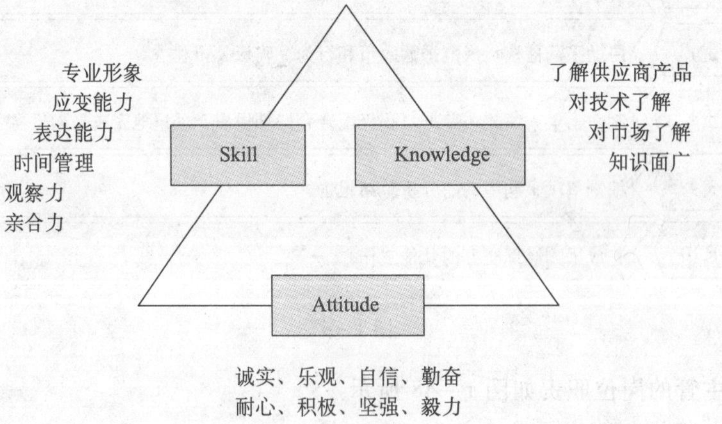

图 1－49　采购人员的能力素质 SAK 模型

②能力（Skill）方面（表 1－27）。

③知识（Knowledge）方面。采购人员必须具备丰富的知识与经验。为了完成采购任务，不但要具备有关的采购知识，还应具备生产知识和一般常识。其中包括资金结算、采购技术等知识和商品检验技术、商品学等知识；也包括对于生产用料、生产工艺过程和手段、产品的性能和成本以及设计原理等的掌握，以使采购更具有针对性和主动性；此外，采购人员还必须掌握和了解一般的社会常识和人际关系，促使采购顺利完成。除此之外，丰富的工作经

表 1-27 采购人员能力要求

能　力	要　求
应变能力、团结协作能力	采购过程是一个与人沟通的过程，采购人员要具有很好的应变和团结协作能力，能处理好与供应商和企业内部各方面的关系，为以后工作的开展打下基础
表达能力	采购人员必须做到正确、清晰地表达所欲采购的各种条件
市场分析	分析市场状况及发展趋势，分析消费者购买心理，分析供货商的销售心理，从而在采购工作中做到心中有数，知己知彼、百战百胜
成本分析和价值分析	采购人员必须了解供应商产品，具有成本分析能力，能够为企业节省资金，同时最大化地实现公司的利益
前景预测	采购人员应根据各种产销资料及供应商的态度等方面来预测将来市场上该种商品供给情况

验也是采购人员必不可少的素质要求。

（2）采购人员应具备的知识（表 1-28）。

表 1-28 采购人员必备知识

相关知识	具 体 要 求
采购知识	采购人员必须了解企业的采购模式、采购流程、采购谈判技巧以及采购绩效评估方法等专业知识
商品学知识	采购人员可以通过大学的课程、贸易性期刊、流行杂志、展览或工作参观、与供应商保持联络等途径来获取商品的基本知识
物流知识	采购人员应当充分了解本企业物资的库存情况、途中货物的运输配送情况等信息，使得企业所需物资能够及时、保质保量供应，从而保障企业生产经营活动的顺利进行以及实现企业采购的过程优化和成本控制
市场营销知识	一名优秀的采购员首先要了解消费者需要，把握市场消费者的心理需求，从而提高采购工作的针对性；还应当掌握市场细分策略以及产品、价格、渠道、促销方面知识，只有这样才能合理地选择采购商品的品种，从而保证采购的商品适销对路
商务谈判知识	首先，采购人员对商务礼仪的了解以及身体力行会给对方留下很好的第一印象；其次，对谈判技巧的掌握能够加强双方的沟通与交流，从而达成有利于本企业的合同条款；最后，对于公共关系知识的了解，能够加深与政府和媒体的接触，从而达到宣传企业和产品的目的。
税务、财务知识	采购人员对税务知识的了解主要是集中了解我国各税种以及常见税种的税率
相关法律法规	熟悉、掌握国家与采购相关的法律法规。政策、法律知识包括国家出台的各种相关法律、价格政策、专营方向，维护国家与企业利益

3. 定量订货法

（1）定量订货法原理。

定量订货法是一种基于物资数量的订货法，它主要靠控制订货点和订货批量两个参数来控制订货进货，达到既最好地满足用户需求，又使经营总费用最低。

定量订货法的原理是：预先确定一个订货点 Q_K，在销售过程中随时检查库存，当库存下降到 Q_K 时，就发出一个订货批量，订货批量取为经济订货批量 Q^*。这种情况下库存量的变化如图 1-50 所示。

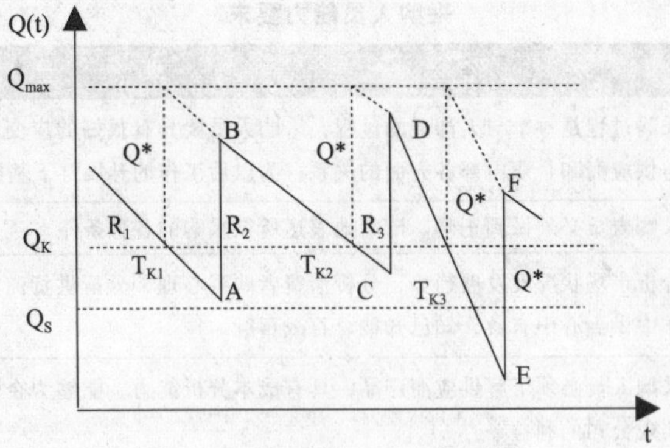

图 1-50　定量订货法原理图

图 1-50 中是一般情况的例子，即 $R_1 \neq R_2 \neq R_3 \neq \cdots$，$T_{K1} \neq T_{K2} \neq T_{K3} \neq \cdots$，R 和 T_K 都是随机变量。在第一阶段，库存以 R_1 的速率下降，当库存下降到 Q_K 时，就发出一个订货批量 Q^*，“名义库存”升高了 Q^*，达到 $Q_{max} = Q_K + Q^*$。进入第一个订货提前期 T_{K1}，在 T_{K1} 内库存继续以 R_1 的速率下降到图中的 A 点（正好等于 Q_S，在 Q_S 线上），新订货物到达，T_{K1} 结束，实际库存由 Q_S 上升到 $Q_S + Q^*$，增加了 Q^*，到达 B 点，进入第二阶段。设第二阶段以 R_2 的速率下降，因为 $R_2 < R_1$，所以库存消耗周期长些。当库存下降到 Q_K，又发出一个订货批量 Q^*，“名义库存”又升到 $Q_{max} = Q_S + Q^*$，进入 T_{K2}，库存下降到 C 点，第二订货批量 Q^* 到货，T_{K2} 结束，实际库存又升高了 Q^*，到达 D 点。因为 R_2 小，T_{K2} 又短，所以第二个订货提前期 T_{K2} 内库存消耗量少，C 点库存较高，因而 D 点库存也较高。之后又进入第三个周期，由于 R_3 比 R_1 和 R_2 都大，T_{K3} 比 T_{K1}、T_{K2} 都长，所以在 T_{K3} 内的库存消耗量最大，E 点最低，还动用了 Q_S，差不多把安全库存量都用完了。新订货物到达后，升高了 Q^* 到 F 点，所以 F 点也是新订货物到达库存量最低的点。库存量就是这样周期变化不止。从图 1-50 可以看出：

①订货点 Q_K 的大小包括了两部分：第一部分为 Q_S，第二部分为 $\overline{D_L} = QK - QS$（D_L 为订货提前期的需求量）。图中 T_{K1} 期间的需求量正好等于 $\overline{D_L}$，T_{K2} 期间的需求量正好小于 $\overline{D_L}$，T_{K3} 期间的需求量正好大于 $\overline{D_L}$。

②在整个库存中的所有的需求量都得到了满足，没有出现缺货，都是由订货点库存量满足的。其中 T_{K1} 和 T_{K2} 期间还没有动用安全库存 Q_S，而 T_{K3} 期间动用了安全库存 Q_S，库存满足率达到了 100%。但是如果安全库存量设的太小的话，则 T_{K3} 期间的库存曲线就会下降到横坐标线以下，会出现缺货。而且 Q_S 越小，缺货量就越大。因此设定安全库存量的作用，就是降低缺货率，提高了库存满足率。

③由于控制了订货点 Q_K 和订货批量 Q^*，使得整个系统的库存水平得到了控制。最高库存量 Q_{max} 不超过 $Q_K + Q^*$。

（2）定量订货法控制参数的确定。为了实施定量订货法，就需要确定两个控制参数，一个是订货点，一个是订货批量。

①订货点的确定。在库存的运行中，我们把发出订货的时机作为我们的订货点。我们既可以把库存下降到某一个特定的水平，叫做订货点，也可以把某个确定的事件作为订货点。

前者用在定量订货法中，后者用在定期订货法中。定量订货法是根据一个特定的库存水准作为订货点，通常叫做订货警戒点。

方法一：基于订货提前期需求量 D_L 服从正态分布的公式

我们在日常的库存运行中，随着出库的进行，库存量会慢慢下降。保管员们都会知道，库存量下降到一定程度，就应该进货，否则就会产生缺货。但是库存量究竟下降到什么时候应该订货进货，就有些弄不清楚。但是他们都有一个直观的概念，就是其发出订货时还剩下的库存量应该能维持其在订货进货的过程中的出库消耗，也就是说，其在下一次所订货物到库入库之前，应该能维持出库消耗的正常进行。这种思想也就是我们确定订货点大小的依据。

实际上，我们把订货点 Q_K 定义为：

$$Q_K = D_L \quad (1.1)$$

式中，“D_L”为订货提前期的需求量。

所谓订货提前期，就是从采购员发出订货、到订货成交，并且把所订货物从对方仓库运进自己仓库为止的整个时间阶段。订货提前期需求量就是在整个订货提前期内出库消耗的物资总量。

式中订货提前期需求量 D_L 两边打上引号，表示 D_L 是一个随机变量。这里我们用引号表示一个随机变量，下同。

所谓随机变量，就是其取值是随机变化的，时大时小、没有一个固定的值。但是它的取值都落在一定的数值范围内，并且其中的取值都有一个发生概率。我们把这个值域中取值的概率又叫做这个随机变量的分布。

在库存控制中最常用的随机分布是正态分布。正态分布的特点，是在变量取值的平均值处发生的概率最高，由平均值向两边变化，取值的概率迅速变小。整个概率密度曲线，呈一个钟形的形状（图 1－51）。

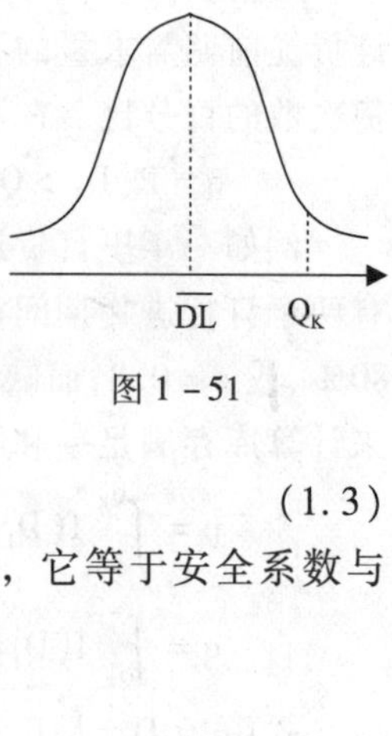

图 1－51

正态分布有两个特征参数：一个是平均值 $\overline{D_L}$，一个是标准偏差 σ_D。如果“D_L”服从正态分布，则可以表示成：

$$D_L \sim N(\overline{D_L}, \sigma_D) \quad (1.2)$$

并且有：

$$D_L = \overline{D_L} + \alpha\sigma_D = \overline{D_L} + QS \quad (1.3)$$

式中，α 是安全系数，它表示标准偏差的个数；Q_S 是安全库存量，它等于安全系数与标准偏差的乘积。

方法二：基于需求速率和订货提前期长度的公式

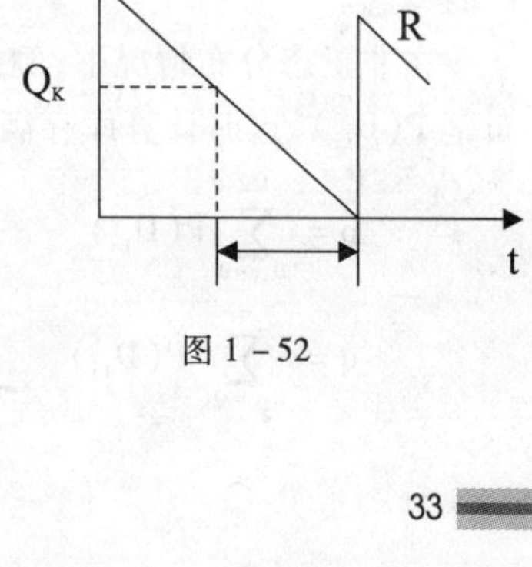

图 1－52

由图 1－52 所示，订货提前期需求量又是由需求速率和订货提前期的长度决定的。需求速率，是单位时间的需求量，也就是每天（或月、周、年等，下同）仓库物资的出库消耗量，也是每天库存物资减少的数量，或库存下降速率。需求速率越大，订货提前期越长，订货提前期需求量越大。一般情况下它们都是随机变量。因为，需求速率是依据需求人数、单人需求量的大小求出的，可知日总销售量可能是时大时小的，提前期的长度也是受人员、事情、车辆、运力、路况、天气等具体变化的影响，也可能是时长时短的。

如果订货提前期用 T_K 表示、需求速率用 R 表示，则 D_L 等于 R 和 T_K 的乘积。即：$D_L = R \times T_K$，又根据式（1.1）的定义，可以推知订货点就等于订货提前期需求量。因此在正态分布下，订货点可以由下式求出：

$$
\begin{aligned}
Q_K &= \overline{D_L} + \alpha\sigma_D \\
&= \overline{D_L} + Q_S \\
&= \overline{R} \cdot \overline{T_K} + \alpha\sqrt{T_K\sigma_R^{\ 2} + R^2\sigma_T^{\ 2}}
\end{aligned}
\tag{1.4}
$$

式中，也是假设“R”、“T_K”均服从正态分布：

$$R \sim N(\overline{R}, \sigma_R) \tag{1.5}$$

$$T_K \sim N(\overline{T_K}, \sigma_T) \tag{1.6}$$

几点说明：

第一，安全系数 α 的确定。式(1.4)中的安全系数 α 如何求呢？安全系数是根据库存满足率或缺货率，查安全系数表得出的。

所谓库存满足率，就是库存物资对于用户需求的满足程度。在这里，特指订货点库存量对于订货提前期需求量的满足程度。即在订货进货期间里，用户到仓库来要货，仓库里都有现货供应的订货进货次数占该期间内订货进货总次数的百分比。在数学上用概率表示，即库存满足率 P 定义为订货提前期需求量小于等于订货点库存量的概率。可以由下式确定：

$$p = P\{D_L \leqslant Q_K\} \tag{1.7}$$

所谓缺货率，就是库存物资对于用户需求的不满足程度。在这里特指订货点库存量对于订货提前期需求量的不满足程度，也就是一个期间内发生了缺货的订货进货次数占总订货进货次数的百分比。在数学上，缺货率 q 用订货提前期需求量大于订货点库存量的概率来描述：

$$q = P\{D_L > Q_K\} \tag{1.8}$$

例如一年里订货进货一共 10 次，如果有八个订货进货期间都完全满足了用户的需求，只有两个订货进货期间没有完全满足用户需求，发生了缺货，则库存满足率就是 80%，即 p = 80%，或 p = 0.8；而缺货率为 20%，即 q = 20%，或 q = 0.2。在数学上，可以用累计概率的形式来计算库存满足率和缺货率。例如对于正态分布情况可以用下面的公式计算：

$$p = \int_0^{Q_K} f(D_L)\, dD_L \tag{1.9}$$

$$q = \int_{Q_K}^{\infty} f(D_L)\, dD_L \tag{1.10}$$

式中，$f(D_L)$ 是正态分布的概率密度函数，它是一个连续函数。以上两个式子都是积分累计的概念。

在非正态分布情况下，例如对于任意分布的情况，一般知道的是一些离散的数据 D_{Li} 的分布率 $P(D_{Li})$，这时计算库存满足率 p 和缺货率 q 可以用下面的公式表示：

$$p = \sum_{D_{Li}=0}^{Q_K} P(D_{Li}) \tag{1.11}$$

$$q = \sum_{D_{Li}=Q_K}^{\infty} P(D_{Li}) \tag{1.12}$$

由于库存满足率和缺货率是互补的，所以有：

$$p + q = 1 \tag{1.13}$$

这样知道库存满足率，也就知道了缺货率。

在已知正态分布的情况下，库存满足率 p、缺货率 q、安全系数 α、安全库存量 Q_S 和订货点 Q_k 是一一对应的。几个典型的安全系数的特性情况如表 1－29 所示。

表 1－29　几个典型的安全系数特性对照表

p	q	α	Q_S	Q_K
0.5	0.5	0	0	$\overline{D_L}$
0.84	0.16	1.00	$Q_S=\sigma_D$	$Q_K=\overline{D_L}+\sigma_D$
0.85	0.15	1.04	$Q_S=1.04\sigma_D$	$Q_K=\overline{D_L}+1.04\sigma_D$
0.90	0.10	1.28	$Q_S=1.28\sigma_D$	$Q_K=\overline{D_L}+1.28\sigma_D$
0.95	0.05	1.65	$Q_S=1.65\sigma_D$	$Q_K=\overline{D_L}+1.65\sigma_D$
0.977	0.003	2.00	$Q_S=2.00\sigma_D$	$Q_K=\overline{D_L}+2.00\sigma_D$
0.9987	0.0013	3.00	$Q_S=3.00\sigma_D$	$Q_K=\overline{D_L}+3.00\sigma_D$

由表 1－29 可以看出，给定一个库存满足率 p，或者缺货率 q，就可以查出相应的安全系数 α，从而就可以求出安全库存量 Q_S 和订货点 Q_k。

安全系数，实际上就是正态分布系数，可以由正态分布表给出。主要的安全系数表见表 1－29。这样，知道了安全系数 α，就可以由式(1.4)求出任何一个正态分布情况下的订货点。

第二，对式 $Q_K=\overline{D_L}+Q_S=\overline{D_L}+\alpha\sigma_D=\overline{R}\cdot\overline{T_K}+\alpha\sqrt{\overline{T_K}\cdot\sigma_R^2+\overline{R}^2\cdot\sigma_T^2}$ 的讨论，在式(1.4)中包含有三种特殊情况：

i 当需求速率是一个确定的常数值，而订货提前期是随机变量，即 R＝R 时，则有：

$$QK=\overline{DL}+QS=\overline{DL}+\alpha\sigma_D=R(\overline{T}+\alpha\sigma_T) \tag{1.14}$$

ii 当订货提前期是一个确定的常数值，而需求速率是随机变量，即 $T_K=T_K$ 时，则有：

$$Q_K=\overline{D_L}+Q_S=\overline{D_L}+\alpha\sigma_D=\overline{R}T_K+\alpha\sqrt{T_K}\sigma_R \tag{1.15}$$

iii 当需求速率和订货提前期都不是随机变量，而是一个确定数时，R＝R，$T_K=T_K$，则有：

$$Q_K=D_L=RT_K \tag{1.16}$$

式(1.14)、(1.15)两种情况以及式(1.4)的一般情况都属于随机型库存模型，而式(1.16)就是确定型库存模型情况下的订货点的求法。

所以，确定型库存是随机型库存的一种特殊情况。在随机型库存模型中，当需求速率和订货提前期都取确定值时，随机型库存模型就变成了确定型库存模型。

以上就是随机型正态分布情况下以及确定型情况下订货点的计算方法。

第三，随机型情况，但不是正态分布。如果是随机型情况，但不是正态分布，而是非正态分布的情况则应该怎么确定订货点呢？所谓非正态分布的情况，包括泊松分布、负指数分布、任意分布等，在这些情况下都可以用下面的办法来求订货点：

$$Q_K=D_L\big|_{p=p_0} \tag{1.17}$$

或：

$$Q_K=D_L\big|_{q=q_0} \tag{1.18}$$

即订货点等于其中某个 D_L 值,其条件是,这个值对应的满足率 P 等于给定的满足率值 P_0,或者其缺货率 q 等于给定的缺货率值 q_0。

第四,近似计算公式。以上分别给出了随机型库存正态分布、非正态分布以及确定型库存情况下计算订货点的公式。这些定量计算是科学的,但是看来比较麻烦。在实际生活中,也可以采取一些简单办法。例如,我们把订货点看成是由两部分构成的:一部分是平均订货提前期需求量,另一部分是安全库存量。平均订货提前期需求量等于平均的订货提前期的天数乘以日平均需求量,而安全库存量等于订货提前期的标准偏差天数乘以日平均需求量。或者近似等于最长的一次订货提前期的天数乘以日平均需求量。其中标准偏差天数近似等于(相对于平均提前期天数的)平均偏差天数。

$$Q_K = \overline{D_L} + Q_S = \overline{D_L} + \alpha\sigma_D = R(\overline{T_K} + \Delta T_K) \cong RTK_{max} \tag{1.19}$$

式(1.19)计算出来的是一个近似值,在实践过程中可以根据具体情况进行一些微调。其实包括用前述的各个公式的精确计算结果在具体实际应用中也可能都要微调,例如取整或符合包装单元额定数量等。

(3)订货批量的确定。在定量订货法中,对一个具体的品种而言,每次的订货批量都是相同的。所以对每个品种都要制订一个一定的订货批量。制订订货批量可以采用以下几种方法:

方法一:通常取订货批量为一个经济订货批量

$$Q^* = \sqrt{\frac{2c_0R}{c_1}} \tag{1.20}$$

或

$$Q^* = \sqrt{\frac{2c_0R}{c_iK}} \tag{1.21}$$

其中:$c_1 = Kc_i$

式中,c_1 为单位物资单位时间的保管费;K 为单位物资的价值(单价);c_i 为保管费率;c_0 为每次订货费;R 为平均库存消耗速率(即需求速率)。

这两个公式的意义是一样的。只是前者根据单位物资的保管费用计算,而后者根据保管费率计算而已。

说明:

①这些公式是根据使得包括订货费用和保管费用在内的总和最小的原则计算出来的,比较科学。但是,需要对每次的订货费用 c_0 和单位物资单位时间的保管费用 c_1,或保管费率 c_i 进行确认、考核和计算。而我国现有的习惯,是不太考虑这些问题的。因此数据来源可能会有点问题。

②由此式计算出来的订货批量可能不一定符合现实的包装单元、运输单元或者时间单元的额定数,有的甚至是小数,所以,这样计算出来的经济订货批量一般不完全符合实际情况,还要根据具体的情况作适当的调整。

方法二:取订货批量为一个时间单元内需求量的大小

例如,可以取一个小时、一天、一周、一月、一个季度、甚至一年的需求量为一个订货批量。这样在实际操作中就比较方便、比较简单。

方法三:取与某种包装单元或运输单元的额定容量相等的或整数倍的数量

有些产品,生产厂是以一定的包装单元包装的。例如,袜子是成打成箱卖的,香烟是成箱卖的，我们采购也应当是以成打、成箱购买来确定我们的订货批量。运输部门装运货物运输有运输单元，例如，火车车皮、集装箱等，我们的订货批量应当尽可能与这些运输单元相匹配。在这些情况下，既要考虑包装单元、运输单元，又要考虑我们的需求量，以需求量为主，兼顾包装单元、运输单元来制订合适的订货批量。

方法四：采购订货批量应取整个供应周期的需求量

有些商品，生产厂是轮番批量生产的，有些是季节性生产的，它们都有一个供应周期。这一批生产完了，要过一段时间才能再生产、再供应。在这种情况下，我们的采购订货批量应取整个供应周期的需求量。

以上我们讨论了订货批量的各种制订方法，它们分别用于各种不同的具体情况。当我们制订具体的订货批量的时候，应当根据具体情况来制订合适的订货批量。

(4)定量订货法的实施和应用。

①定量订货法适用对象。定量订货法特别适合于均匀稳定的需求物资的订货，在这种情况下既能做到最好地满足需求，又能使得总费用最省。

定量订货法主要用于那些重要物资的库存控制。具体讲，主要包括以下几个方面：单品种物资；价钱高的物资；关键零部件；比较紧缺、订货较难、管理很费手续的物资。

②定量订货法的优缺点(表1－30)。

表1－30　定量订货法的优缺点

优点	订货点、订货批量一经确定保持不变，则定量订货法的操作就很简单
	当订货量一定，收货、验收、保管和批发可以利用现成的规格化器具和结算方式，可节省搬运、包装等方面的工作量
	定量订货法充分发挥了经济订货批量的作用，可以是平均库存量和库存费用最低
缺点	要随时盘存，花费较大的人力和物力
	订货模式过于机械化
	订货时间不能预先确定，所以难以严格的管理，也难以预先做出较精确的人员、资金、工作等的安排计划
	定量订货法只能直接运用于单一品种物资的采购，如果要实行多品种联合采购，还要对此法进行灵活处理运用
	定量订货法只适用于订货不受限制的情况，及订货时间和订货地点都不受任何限制，这就要求市场上的物资资源供应充足、自由流通
	定量订货法不但适用于随机型需求，也适用于确定型需求

③定量订货法的实施步骤。实施定量订货法，可以按以下的步骤进行：

a. 首先要做好一些基础工作。把所有品种进行ABC分类，A类或再加上B类，采用定量订货法。

需求分析：确定需求的性质、规律和数量。

经营分析：确定经营方式、经营费用。

b. 确定库存模型。根据第一步的分析，确定合适的库存模型。例如对于确定型需求，我们可以根据情况选用不允许缺货瞬时到货模型、不允许缺货持时到货模型、允许缺货瞬时到货模型、允许缺货持时到货模型、实行补货的瞬时到货模型、实行补货的持时到货模型；对于随机型需求，我们可以选用基于服务率的库存模型、基于缺货的库存模型、基于补货的库存模型。具体的库存模型及其订货点的确定见表1－31所示。

表 1-31　　各种模型的定量订货法订货点

	代号	库存模型名	订货点
确定型（A_q）	Aq_1	不允许缺货瞬时到货	$Q_K = RT_K$
	Aq_2	不允许缺货持时到货	
	Aq_3	允许缺货瞬时到货	
	Aq_4	允许缺货持时到货	
	Aq_5	实行补货的瞬时到货	
	Aq_6	实行补货的持时到货	
随机型（A_s）	AS_1	正态分布、基于服务率	$Q_K = \overline{D}_L + \alpha\sigma_D$
	AS_2	正态分布、基于缺货	$Q_K = \overline{T}_K\overline{R} + \alpha\sqrt{\overline{T}_K\sigma_R^2 + \overline{R}^2\sigma_T^2}$
	AS_3	正态分布、基于补货	
	AS_4	非正态分布	$Q_K = D_L \mid_{p=p_0}$

c. 确定订货点。根据不同的库存模型确定各自合适的订货点，确定方法前面已有说明。各种库存模型的订货点的确定可以参见表 1-31 所示。

d. 确定订货批量。根据具体情况确定订货批量。

e. 定量订货法运行。在制订了订货点、订货量两个参数之后，就可以实施定量订货法了。在具体运行实施时，保管员要随时检查库存，每天都求出库存量的余额，当库存量下降到给定的订货点，就发出订货，且每次订货都订一个已经给定的订货批量。

4. 定期订货法

(1) 定期订货法原理。定量订货法是从数量上控制库存量，虽然操作简单，但需要每天检查库存量，费时费力。特别是在仓库大、品种多而人员少的情况下，无论是检查实物，还是检查账本，都是比较困难的（应利用计算机管理，才能真正解决这个问题）。定期订货法解决了这个问题。

定义：定期订货法是基于时间的订货控制方法，它设定订货周期和最高库存量，从而达到库存量控制的目的。只要订货周期和最高库存量控制得当，既可以不造成缺货，又可以达到节省库存费用的目的。

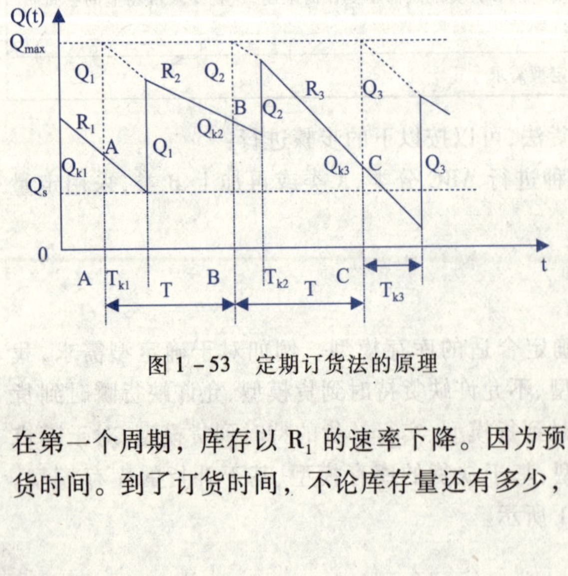

图 1-53　定期订货法的原理

定期订货法的原理：预先确定一个订货周期 T 和一个最高库存量 Q_{max}，周期性地检查库存，求出当时的实际库存量 Q_{ki}、已订货而还没有到达的物资量 I_i，以及已经售出但还没有发货的物资数量 B_i，然后发出一个订货批量 Q_i。这个第 i 次的订货量 Q_i 的大小，应使得订货后的“名义库存”升高到 Q_{max}。

在这种情况下的库存量变化曲线如图 1-53。图中表示的是一般情况：

$$R_1 \neq R_2 \neq R_3 \neq \cdots, T_{K1} \neq T_{K2} \neq T_{K3} \neq \cdots。$$

在第一个周期，库存以 R_1 的速率下降。因为预先已经确定了订货周期 T，也就是规定了订货时间。到了订货时间，不论库存量还有多少，都要发出订货。所以当到了第一次订货时间

（A 点）时，就检查库存，求出当时的库存量 Q_{K1}，并发出一个订货批量 Q_1，使库存上升到 Q_{max}。然后进入第二个周期，经过 T 时间又检查库存，得到此时的库存量 Q_{K_2}，并发出一个订货批量 Q_2，使库存又上升到 Q_{max}。如此重复。

定期订货法是一种基于时间控制的订货方法。它主要是要确定一个订货周期 T 和一个最高库存量 Q_{max}。这个订货周期，就是控制库存的订货时机；这个最高库存量，就是我们控制库存的一个给定库存水准。然后每隔一个周期 T，就检查库存发出订货。订货量的大小，就是最高库存量与当时的实际库存量的差。

（2）定期订货法中订货参数的确定。定量订货法是一个基于数量的订货方法，所以确定订货点是用一个库存数量水平。而定期订货法是一个基于时间的订货方法，所以在定期订货法中，确定订货点是用一个特定的时间。这时的订货点不用 Q_K 表示，而用订货周期 T 表示。

所谓订货周期，是相邻两次订货之间的时间间隔。在定期订货法中，这个时间间隔是一个固定不变的常数。每隔一个周期 T 就发出订货。所以，一旦 T 确定，则每次订货的时机也就确定了，因此也把它看成是订货点。

定期订货法要解决三个参数问题：订货周期 T 的确定；Q_{max} 的确定；第 i 次订货量 Q_i 的确定。

①订货周期 T 的确定。定期订货法的订货周期 T 由多种确定方法。

方法一：订货周期取经济订货周期

经济订货周期与经济订货批量一样，都是根据不允许缺货瞬时到货情况下总费用最省的原理计算出来的。如果经济订货周期（EOI）记为 T＊，则 T^* 可以表示为：

$$T^* = \sqrt{\frac{2c_0}{c_1 R}} \tag{1.22}$$

式中，C_0 为一次订货费用，C_1 为单位物资单位时间的保管费用，R 为需求速率。

方法二：订货周期取人们习惯的日历时间单元

例如一个月订一次，订货周期为一个月，或者一周订一次、一个季度订一次，这时订货周期分别就是一周、一个季度。至于取什么样的时间单位，可以根据具体情况定。人们通常按这些时间单元安排生产计划、工作计划。取这样的时间单元可以跟生产计划、工作计划相吻合，比较方便。

方法三：订货周期取供应商的生产周期或供应周期

有些供应商是多品种轮番批量生产，或是季节性生产，都有一个生产周期或供应周期。订货周期与生产周期、供应周期一致，才能够订到货物。

②Q_{max} 的确定。在定量订货法中，我们把订货提前期内的需求量作为制订订货点的依据。在定期订货法中，我们则是把订货周期和其后一个订货提前期合在一起，即 $T+T_K$ 的长度为一个时间单元，把 $T+T_K$ 期间内的需求量"D_T+T_K"作为制订 Q_{max} 的依据。如果"D_T+T_K"服从正态分布，则可以用下式求 Q_{max}：

$$\text{“}D_{T+TK}\text{”} \backsim N(\overline{D}_{T+T_K}, \sigma_{D_T+T_K}) \tag{1.23}$$

$$Q_{max} = \overline{D}_{T+T_K} + \alpha\sigma_{D_T+T_K} = \overline{D}_{T+T_K} + Q_S \tag{1.24}$$

式中，$\overline{D}_{T+T_K}$ 和 $\sigma_{D_T+T_K}$ 分别是订货周期与提前期的总需求量的平均值和标准差。

式（1.24）也可以写成"R"和"T_K"的表达式。运用公式：

$$Q_{max} = (T+\overline{T}_K)\overline{R} + \alpha\sqrt{(T+\overline{T_K})\sigma_R^2 + \overline{R}^2\sigma_T^2} \tag{1.25}$$

说明：

i 对式（1.25）讨论：它也包含有三种特殊情况：

当 T_K 不变，为确定值，即 $\sigma_T=0$ 时，有：

$$Q_{max}=(T+T_K)\overline{R}+\alpha\sqrt{T+T_K}\cdot\sigma_R \quad (1.26)$$

当 R 不变，为确定值，即 $\sigma_R=0$ 时，有：

$$Q_{max}=R\ (T+\overline{T}_K+\alpha\sigma_T) \quad (1.27)$$

当 T_K、R 都不变，为确定值，即 $\sigma_R=0$、$\sigma_T=0$ 时，有：

$$Q_{max}=R\ (T+TK) \quad (1.28)$$

式（1.28）这种情况就是确定型库存模型。它也是随机型库存模型的特殊情况。

ii 如果"D_{T+TK}"服从非正态分布，则与定量订货法的同样考虑，可以用下式求 Q_{max}：

$$Q_{max}=\frac{D_{T+TK}}{P\{D_{T+TK}\leqslant Q_{max}\}}=p \quad (1.29)$$

$$\text{或：}Q_{max}=\frac{D_{T+TK}}{P\{D_{T+TK}\leqslant Q_{max}\}}=q \quad (1.30)$$

以上列出了各种情况下最高库存量的计算方法。我们要根据具体情况选用合适的计算方法来求最高库存量。定期订货法也可以用于确定型库存模型和随机型库存模型。确定型库存模型包括不允许缺货瞬时到货、不允许缺货持时到货、缺货瞬时到货、缺货持时到货、补货瞬时到货、补货持时到货六个模型和随机型正态分布、非正态分布的四个模型。各个模型下的计算方法见表 1－32 所示。

③第 i 次订货量 Q_i 的确定。在定期订货法中，每次的订货量一般都是不一样的，跟每次订货时还剩下的库存量有关，认真说起来还与订货时是否有已订未到量和已经销出但是还未提货的数量有关。虽然 Q_{max} 大家都一样，但是由于当时的实际库存量、已订未到量、已售出而未发货量不一样，所以每次的订货数量都是不同的。第 i 次的订货量由下式确定：

表 1－32　各种模型的定期订货法的最高库存量

	代号	库存模型名	最高库存量 Q_{max}
确定型（B_q）	Bq_1	不允许缺货瞬时到货	$Q_{max}=R\ (T+T_K)$
	Bq_2	不允许缺货持时到货	
	Bq_3	允许缺货瞬时到货	
	Bq_4	允许缺货持时到货	
	Bq_5	实行补货的瞬时到货	
	Bq_6	实行补货的持时到货	
随机型（B_s）	BS_1	正态分布、基于服务率	$Q_{max}=\overline{D}_{T+T_K}+\alpha\sigma_{T+T_K}$
	BS_2	正态分布、基于缺货	$Q_K=\ (T+\overline{T}_K)\ \overline{R}+\alpha\sqrt{(T+\overline{T}_K)\ \sigma_R^2+\overline{R}^2\sigma_T^2}$
	BS_3	正态分布、基于补货	
	BS_4	非正态分布	$Q_{max}=D_{T+T_K}\mid_{p=p_0}$

$$Q_i=Q_{max}-Q_{Ki}-I_i+B_i$$

$$[\text{因为：}Q_{ki}+I_i-B_i+Q_i=Q_{max}] \quad (1.31)$$

式中，Q_{ki}是第 i 次盘点时求出的实际库存量；I_i 是第 i 次盘点时已订未到量；B_i 是第 i 次盘点时已售出尚未发货量。

（3）定期订货法应用。

①定期订货法适用对象。定期订货法主要用于 C 类物资（或者再加上 B 类物资），即那些数量多却价值低、利润低，因而不太需要特别精细管理的物资的订货。对于这些多数的品种实行一般管理，可以最大地降低采购和管理成本，而对效益没有太大的影响。

②定期订货法的优缺点（表 1－33）

表 1－33　定期订货法的优缺点

优点	定期订货法最大的优点是管理人员不必每天都检查库存，只是到了订货周期规定要订货的时间，才检查库存，发出订货量。这就大大减轻了管理人员的工作量，而又不影响工作效果和经济效益。
	能通过订货周期来控制库存，它可以合并订购或进货以减少费用；周期盘存也比较彻底、精确；由于是定期订货，所以能预先制订工作计划
	定期订货法还方便于实现多个品种联合订购
缺点	定期订货法的主要缺点是安全库存量比定量订货法高，因为它的保险时间（$T+T_K$）较长，因此（$T+T_K$）期间的需求量也比较大，因而其标准偏差也比较大，所以安全库存量也就比较大。
	没有像定量订货法那样利用经济订货批量进行订货，因而也就不能发挥经济订货批量比较经济的优越性

③实施定期订货法的步骤。定期订货法在确定了订货周期 T 和最高库存量 Q_{max}之后就可以实施了。定期订货法实施之前也要像定量订货法那样，进行需求分析、经营分析、费用分析，选用合适的模型。在求出订货周期和最高库存量两个参数之后，运行起来是很简单方便了。只要每隔一个订货周期就检查库存，发出订货，订货量的大小取当时的实际库存量与最高库存量的差值即可，这样重复运行就可以了。这样做，既可以最好地满足用户需要，又可以使得总费用最省。该订货法的程序如图 1－54 所示：

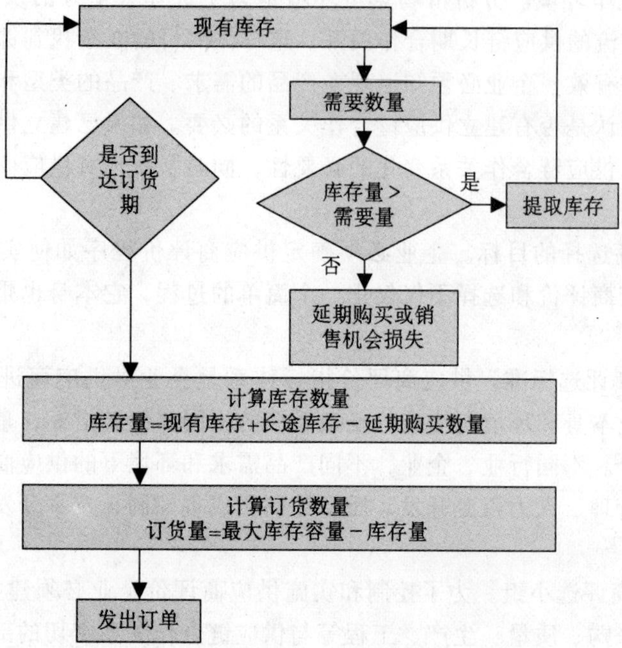

图 1－54　定期订购控制法的作业程序示意图

5. 供应商的选择

供应商的选择可以归结为下述七个步骤。企业必须确定各个步骤的开始时间，每一个步骤对企业来说都是动态的，并且每一个步骤对于企业来说都是业务的改善过程。具体操作步骤如图 1-55 所示。

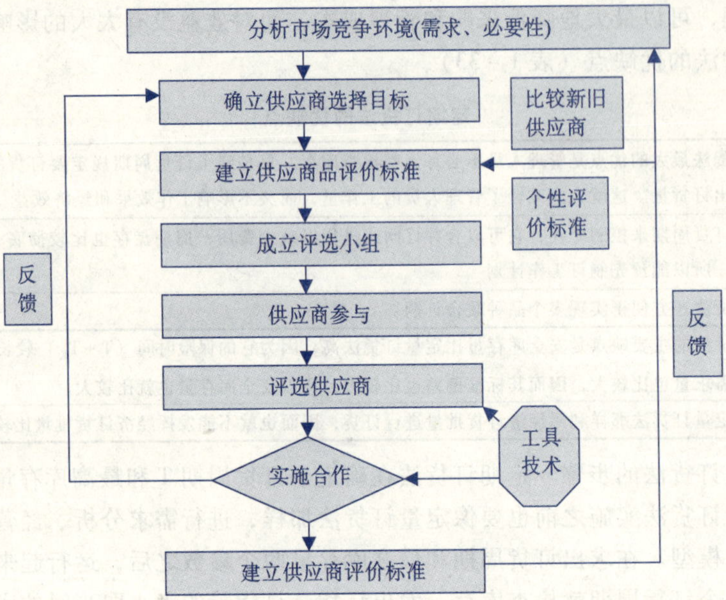

图 1-55　供应商选择的步骤

（1）分析市场竞争环境。分析市场竞争环境是为了选择一个好的供应商并建立基于信任、合作、开放性交流的供应链长期合作关系。这样做的目的在于找到针对哪些产品市场开发供应链合作关系才有效，企业必须知道现在产品的需求、产品的类型和特征，以此来确认客户的需求，从而确认是否有建立供应链合作关系的必要。如果已建立供应链合作关系，则根据需求的变化确认供应链合作关系变化的必要性，同时了解现有供应商的现状，分析并总结企业存在的问题。

（2）建立供应商选择的目标。企业必须确定供应商评价程序如何实施，而且必须建立实质性的目标。供应商评价和选择不仅仅是一个简单的过程，它本身也是企业自身的一次业务流程重构过程。

（3）建立供应商评选标准。供应商评价指标体系是企业对供应商进行综合评价的依据和标准，是反映企业本身和环境所构成的复杂系统的不同属性的指标，是按隶属关系、层次结构有序组成的集合。不同行业、企业，不同产品需求和环境下的供应商评价往往都围绕着供应商业绩、设备管理、人力资源开发、质量控制、成本控制、技术开发、客户满意度、交货协议等方面展开。

（4）建立供应商评选小组。为了控制和实施供应商评价企业必须建立一个专门的小组，小组的组员以来自采购、质量、生产、工程等与供应链合作关系密切的部门为主。这些组员除具有一定的专业技能外还必须具有团队合作精神。另外，这个评选小组必须同时得到采购企业和供应商企业最高领导人的支持。

(5) 供应商参与。一旦企业决定对供应商实施评选，评选小组必须尽快与初步选定的供应商取得联系，尽可能早地让供应商参与到评选过程中来，确认他们是否愿意与企业建立供应链合作关系。然而，企业的力量和资源是有限的，所以只能与少数精选过的、关键的供应商保持紧密的合作关系。

(6) 评选供应商。在评选供应商的过程中，一个主要工作就是调查、收集有关供应商生产运作等全方面的信息。在收集供应商信息的基础上，就可以利用一定的工具和技术方法进行供应商的评选。

(7) 实施供应链合作关系。由于市场需求的不断变化，在实施供应链合作关系的过程中，企业可以根据实际情况及时修改供应商评选标准或重新对供应商进行评价选择。在重新选择供应商的时候，应给予新旧供应商以足够的时间来适应变化。

完成任务

进货员完成现有库存及在途进货量检查工作，并且按照要求制订出采购计划后，即完成进货单制订任务。

技能训练

技能训练一：订货量的确定与计算情景实训

【技能训练要求】

通过本项目的训练，让学生掌握两种订货方法：定期订货法和定量订货法中订货量的确定和计算方法。

【技能训练步骤】

1. 假设该物品采用定量订货法订货，在实施之前要确定订货点和订货量。为使库存总成本最小，一般以经济订货批量作为订货量。

2. 指导学生掌握经济订货批量的确定方法。

$$Q^* = \sqrt{\frac{2c_0R}{c_1}}$$

3. 若采用定期订货法采购任务中的物品，在实施之前要确定订货周期和订货量

$$\text{订货周期} = T^* = \sqrt{\frac{2c_0}{c_1R}}$$

订货量 = 允许的最大库存量 − (现有库存量 + 在途订货量 − 已经销售但未出库的量)

4. 让学生对比两种订货方法的异同。

【技能训练评价】

订货量的确定与计算评价如表 1 − 34 所示：

表 1－34　　订货量确定与计算评价评分表

考评人			被考评人	
考评地点				
考评内容	订货量确定与计算			
考评标准	内　　容	分值/分	实际得分/分	
	定量订货法计算正确	40		
	定期订货法计算正确	40		
	两种订货方法的异同理解正确	20		
	合　　计	100		

注：考评满分为 100 分，60～70 分为及格；71～80 分为中；81～90 分良好；91 分以上为优秀。

教学研讨

1. 如何组织进货单制订任务的教学？在进货单制订作业任务教学中需要注意哪些问题？
2. 通过本单元的学习，如何组织一次有效率的进货作业实训？

单元二
货物入库作业

入库作业是仓储管理工作的一项重要内容，货物入库是仓储工作的第一步，标志着仓储工作的正式开始，因此入库业务的水平高低直接影响到整个仓储作业的效率和效益。本单元货物入库作业主要包括货物的入库前准备、货物验收及货物入库管理三大任务。

学习目标

- □ 能合理安排货物入库前的准备工作；
- □ 能识别仓管员的岗位职责和要求；
- □ 能针对入库货物进行验收并选择货位；
- □ 能合理选择仓储设备；
- □ 能进行货品的堆码与苫垫；
- □ 能安排货品储位管理作业内容；
- □ 能针对货物入库作业设计实训教学内容。

任务一 货物入库前准备

任务描述

入库作业的前提是进行货物入库前准备工作。入库前准备作业通常由仓库主管、仓管员和搬运设备作业人员分工合作，共同完成。具体是指在收货作业之前，仓储管理者应定期同货主、生产厂家以及运输部门进行联系，了解将要入库的货物情况，如货物的品种、类别、数量和到库时间，从而做好货物入库准备工作。仓管员和搬运设备作业人员根据仓储合同、入库单或入库计划及时进行库场准备，保证物资按时入库。

任务分析

仓管员要根据计划定期同货主、生产厂家以及运输部门取得联系，了解即将入库的货物情况，例如货物的类别、数量、品种和到库时间，便于提前做好货物入库前的准备工作。应用上网查询搜集入库信息或电子数据交换系统的仓储企业应该保持信息畅通。

1. 获取到货信息

仓库管理部门必须认真查阅入库货物资料，必要时向货主查询，以便使仓储管理人员掌握入库货物的品种、数量、规格、单件体积、包装状态、运载工具、到库确切时间、将来的流向、货物的理化特性、保管的特殊要求、存放期等。从而精确地、妥善地进行库场安排及准备工作。

2. 掌握仓库库场情况

了解在货物入库期间、保管期间仓库的设备、库容、人员的变动情况，从而方便安排仓储工作。对于那些必须使用重型设备操作的货物，必须确保可使用设备的货位，必要时还能够对仓库实行清查，清理归位，便于腾出仓容。

3. 制订入库计划

仓库业务部门按照仓库情况、设备情况及货物情况，制订出合理的仓储计划，然后把任务下达到各相应的仓库管理人员。

物资储存计划是仓储业务计划中的一个重要内容，储存计划制订的准确性极大地影响着其他计划的制订。

（1）物资储存计划的编制依据。流通企业应该在购销部门计划的基础上编制物资储存计划，对需要入库储存的物资品种、时间、数量及影响物资储存量等因素开展广泛的市场调查研究，结合实际仓库储存能力，综合加以编制。影响物资储存计划的主要因素有以下几点。

①物资储存的品种数量：品种数量主要是按照历年统计数字、采购供应合同，结合具体市场调查研究作出预测而定，还需要充分考虑时间因素的影响，使物资储存计划可以正确反映各种物资及其数量在时间上的变化，从而确定不同时期物资储存所需库容。

②仓库储存能力：仓库储存能力是指在计划期内能够储存或可以安排的仓容的物资总量。不同类型仓库的储存能力，能够根据仓库储存物资的重量或仓库的容量计算。仓库储存面积和仓容定额共同确定仓库的储存能力。

a. 仓储面积是储存物资的基础。提高仓库面积的利用率，充分利用仓库的面积，能够有效地提高仓储企业的经济效益（表 2－1）。

表 2－1　　仓库面积包括的内容

内　容	表示方法
占地面积	指仓库所占的全部土地面积，反映仓库规模的基本数据。
建筑面积	指从库房外墙根量起的全部面积，反映仓库库房面积规模的基本数据。
库内面积	指从库房（仓库）内墙根量起的全部面积。

续表

内　容	表示方法
实际面积	指库内面积减去隔墙、柱子以及实际不能堆货的障碍物（如天井消防设施、楼梯、明沟及固定的装卸机械设备和抛货场地等）的面积。
储存（保管）面积	指为了物资吞吐、养护、建筑和消防安全等需要，从实际面积中减去支道、干道、柱距和墙距等占用的面积后，能够用来存放物资的面积。
使用面积	指储存面积减去空仓面积后实际储存物资的货垛面积。在进出仓过程中，储存面积通常不可能全部获得利用。
面积利用率	库房中储存面积和实际面积的比率。
仓位使用率	指使用面积（即储存物资实占面积）和储存面积的比率。确定了库房储存面积应该达到的利用程度，并显示了库房使用是否平衡。

知识链接

仓库储存能力的计算

根据所确定的库房或货场的储存面积和仓容定额，其计算公式为：

$$Q = \sum_{i=1}^{n} q_i \times S_i$$

Q——储存能力；

q_i——库房或货场的仓容定额（t/m^2）；

S_i——库房或货场的储存面积（m^2）；

n——货场的总数；

i——序号。

b. 仓容定额是指仓库或货场单位面积能够存放物资的最高数量，是每平方米储存面积的储存量标准，仓容定额能够反映出仓库的储存能力。地坪承载能力和物资允许堆放高度是决定仓容定额大小的主要因素。

第一，地坪承载能力是指货场或库房单位面积允许堆放物资的最大重量，地坪承载能力越强，单位面积可储存的物资就越多。

第二，物资包装情况、物资的性能以及仓储设备类型等是影响物资允许堆放高度的主要影响因素。在仓库地坪承载能力允许的范围内，单位面积可以储存的物资数量与物资的允许堆放高度相关，同时，各个货场或库房因为堆放的物资不同（轻泡物资或实重物资），或使用的设备不同，虽然地坪承载能力相同，仓容定额也可能完全不同。

（2）物资储存计划的编制方法。编制储存计划的重要方法是综合平衡法（表 2－2）。

（3）物资储存计划的编制流程（图 2－1）。

（4）编制计划的步骤（图 2－2）。

4. 妥善安排货位

仓库部门根据入库货品的性能、品种、存放时间、数量等，结合仓库分类分区保管的要求，货品的堆码要求，维修、核算占用货位面积大小。按照货位使用原则，严格验收场地，

表 2-2　综合平衡法的内容

类型	内容
物资储存地区的平衡	各仓库、各地区储存物资的数量、品种应该符合物资流转的需要和规律，还要注意符合物资合理流向及合理运输要求，使物资储存在地区上保持合理的平衡。
仓库类型和储存能力的平衡	各种物资要求不同的储存条件，各种类型的仓库在具体储存的物资品种方面有所分工。在编制计划时，应该根据储存要求和物资性能，结合仓库条件，充分考虑仓库实际储存能力，分类予以平衡。
物资储存时间上的平衡	按照各种具体物资数量、品种和周转情况，考虑到不同时期仓容的需要情况，在各仓库间合理调配，以使各仓库储存任务保持相对平衡，尽可能减少出入库之间的空隙时间。

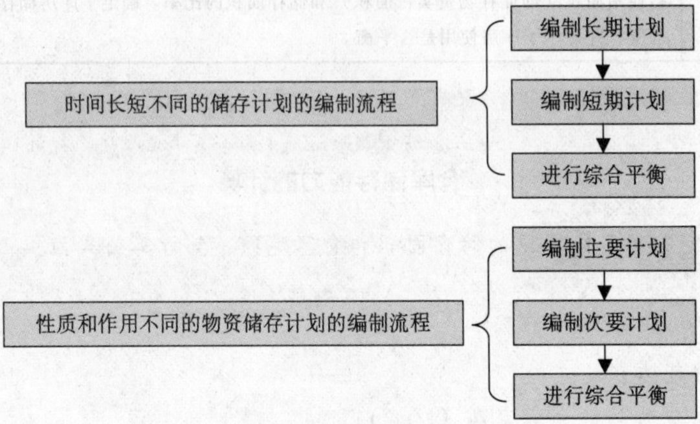

图 2-1　物资储存计划的编制流程图

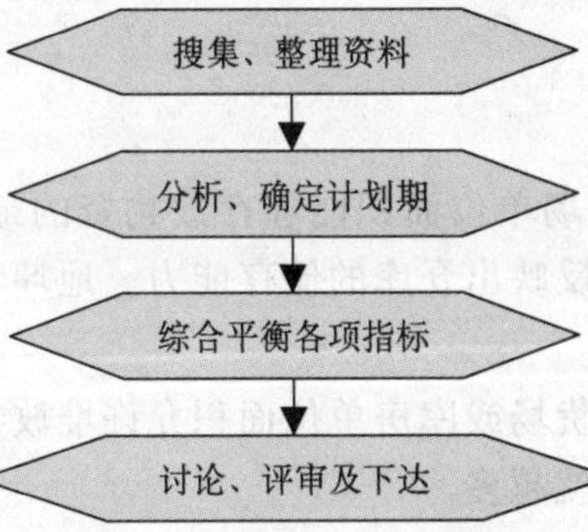

图 2-2　编制计划的步骤

确定存放位置与堆垛方法、苫垫方案，以及进行必要的腾仓、打扫、清场、消毒、准备好验收的场地等工作。

安排货位时应该注意以下几个方面：

(1) 合理选择货位。仓库货位是仓库内具体存放货物的位置。货位分为货架货位、场地货位，有的相邻货位能够串通合并使用，而有的会预先已安装地坪，无需垫垛。库场除了通道、机动作业场地，就剩下存货的货位。为了使仓库操作规范、管理有序，存货位置能准确表示，人们根据仓库的功能、结构，遵循一定的要求将仓库存货位置进行分位分块，形成货位。每一个货位都用一个编号表示，便于区别。货位确定并进行标志后，通常不可以随意改变。货位可大可小，有大致几千平方米的散货货位，有小至仅有零点几平方米的橱架货位，按照具体所存货物的情况确定。

①货位存放方式。货位的存放方式主要分为流动型和固定型两种。

a. 流动型是指所有的商品根据顺序摆放在空的货架中，不预先确定各类商品专用的货架。流动型管理方式因为各货架内装载的商品是不断变化的，所以在商品变更登录时出错的可能性较大。

b. 固定型是一种利用信息系统事先对货架进行分类、编号，并贴付货架代码，各货架内装置的商品事先加以确定的货位存货方式。在固定型管理方式下，各货架内装载的商品是一致的，每一货位的容量都应该大于在该货位存放的货物的最大在库量，否则容易出现货位不足、商品不能及时入库的情况（图 2－3、图 2－4）。

图 2－3　固定型货位

图 2－4　悬臂式货架

②选择货位的原则。

a. 根据货物的保管要求、数量、尺寸、特性选择货位。货位的光照、温度、通风、刮风、雨雪、排水等条件要满足货物保管的需要；货位的数量与容量接近；货物尺寸与货位尺寸匹配，特别是大件、长件货物要能存入所选货位；选择货位时要考虑相近货物的情况，避免与相近货物相忌而相互影响。对需要经常检查的货物，存放在便于经常检查的货位。

b. 保证先进先出、缓不围急。“先进先出”是仓储保管的重要原则，可以防止货物超期变质。在货位安排时要防止后进货物围堵先进货物。存期较长的货物，不可以围堵存期短的货物。

c. 出入库频率高使用方便作业的货位。对于有持续出库或持续入库的货物，要安排在靠近出口的货位，便于出入。流动性差的货物，应该离出入口较远。类似地，存期短的货物应安排于出入口附近。

d. 小票集中、大不围小、重近轻远。多种小批量货物，要集中在一个货位区或者合用一个货位，防止夹存在大批量货物的货位中，方便查找。重货可以离装卸作业区最近，从而降低搬运作业量或者能够直接用装卸设备开展堆垛作业。使用货架时，重货放在货架低层，需要人力搬运的重货，应存放在腰部高度的货位。

e. 方便操作。所安排的货位可以保证堆垛、搬运、上架的作业方便，有足够的机动作业场地，可以使用机械进行直达作业。

f. 作业分布均匀。尽可能防止仓库内或者同条作业线路上多项作业一起进行，互相妨碍。

（2）确定商品存放位置。仓库管理人员在接收商品之前，要预先按照商品的数量、性质等因素，为其安排好恰当的存放位置。

①选择储存方法。商品存放的方法主要有分区分类储存与专仓专储两种，它们的概念、区别及其主要用途如表2-3所示。

表2-3　　仓库商品存放方法

存储方式	主要区别	存储商品类型
专仓专储	1. 通常为专用线仓库 2. 储存商品种类少，但其数量通常较多 3. 储存商品性质一般较特殊，不适合与其他商品混存	1. 易爆、易燃、有毒的物品 2. 烟酒、粮食、香料、食糖等 3. 保存条件特殊的物品 4. 特别贵重的物品
分区分类存储	1. 一般为通用性仓库 2. 存储商品种类多，但某一类商品数量较少 3. 存储商品具有互溶性	1. 保存条件一般的物品 2. 保存时不能相互影响的物品

依据商品的性质确定其存放的方式后，针对需要专仓专储的商品，要在专用仓库中为其整理出某一区域来存放。而针对那些能够分类分区存储的商品，则需要考虑商品的具体情况，在仓库中划分出相应的区域进行存放。

②划分存放位置。仓库管理人员在确定商品存放的位置时，应综合考虑仓库的规模、类型、用途、经营范围，以及商品的保养方法、自然属性等。常见的划分商品存放位置的方法有以下几种（见表2-4），仓库管理人员应该按照商品的实际情况选择存放商品的方法。

表2-4　　仓库区域构成用途表

仓库区域	内部区域构成		用途、要求
储存区	储货区	库房	储存货物的封闭式建筑，适用于储存受气候条件影响的货物或物品，如大部分生产原材料和一般的消费品等
		货棚	储存货物的设施，可以用来储存受气候条件影响不大的货物
		货场	货场是用于储存货物的露天堆场，适合储存基本不受气候条件影响的货物
	铁路专用线路		由国家铁路部门直接引入企业，专供一些采矿、物流、大型制造业企业使用的铁路。通过铁路专用线路，运货的火车能够直接沿铁路将货物运至企业仓库
	仓库内道路		仓库内外物品的主要运输通道，供运货的汽车或其他搬运工具行驶
	装卸站台	单独站台	供汽车或火车装卸物品的平台，宽度和高度要按照运输工具及装卸作业方式而确定
		库边站台	
辅助生产区	车库		物品储运保管工作服务的服务站或辅助车间，辅助生产区要尽量靠近生产作业区
	变电室		
	油库		
	维修车间		
	包装材料间		
行政生活区			仓库行政管理机构的办公地点和生活区域

③整理存放区域。在确定商品的具体存放位置后，仓库管理人员还应该对相应区域做适当的整理工作，以方便商品的存放及保养。

a. 准备验收场地。因为在仓库管理中，未验收合格的商品是不可以与仓库中的其他商品混合放置的。所以，仓库管理人员还应该根据商品入库验收的程序和方法，为待入库的商品准备好验收的场地，从而便于商品及时验收入库。

b. 腾出存放空间。仓库管理人员应该按照入库商品的数量、品种等，结合商品的存放方式，计算出该批商品占用仓位的面积，还要在仓库中提前腾出足够的仓储面积，方便商品的摆放。

按照商品计量方法的不同，其存储空间计算能够分别采用以下三种方法（见表2－5）。

表2－5　　存储空间计算方法

存储空间	公　式
计重商品堆码空间	$堆码商品占用面积（平方米）=\frac{商品到货数量（吨）}{该种货物的仓储定额（吨/平方米）}$
计件商品堆码空间	$堆码商品占用面积（平方米）=\frac{入库总件数}{允许堆码层数}\times 单价商品底面积（平方米）$
上架商品摆放空间	商品所占货位＝单个商品所占货位×商品数量

c. 做好现场清洁。对于腾出的存放空间和验收场地，仓库管理人员还应该对其进行细致的清洁，从而保证商品在搬运及储存过程中的安全。

5. 合理组织人力

仓库管理部门要根据货品到达的时间、地点、堆码、检验等人力的组织安排，事先安排好搬运堆码人员、货物验收人员及货物入库工作流程，确定各个工作环节所需要的人员；还要按照入库货品的数量、种类、包装等，确定验收、搬运、计量等方法，以配备好验收器材度量器、所用车辆和装卸、搬运、堆码、苫垫的工具数量等情况及接运方式和必要的防护用品用具等。

当收到接运通知单时，仓库管理人员应及时安排人员去接货。在商品入库的高峰期，由于每天会有大量的商品运至，仓库装卸人员、接货人员要怎么安排接货的时间及顺序呢？此时，仓库管理人员不可以根据接运通知单收到的顺序依次接货，而要综合考虑以下三个因素，合理安排接货顺序。

（1）商品的紧急程度。对于并不是很紧急的商品，可以暂缓安排；对于周转速度快、生产急需、库存量已经很少的商品，仓库管理人员要优先安排接货。

（2）商品在承运单位的保存期限。承运单位发出接运通知后，在一定时期（公路运输一般为3天，铁路运输一般为3天）内，可免费保存商品。仓库管理人员在安排接货时间时，能够根据承运单位免费保管期的长短和超过免费保管期后的存储费用，妥善安排接货时间。

（3）仓库人力、物力资源。仓库管理人员在安排接货时，应该考虑仓库作业人员和设施的工作效率，保证货物接到仓库后有可以暂时存放的地方，有相应的人力和物力对其进行装卸、检验和入库作业。

6. 做好货位准备

仓库保管员要及时开展货位准备，彻底清洁货位，清理排水管道，清除残留物，必要时应实施铺地、消毒除虫等作业。详细检查通风、照明等设备，发现损坏要及时通知修理。

7. 准备苫垫材料、作业用具

按照入库货物的数量、性质和储存场所的条件，核算并准备所需要的劳保用品及苫垫数量。按照入库货品的仓储要求、数量多少、性能及保管场所的具体条件等，确定入库货品的苫盖、下垫形式和堆码形式，准备好所需的苫垫数量和劳保用品。做到同一时间内一次性完成货品的堆放与苫垫工作，从而保证货品的安全，并防止以后的重复工作。

8. 准备好验收工具

仓库管理人员按照仓库管理制度和货物情况，确定验收方法。准备好无线终端数据采集器；准备好验收时点数、测试、称量、丈量、移动照明、开箱装箱等各项工作所需要的工具，以及堆码所需要的托盘，打印好托盘货物条码标签和货物标签，并在相应的货位上粘贴，如图 2－5 至图 2－10 所示。

图 2－5　电子称

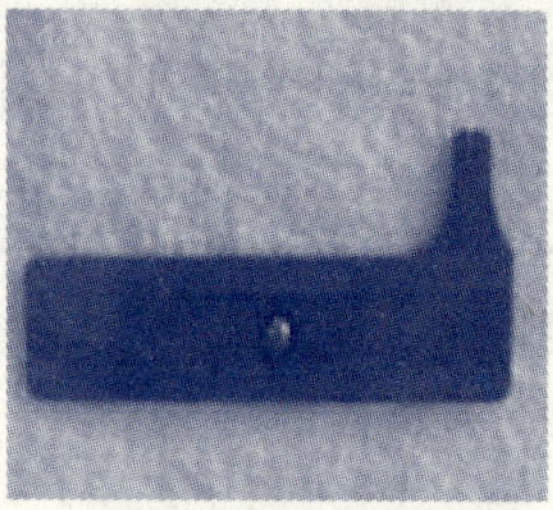

图 2－6　铜卡尺

图 2－7　大型移动照明车

图 2－8　木质托盘

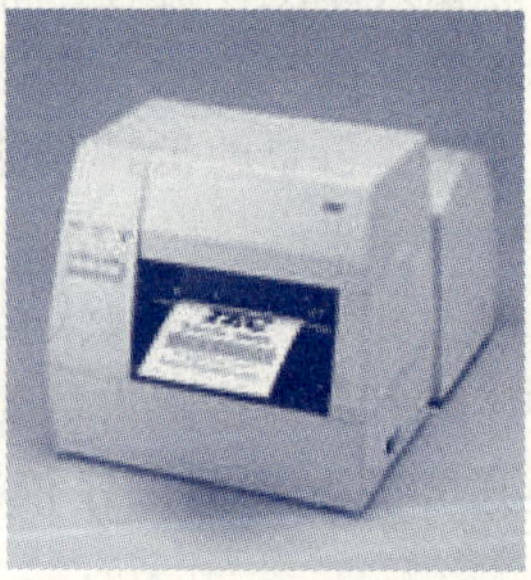

图 2－9　条码标签机

图 2－10　无线终端数据采集器

9. 明确装卸搬运流程

根据货位、货品、人员、设备条件等情况，科学合理地制订卸车搬运工艺，以确保作业效率。搬运装卸设备如图 2－11、图 2－12 所示。

图 2－11　装卸搬运设备

图 2－12　平板搬运车

10. 准备文件

仓库管理人员要妥善保管货物入库所需的各种单证、报表、理货检验单、记录簿、残损单、料卡等相关资料，以备使用。具体内容如表2-6至表2-9所示。

表2-6　　材料类别编号表

制表人：　　　　　　　　　　　　　　制表日期：　　年　　月　　日

材料类别	类号	0	1	2	3	4	5	6	7	8	9
钢料	0										
铁料	1										
铝料	2										
其他金属材料	3										
五金材料	4										
机器配件	5										
建材	6										
电器材料	7										
门窗配件	8										
工具	9										
化工材料	10										
焊料	11										
杂项材料	12										
…											

表2-7　　物料编号资料表

编号：　　　　　　　　　　　　　　　　　　　　页次：

物料编号	类别	名称	规格	用途		单价	供应商	代用件编号
				专	共			

表2-8　　入 库 通 知 表

通知日期：　　年　　月　　日

日期	到货日期		供货单位		收货人	
	入库日期		合同单号		储位	
	验收日期		运单号		入库单号	

物料入库详细信息

物料编号	物料名称	计量单位	数量					质量	价格		说明
			交货	多交	短交	退货	实收		购入	基本	

表 2－9　　　　送修商品入库单

编号：　　　　　　　　　　　　　　　　填写日期：　　年　　月　　日

<table>
<tr><td>客户</td><td></td><td colspan="2">客服人员</td><td colspan="2"></td><td>入库专员</td><td></td><td>维修厂商</td><td colspan="2"></td></tr>
<tr><td rowspan="2">品名</td><td rowspan="2">规格</td><td colspan="2">日期</td><td colspan="2">入库日期</td><td rowspan="2">生产厂家</td><td colspan="2" rowspan="2">维修原因</td><td colspan="2">临时储位</td></tr>
<tr><td>送修</td><td>送回</td><td>送修</td><td>送回</td><td>送修</td><td>送回</td></tr>
<tr><td></td><td></td><td></td><td></td><td></td><td></td><td></td><td colspan="2"></td><td></td><td></td></tr>
<tr><td></td><td></td><td></td><td></td><td></td><td></td><td></td><td colspan="2"></td><td></td><td></td></tr>
<tr><td></td><td></td><td></td><td></td><td></td><td></td><td></td><td colspan="2"></td><td></td><td></td></tr>
<tr><td colspan="11">客服人员签字确认：　　　　　　　　日期：　　年　　月　　日</td></tr>
<tr><td>备注</td><td colspan="10"></td></tr>
</table>

编制：　　　　　　　　　　　　　　　　填表人：

相关知识

1. 入库主管的岗位职责，如图 2－13 所示。

职责1　负责审核物料、产品的入库审核和入库手续的办理

职责2　定期编制入库物料与产品的入货台账，并填写相关货物台账

职责3　根据库存、物料、商品情况对库房布局进行合理规划与调整、安排

职责4　定期编制相关库房报表，并进行管理

职责5　完成上级交办的其他工作事项

图 2－13　入库主管的岗位职责

2. 入库专员的岗位职责，如图 2－14 所示。

职责1　负责对成品或物料进行入库登记，办理相关手续交接

职责2　根据库房规划合理安排货物的存放地点、相关入库报表、单据和货位编号

职责3　负责核对成品或物料的入库凭证，并核查相关入库手续、单证

职责4　协助入库主管进行仓库规划工作

图 2－14　入库专员的岗位职责

因为仓库的设施不同，储存的货物业务性质不同，入库准备工作也有所差别，这就需要依据仓库制度和具体情况充分做好准备。

3. 仓库知识

(1) 了解仓库的作用。仓库是企业物流系统中非常重要的部分。通过储存适当数量的商品，仓库可以在时间上协调原材料和产成品的供给与需求，从而有效地调节和缓冲企业的生产和销售活动。仓库在企业物流中的作用主要表现在以下几个方面：

①调节生产与消费。生产和消费之间存在着时间和空间上的差异，如生产的常年性与消费的季节性之间的差异、生产的季节性与消费的常年性之间的差异及生产的集中性与消费的分散性之间的差异等。通过将商品进行储存，能够提高产品的时间效用，调节生产与消费在空间及时间上的矛盾。

②确保商品顺利流通。合理的库存，能够确保商品生产时不缺料，销售时不缺货。商品流通是连接生产与消费的纽带，商品储存又是商品流通中一个不可或缺的中间环节。

③降低商品运输成本。通过在仓库集中储存商品，能够将零散的商品进行拼箱，采用整车运输的方式，使产品的运输成本降低，提高运输效率。

当采购时，企业能够从不同供应商处购买各种原材料并将其运到仓库，再将其拼箱并整车运输到工厂，如图 2－15 所示。

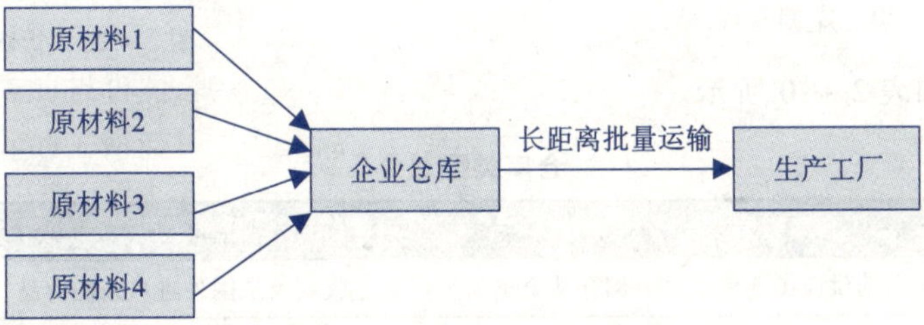

图 2－15　批量输入原材料示例图

当销售时，企业能够将各工厂生产的产品大批量运到市场仓库，再根据客户需要，小批量运送到客户那里，如图 2－16 所示。

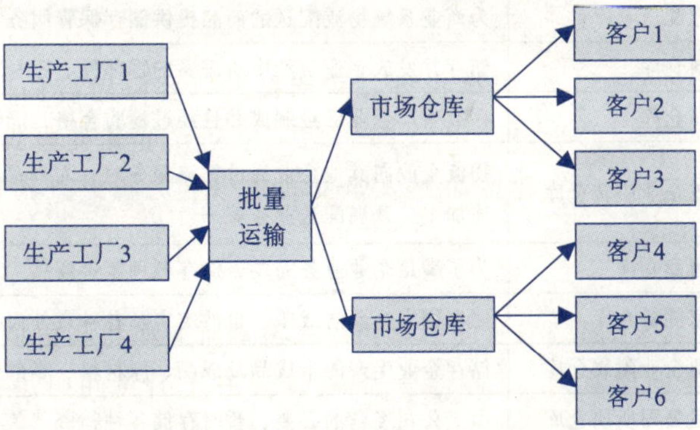

图 2－16　批量运输产成品示例图

④支持提高服务质量。为了提高客户的满意度、扩大企业的销售额，企业可以建立靠近客户的销售仓库，从而使产品能够按照顾客的各种要求，适时地送达客户的手中。

(2) 了解仓库的分类。了解仓库基本作用后，仓库管理人员还应了解仓库的主要职能及其分类。只有这样，仓库管理人员才可以做到有针对性地管理，以提高仓库的运作效率。

仓库的具体类型如图 2－17 至图 2－21 所示。

图 2－17　机械化仓库

图 2－18　自动化仓库

图 2－19　库房

图 2－20　库棚仓库

图 2－21　货场

仓库的分类如表 2－10 所示。

表 2－10　　仓库类型划分

划分依据	仓库类型	职能说明
仓库在商品流通中所负担的职能	采购供应类仓库	储存从全国的生产企业收购及从国外进口来的商品
	批发类仓库	储存当地收购的商品及从采购供应类仓库调进的商品
	零售仓库	为商业零售企业短期储货，以供卖场销售
	转运仓库	储存商业系统转换运输工具和中转分运的特运商品
	加工仓库	存储商品并兼营某些商品的整理、挑选、分装、分级的简单加工
	物流配送仓库	为商业系统物流配送的商品提供储存保管服务
仓库在产品生产中所处的领域	物料仓库	储存并发放企业生产中所需要的零部件、原材料等物料
	成品仓库	存放生产企业已经制成并且经过检验合格，能够直接开展销售的产品
	物流企业中转仓库	物流企业向其他企业提供物流服务时，对商品检验、存储保管、进行流通加工、开展配送业务等
	零售商仓库	为了满足企业业务需要，储存各种零售商品
	国家储备仓库	储存国家为预防战争、自然灾害及各种意外而准备的物资
仓库隶属关系	工业企业附属仓库	储存企业生产的半成品及成品、原材料、零部件
	储运公司所属仓库	由于公司经营的必要，暂时存储各种物资
	物资供销机构所属仓库	为本系统的生产，提供各种物资的存储
仓库的储存条件	库房	储存受气候条件影响大的货物
	货棚	储存受气候条件影响不大的货物
	货场	储存水泥制品、大型钢材及集装箱等

续表

划分依据	仓库类型	职能说明
仓库存储货物的类别	综合性仓库	分类分区存储若干大类货物
	专业性仓库	只存储某一大类货物
	特种仓库	存储性质特殊的货物
仓库的作业方法	人力仓库	规模小，采用人工作业方式，主要储存工具、电子元器件、备品备件的货物
	半机械化仓库	入库采用机械作业，出库采用人工作业方式，适用于储存零星出库、整批出库、整批入库的产品
	机械化仓库	入库和出库均应采用机械作业，按图行车、叉车、运输等，适用于储存整批出库、整批入库、长大笨重货物
	半自动化仓库	配备高层货架和运输系统，采用人工操作巷道堆垛机的方式，常常用于储存各类备件

4. 仓储计划的种类和内容（见表 2－11）

表 2－11　　　　仓储计划的种类和内容

种　类			内　容
长期发展计划			长期发展规划的内容都是关于仓储企业发展的重大问题。它确定了仓库今后的目标和发展方向，是对企业其他计划有指导作用及战略性质的计划。
仓储业务计划	基建计划		长期发展规划确定的任务一定要在每一具体的计划期内有详细的计划安排，从而保证分阶段实施和按期完成。
	日常工作计划	物资储存计划	规定了企业的年度储存任务与期望目标，制约并影响着其他各项计划的制订。
		仓容利用和物资保管、保养计划	针对物资储存量、仓库具体条件，以及物资的品种、性能特点等制订的货位、堆码、次数、保养时间、措施等计划，以确保储存物资完好和完成各项规定的指标。
		机械设备安排和维修保养计划	按照仓库作业情况配备所需的机械设备，合理安排作业内容和作业时间，并严格按照设备的例行保养规定制定。
		仓库劳动力人员安排计划	按照任务量的大小制订各项作业定额，制订劳动力安排计划。
		仓储费用计划	主要是由企业的年度费用预算来体现。目的是有效地控制和管理各项费用的支出，把一切关于仓储活动的耗费置于统一的计划管理之下。
	临时应急计划		临时应急计划是一种短期计划。通常在年度计划期间内，遇到某些特殊情况或在特定时间内采用。

5. 仓储设备的选择要求

仓储设备的配置是仓储系统规划不可或缺的内容，关系到仓库建设成本和运营费用，更关系到仓库的生产效率及效益。在选择仓储设备时，需要对仓储设备的技术经济指标进行综合评价。具体内容如表 2－12 所示。

表 2－12　仓储设备的选择要求

要　求	具体内容
仓储设备的型号应与仓库的作业量、出入库作业频率相适应	仓储设备的型号应与仓库的出入库频率相适应，仓储设备的型号和数量应与仓库的日吞吐量相对应。
计量和搬运作业同时完成	有些仓库，需要大量的计量作业，若计量作业与搬运作业不同时进行，势必要增加装卸搬运的次数，降低了生产效率，因此，希望搬运和计量作业同时完成。
选用自动化程度高的机械设备	从货品的角度来考虑，应选择适合的货架和托盘使出入库作业的效率提高；从仓储设备的角度来考虑，应提高仓储设备的自动化程度，从而提高仓储作业的效率。
注意仓储设备的经济性	选择装卸搬运设备时，应该考虑到仓库作业的特点，根据自身的条件和特点，对设备进行经济性评估，选择适合的仓储设备。

6. 仓储设备的使用管理（见表 2－13）

表 2－13　仓储设备的管理方式及要求

方　式	要　求
仓储设备管理的方式	通常是在统一管理的基础上，实行专人操作、分级管理、专门管理部门负责的方式，从而保证设备完好率，确保仓储业务的正常进行。
仓储设备的技术管理	①制定必要的操作规程、规章制度，并认真贯彻执行。
	②加强对操作、维修人员的安全管理及技术培训，实行使用、维修相结合的方法，以不断提高技术水平。
	③加强技术资料的管理工作，建立设备技术档案。
	④及时总结推广先进经验，努力节约燃料、原材料，降低装卸搬运成本

完成任务

仓库作业人员做好到货信息的获取，掌握仓库库场情况，制订入库计划，妥善安排货位，合理组织人力，做好货位准备，准备好苫垫材料、作业用具及验收工具后，即完成货物入库前的准备任务。

技能训练

技能训练一：货物入库前准备作业能力训练

【技能训练目标】

要求各岗位人员全力合作，准备熟练地做好物资入库前的各项准备工作。

【技能训练人员】

（1）每 5 名学生为一个小组，每个小组选择一名组长。

(2) 以组为单位完成货物入库准备工作的策划方案。
(3) 教师带队，并进行现场指导。

【技能训练步骤】

(1) 通过阅读入库计划书和现场参观，熟悉入库的物资，并掌握好库场实际情况。
(2) 编制仓储计划。
(3) 货位的准备和安排。
(4) 作业用具、验收工具、苫垫材料和账、卡、单等的准备。
(5) 装卸搬运工艺的制定。
(6) 物资入库准备工作方案书的完成。

【技能训练注意事项】

(1) 熟悉每个角色的工作职责，严格按照训练程序执行。
(2) 一丝不苟，认真做好每个环节的工作。
(3) 必须清楚了解商品特性、保管要求及货场的情况。
(4) 物资入库准备工作方案书应完整、详细。

【技能训练评价】

物资入库前准备能力评价评分表，如表 2－14 所示。

表 2－14　物资入库前准备能力评价评分表

考评人		被考评人	
考评地点			
考评内容	货物入库准备业务		
考评标准	内　容	分值/分	实际得分/分
	熟悉入库物资、文件单证准备齐全	20	
	仓库库场的安排恰当	20	
	仓储计划的制订完整、合理	10	
	货位准备和安排合理、恰当	20	
	验收工具和苫垫材料准备齐全、到位	20	
	装卸搬运合理	10	
合　计		100	

注：考评满分为 100 分，60～70 分为及格；71～80 分为中；81～90 分良好；91 分以上为优秀。

【技能训练活动建议】

1. 建议学生到企业的仓库进行实习。
2. 建议在实训室配置模拟实物商品进行实训。

教学研讨

1. 如何组织货物入库前准备教学任务？以及在入库前准备教学中应注意哪些问题？
2. 探讨物资存储计划的编制流程和步骤？
3. 探讨货物的存放方式及其在储存中应注意的问题。

任务二　货物验收

任务描述

货物验收工作为货物的储存保管打下良好的基础。本任务是指仓库管理人员在收到商品后，按照一定的程序，依据自己掌握的计量与测试知识及品质检验知识，对到库商品进行数量和外观的检查，以验证商品是否符合订货合同的规定。

任务分析

1. 做好验收准备工作

验收准备是货品入库验收的第一道程序。当仓库收到到货通知时，需要根据货品的批量和性质，提前做好货品验收的准备工作，主要包括以下几个方面的内容：

（1）全面了解验收货品的特点、数量和性能，根据其需求确定存放地点、垛形及保管方法。

（2）收集、整理并且熟悉各项验收凭证、资料及有关验收要求。

（3）准备相应的检验验收工具，例如，卡量工具、计量器具和检测仪器仪表（见图 2－22）等，做好事前检查，从而确保验收数量的准确性及质量的可靠性。

（4）准备堆码、苫垫所需要的材料，准备装卸搬运机械、设备和人力，使验收后的货品能够及时入库进行保管存放，减少货品的停顿时间；如果是危险品，则需要准备防护设施。

（5）进口货物或存货单位要求对货物进行质量检验时，应该预先通知检验部门或商检部门到库进行检验或质量检测。

图 2－22　检测仪

2. 核对单据

商品运至仓库后，仓库管理人员首先要核对商品的各种凭证，从而确认商品是否送错，并为以后的验收工作提供依据。

（1）了解证件类型，如表 2－15 所示。

表 2－15　证件类型

凭证	单据
审核验收凭证	入库通知单、订货合同、协议书
核对供货单位提供的验收凭证	质量保证书、磅码单、装箱单、说明书和保修卡及合格证
核对承运单位提供的运输单证	提货通知单和货物残损情况的货运记录、普通记录及公路运输交接单

（2）核对相关证件。在核对凭证时，仓库管理人员首先要核实上述证件记录的内容，然后再依据这些证件上所示的内容对货物进行逐项核对。

①进行证证核对。在对证件进行核对时，仓库管理人员要按照货物运送的过程，对相应证件分类整理，然后根据证件之间的相关性，核对各种证件的真实性和准确性。

②进行物证核对。仓库管理人员还要对货物和证件进行核对，根据证件上所列的收货单位、送货单位、货物名称、规格数量等具体内容，与货物各项标志进行核对。

（3）处理核对差错。对于那些证件核对无误，或经复查核对无误的商品，仓库管理人员应将它们置于待检区域，及时验收检查商品的数量、质量及包装。当遇到下列情况时，按以下办法处理，如表 2－16 所示。

表 2－16　　证件核对差错及相应处理办法

情　况	处理办法
必要的证件不齐全的商品	应作为待检商品处理，将其堆放在待检区，待证件到齐后再进行验收。
遇到无进货合同及任何进货依据，而运输单据上却标明本仓库为商品收货人的情况	在收到商品后，仓库管理人员应该立即与采购部门或发货人联系，问清具体情况，并将这批商品放在待处理区，按照情况做好记录，待查清后再对其处理。
供货单位提供的质量保证书与仓库的进库单、合同不符	仓库管理人员应将商品置于待处理区，并通知采购部门或存货单位。
有关证件已到库，但在规定时间内商品尚未到库	仓库管理人员应及时向采购部门或存货单位反映，以方便查询处理。

3. 检查货物

（1）入库商品验收的基本内容。商品验收的基本内容包括质量验收、数量验收和包装验收。

①质量验收。质量验收包括内在质量检验验收和外观质量检验验收。仓库对到库货品进行的质量验收是依据仓储合同规定来施行的。合同没有规定的，可以按照货品的特性和惯例确定。

a. 货品内在质量检验是指对货品的力学性能检验、物理性能及货品的化学成分和含量的检验。对货品内在质量的检验要求一定的检验手段和技术知识，仓库一般不进行。

b. 准确地进行外观质量检验（见表 2－17），这就要求保管人员拥有丰富的识货能力及判断经验。对于外观检验有严重缺陷的货品，应该单独存放，防止混杂，等待处理，并且填写检验记录单。

表 2－17　　外观质量检验内容

货品的外观质量检验	检验货品的包装外形及装饰有无缺陷
	检查货品包装的牢固程度
	检查货品有无损伤
	检查货品是否被污染，有无潮湿、霉腐、生虫等
	对于一些特殊货品，则由专门的检验部门进行化验和技术测定

②数量验收。商品数量进行验收，主要包括货物数量验收和货物重量验收两种。具体验收的项目包括净重、毛重、面积、容积、件数、长度、体积丈量等。

a. 验收数量。对计件的商品，商品的数量需要仓库管理人员对其进行数量清点。清点时，可以采用抽检法、逐件点数法、集中堆码点数法及重量换算法等，具体内容如表 2－18 所示。

表 2－18　　数量验收方法

方法名称	具体内容	适合商品
抽检法	按一定比例开箱点件	批量大、定量包装的商品
逐件点数法	采用简易计算器或人工，逐一计数，累计得到总数	散装或非定量包装的商品
重量换算法	通过过磅称得商品重量，然后换算该商品数量	包装标准且商品标准，重量一致
集中堆码点数法	将商品按每行、每层件数一致的原则，堆成固定的垛形，然后通过计算得出总数	包装大小一致、花色品种单一、数量大或体积较小的商品

b. 验收重量。依据重量计算的商品，仓库管理人员要对其重量验收。在重量验收的过程中，如果合同规定了验收方法的，进行验收时应该按照合同规定的验收方法，从而防止人为造成磅差。确定验收方法后，出库及验收时都必须用同样的方法检验商品。商品重量的分类如表 2－19 所示。

表 2－19　　商品重量的分类

分　类	定　义
毛重	毛重是指商品包括包装重量在内的实际重量。
净重	净重是指商品本身的重量，即毛重减去皮重的余数。
皮重	皮重是指商品包装的重量。

常用的重量验收方法：

第一，直接测量法。对于没有包装或包装所占质量比较小的商品，可以对商品采用直接过磅，以测量其实际质量，表 2－20 所列的就是两种直接测量法。

表 2－20　　直接测量法

方　法	类　别	使用情况
直接测量法	检斤验收法	将商品进行打捆、编号、过磅，并且填制码单的验收方法，适合无码单的、非定量包装的商品。
	抄码复衡抽验法	按照采购时合同规定的比例，抽取一定数量商品，对其进行过磅的验收方法，适合定量包装并附有码单的商品。

第二，净重计算法。对于那些有包装且其占商品质量的比重比较大的商品，在验收过程中应该去掉商品的包装，计算其净重，这时可以采用表 2－21 给出的计算方法。

第三，理论换算法。理论换算法是指通过商品的体积、长度等便于测量的因素，利用一定的公式，计算出商品质量的方法。此方法适合定尺长度的金属材料、塑料管材等商品质量的计算。

③外包装验收。

表 2－21 净重计算法

方　法	类　别	使用情况
净重计算法	平均扣除皮重法	按一定比例将商品包装拆下过磅，从而求得包装的平均重量。然后将未拆除包装的商品过磅，以求得此批商品的全部毛重和皮重。
	除皮核实法	选择一部分商品分开过磅，分别求得商品的皮重和净重，再对包装上标记的重量进行核对。
	整车复衡法	大宗无包装的商品检验时将整车引入专用地磅，然后扣除空车的重量，适合散装的粉状、粒状或块状的商品。

a. 外包装检验内容。验收人员在托盘上挑选检验样品并打开其外包装，抽验货物的规格、品种、条码及生产日期等是否正确。具体检验内容如表 2－22 所示。

表 2－22 外包装检验内容

类　型	具体内容
外包装检查	查看包装有无破损和破损程度。
	易碎货物的纸箱包装或部分贵重货物有无褶皱或摔痕。
	液体货物外包装有无漏液的情况，有无被其他液体污染或浸泡过的痕迹。
外包装规格检查	外包装的大小规格
	外包装上的产品名称
	外包装的条码
拆箱检查	检查商品的保质期是否符合验收的标准
	检查包装内商品的名称、条码、规格等
	包装内商品有无破损及其他损伤情况

b. 确定抽检比例与验收方式。因为受仓库条件和人力的约束，入库商品进行验收时，对某些流水线生产的产品质量有代表性且无需全部验收、批量大在短时间内很难全部验收、全部打开包装会影响货品的储存和销售等情况，应该采用抽验的方法。按照合同规定确定抽验比例，合同没有规定时，一般可以考虑表 2－23 列出的因素。

表 2－23 确定抽验比例应考虑因素

考虑因素	内　容
货品价值	货品价值高的，则抽验比例大，反之则小，对于有些价值特别大的货品需要全验。
货品的性质	货品性质不稳定或质量易变化的，验收比例大，反之则小。
储存时间	入库前，储存时间长的货品，验收比例大，反之则小。
生产技术	生产技术水平高或流水线生产的货品，产品质量较稳定，抽验比例小，反之则大。
厂商信誉	厂商信誉好，抽验比例小，反之则大。
运输工具和运输方式	对采用容易影响货品质量的运输工具和运输方式运输的货品，抽验比例大，反之则小。
气候条件	在冬季怕冻货品抽验比例大，在雨后或梅雨季节，怕潮货品验收比例大，反之则小。

c. 包装物含水量检查。包装材料的干湿度也是检查的一个重要内容。包装的含水量是影响商品保管质量的重要因素，一些包装物含水量高，说明商品已经受到损害，需要进一步

检验。常见包装物安全含水量如表 2－24 所示。

表 2－24　　几种包装物安全含水量

包装材料	含水量	说　明
木箱（见图 2－23）	18%～23%	内装一般商品
	18%～20%	内装易霉、易锈商品
纸箱（见图 2－24）	10%～12%	三层瓦楞纸的包装及纸板衬垫
	12%～14%	五层瓦楞纸的包装及纸板衬垫
布包（见图 2－25）	9%～10%	
胶合板箱（见图 2－26）	15%～16%	

图 2－23　木箱

图 2－24　纸箱

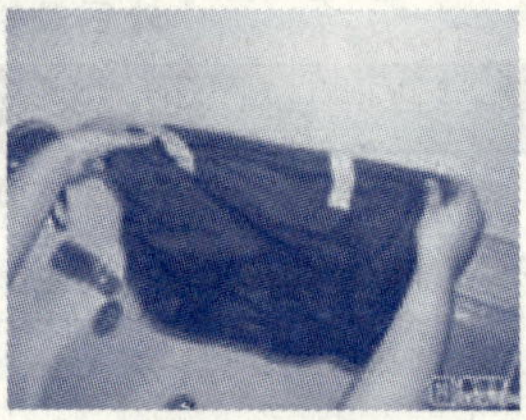
图 2－25　布包

图 2－26　胶合板箱

（2）货品验收应注意的问题：

①在货品入库凭证未到或未齐之前不可以正式验收。对于入库单未到、但货品已经进库的可以预验，将其单独存放保管，作为待验货品处理，直到单据齐全后，方可入库上账。

②在规定的“衡器公差”以内，当重量发生溢、缺时，保管人员应该按照实际验收重量验收。当超过规定的“衡器公差”时，应该进行核实，同时作出验收记录和磅码单，交货主向供货方交涉处理。

③当发现货品规格、包装、数量和质量不符合要求时，应该要求有关人员当场作出详细记录，交接双方在记录上签字；保管人员可以先验收合格品，不合格部分要单独存放并核查，然后将残损、降级程度以及不合格情况作出记录，提供给货主向供货方交涉处理。在交涉期间，保管人员应该妥善保管不合格的部分。

④供货单位提供的质量证明书，与订货合同或与规定的技术标准不符时，应该立即通知货主，由货主与供货方交涉解决。

⑤对于有关证件已齐全，但货品未在规定时间内到库的，保管人员应及时向有关方面查询并处理。

（3）货品验收中异常问题的处理。货品验收过程中，如果发现货品质量或数量的问题，应该严格依据有关制度的手续，在规定的时期内向有关部门提出索赔要求，并将处理方式和结果填入表 2－25 中。在问题的处理过程中，应该将验收中发现问题、等待处理的货品单独存放，妥善保管，防止丢失、损坏、混杂。

仓库在商品验收过程中，如果发现包装出现异常情况时，质量不符合规定，商品数量与入库凭证不符，一定要作出详细记录，如表 2－26 所示，并且对有问题的商品另行堆放，并

表 2－25　　　　货品验收中异常问题的处理办法

常见问题	处理办法
有单无货	应及时向货主反映，以便查询。
单据不全	到库货品作为待验货品处理，待证件齐全后再实施验收，如果条件允许，也可以提前验收。
单单不符	遇到这种情况必须立即通知货主，并按照货主提出的办法处理，但应将全部事实处理的经过记录在案备查。
质量有异	应先将合格品验收入库，不合格品分开堆放，作出详细记录，并立即通知货主。
数量不符	若实验数量大于送验数量时，则以送验数量为验收数量。
	若实际验收数量小于送验数量并小于合同中的磅差率时，则以送验数量为验收数量。
	若实验数量小于送验数量并大于合同中的磅差率时，核实后要立即通知货主。在货主没有提出处理意见前，此货品不能动用。
错验	验收员在验收过程中发生数量、质量等方面的差错时，应及时与货主取得联系，积极组织力量进行复验，并且及时更正。

采取必要的措施，避免损失进一步扩大，还要立即通知业务部门或邀请有关单位现场察看，以及时作出处理。

表 2－26　　　　商品检验记录表

供货商	采购订单号		入库通知单
运单号	合同号		车号
发货日期	到货日期		验收日期

序号	商品名称	商品编码	规格型号	计量单位	应收数量	实际数量	差额

单位负责人：　　　　复核：　　　　检验员：

4. 填写验收报告

货品验收完毕后，不能无故积压单据，应尽快签署验收入库凭证。仓库保管员要按照质量合格的实际数量填制“货品入库验收单”（见表 2－27）；若有轻微质量问题，要对这些货品填写“货品残损变质报告单”（见表 2－29）。若数量不符，还要填制“货品溢余短缺报告单”（见表 2－28）。

表 2－27　　　　货物入库验收单

订购单编号：　　　　编号：　　　　填写日期：______年______月______日

编号	名称	订购数量	单位	实收数量	单价	总价

表 2－28　　货品溢余短缺报告单

编号		日期：____年____月____日	
材料名称		物料编号	
材料种类（数量）		规格	
实收数量		退回数量	
溢余短缺原因			
备注			
验收主管		验收专员	
采购主管		采购专员	
审批：	审核：	填表人：	

表 2－29　　货品残损变质报告单

编号		日期：____年____月____日	
材料名称		物料编号	
材料种类（数量）		规格	
实收数量		退回数量	
残损原因			
变质原因			
验收主管		验收专员	
采购主管		采购专员	
审批：	审核：	填表人：	

经仓库负责人、核对人核对签字后，作为今后与供货方、运输方交涉的凭证。填写单据时，除注明实收数量外，还应在验收情况栏内或备注栏内简明填写验收情况，若入库通知数与验收数不符时，应以实际验收数为准，“货品验收报告”单如表 2－30 所示。

表 2－30　　货品验收报告

编号：										
供货方 运货日期			合同号 到货日期			运单号 验收日期			车牌号 入库单号	
序号	货物名称	型号规格	包装单位	检验项目	检验状况	应收数量		实收数量		盈亏
						件数	重量	件数	重量	
1										
2										
3										
仓库主管：			验收员：				复核员：			

5. 签收单据

如果检验无误，验收员应填写实收数量、备注等并在送货单上签名确认。

相关知识

1. 货物入库验收的基本要求

验收的主要任务是把好货品入库质量关，查明到货的质量和数量状况，避免仓库和货主遭受不必要的经济损失，同时对承运部门的服务质量和供货单位的产品质量进行监督。货物入库验收的基本要求如表 2－31 所示。

表 2－31　　货物入库验收基本要求

原　则	具体内容	要　求
及时	只有及时验收，尽早提出检验报告才能确保货品尽快入库入账，加快资金和货品的周转，满足用料单位的需求	到库货品必须在规定期限内完成验收入库工作
准确	按照货品入库凭证，准确地查验入库货品的实际质量和数量状况，并通过书面材料准确地反映出来	做到货、账、卡相符，降低收货差错率，提高账货相符率，提高企业的经济效益
严格	验收工作的好坏直接关系到国家和企业的利益，同时关系到以后各项仓储业务的顺利开展	明确每批货品验收的方法和要求，并严格依据仓库验收入库的业务操作程序办事
经济	多数情况下，货品在验收时，不但需要检验设备和验收人员，而且需要装卸搬运机具和设备以及相应工种工人配合	要求各工种密切协作，合理组织调配设备与人员，从而节省作业费用

2. 仓库常用的质量检验方法

（1）感官检验，具体检验内容如表 2－32 所示。

表 2－32　　感官检验的具体检验内容

	具 体 内 容
感官检验	检查有无破损、变色、变形、结块、脱落等损害情况，以判定质量。
	检查商品标志、标签是否具备、清晰、完整等，标志、标签与商品是否一致。
	通过搬运操作、摇动、轻度敲击商品的声音，或者用手感鉴定商品的光滑度、细度、柔软程度、黏度等来判断有无结块、融化、干涸、受潮。
	通过商品所特有的气味、滋味判定是否新鲜及有无变质。

（2）测试仪器检验。利用各种专用测试仪器进行商品性质测定，如密度、含水量、成分、黏度、光谱等测试。测试仪器如图 2－27 至图 2－29 所示。

图 2－27　光谱测试仪

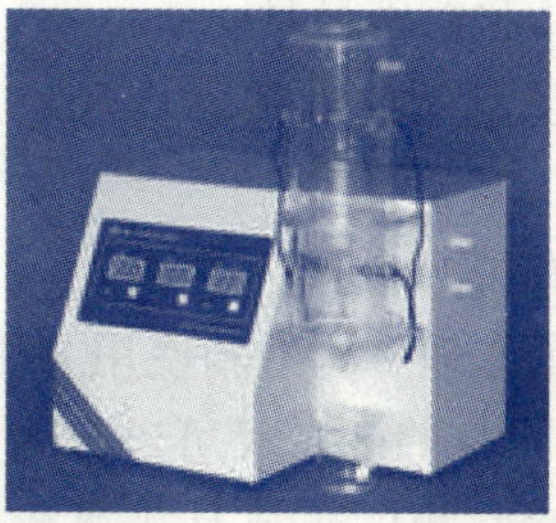

图 2－28　黏度测试仪

图 2－29　含水量测试仪

（3）运行检验。对商品进行运行操作，如电器、车辆操作功能是否正常。

3. 检验知识

检验是商品的存储过程中必不可少的环节。商品入库时的验收、商品储存过程中的保养以及商品出库时的复核，都需要进行商品检验。所以，商品的检验知识是仓库管理人员必须掌握的基本知识。

对商品进行检验时，一方面要使用测量工具衡量商品的数量是否正确，另一方面又要利用质量标准核对商品质量是否合格。

验收商品数量时常使用到的工具主要有量尺寸的量具设备和测重量的衡器设备。

（1）衡器设备。由于仓库储存及保管的过程中，用重量为计数单位的商品很多，所以，衡器是仓库作业中使用最多和最主要的计量设备。主要衡器设备如图 2－30 至图 2－32 所示。

图 2－30 台秤

图 2－31 弹簧案秤

图 2－32 双层电子磅秤

仓库管理人员应该熟练掌握它们的使用方法（见表 2－33），以提高工作效率及测量的准确性。

表 2－33　各种衡器设备的特点及适用范围

类　型	特　点	适用范围
案秤	具有稳定的平衡性，准确性较高且能够迅速称量货物，仓库常用的案秤最大称量一般在 10～20 公斤之间。	由于其适于称轻质或小件商品，所以经常使用于配发小件或轻质商品次数频繁的仓库。
台秤	是一种复式杠杆组成的衡器，最大称重量较案秤大，从 0.5～3 吨等数种，但其测量精度却不如案秤。	一般仓库应用最广泛和必备的衡器设备，储存小吨位商品的仓库适合使用。
汽车称	一种比较小型的无轨地下磅秤，当汽车停在其上时，能够很快称出汽车及其上所载商品总量，其最大承重量一般为 10～15 吨。	适用于使用各种非轨型车辆进行收发料搬运作业的仓库。

（2）量具设备。熟练掌握量具的使用是仓库管理人员所必须掌握的技能，因为各种量具也是仓库所必需的设备，它除了用于计量以长度为单位的商品外，还可以被广泛地用于测量商品的尺寸规格，以判断其质量是否符合标准。

仓库常用的量具包括普通量具和精密量具。

①普通量具。普通量具主要包括钢制卷尺、皮尺、直尺等（见图 2－33 至图 2－35），各自的特点如表 2－34 所示。

②精密量具。精密量具主要有游标卡尺（见图 2－36）和千分尺（见图 2－37）两种，仓库管理人员应该掌握它们的测量原理、构造和使用方法。

• 游标卡尺。按照用途的不同，游标卡尺可以分为高度游标卡尺、普通游标卡尺、齿形游标卡尺和深度游标卡尺。仓库常用的主要是普通游标卡尺，精度有 0.1 毫米、0.05 毫米和 0.02 毫米三种。

图 2－33　直尺

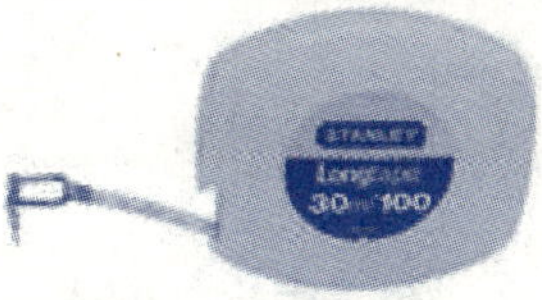
图 2－34　钢制卷尺

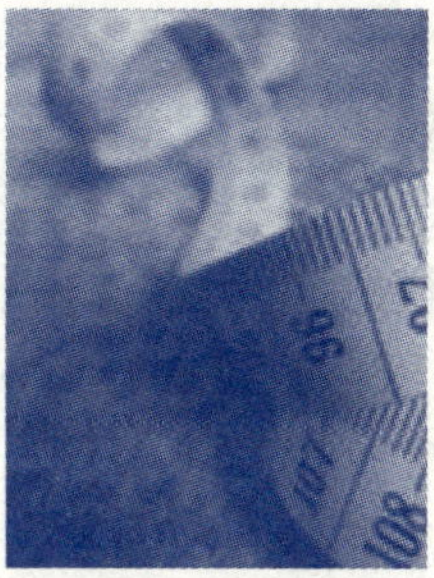
图 2－35　皮尺

表 2－34　　常见量具的特点及注意事项

量具名称	量具特点	注意事项
直尺	精度可以精确到毫米，但其测量的总体长度较短，一般在 1 米以下	通常用来测量较小的商品，如果商品的精确度超过直尺的精度，不能用以度量
皮尺	伸缩性较大，不及钢制卷尺准确	使用麻质皮卷尺时，不得拉张、拖拽和打折，并在收起时不可过分放松或绕紧
钢制卷尺	测量精度可以到毫米，因为其伸缩性较小，所以测量较准确	日常应用煤油擦拭保养，使用时注意勿使其折断扭曲，还要注意防止割破手指

图 2－36　游标卡尺

图 2－37　千分尺

• 千分尺。千分尺又称分厘卡、千分卡，也是一种常用的精密测量量具，其精度比游标卡尺高，能够达到 0.01 毫米，适用于测量精度要求高的商品。

完成任务

仓库作业人员做好验收准备工作，完成单据核对和货物检查后，即完成货物验收任务。

技能训练

技能训练一　货品入库验收业务能力训练

【技能训练目标】

（1）熟悉入库验收工作的操作步骤，应熟练且准确地做好货品入库前的各项准备工作。

（2）学会根据货品的不同，合理制订出有效的验收方案，确定验收方法和内容，并能正确处理货品入库验收中发生的异常问题。

（3）熟练掌握办理货品入库的手续，并能正确地填写各种单据、账、卡等。

【技能能力准备】

①托盘	8个	⑤苫垫材料	若干
②游标卡尺	4个		
③千分尺	2个	⑥入库验收单证	若干
④皮卷尺	2个	⑦计算器、圆珠笔等用品	若干

【技能训练人员】

（1）每6名学生为一个小组，分别扮演的角色为仓储主管1人（兼任组长）、仓库管理员1人、搬运作业员1人、收货验收员1人、送货单位或承运单位1人、单证员1人，具体分工应由组长安排。

（2）在入库验收中需要处理的异常问题，不同组别可以根据需要灵活设定。

（3）实训过程中要求教师现场指导，以准确掌握学生的实训动态和熟练程度。

【技能训练步骤】

（1）货品入库验收前的准备。这些准备工作主要包括以下几个方面：准确了解入库货品、收集齐全文件单证、充分准备验收作业等。

（2）货品的验收。在核对凭证的基础上，按照不同货品的性质确定验收项目和方式、抽检比例，检查货品标志和包装，进行重量验收、大数验收及精度验收，然后把结果填入货品验收报告单中。

（3）入库验收中发现问题的处理。明确了差错性质与类型后，填写差错记录，送货员应签字证明，并按合同规定处理。

（4）货品入库手续的办理。

【技能训练评价】

货品入库验收作业职业能力训练评价评分表，如表2－35所示。

表2－35　职业能力训练评价评分表

考评项目	货品入库验收作业		
考评人		被考评人	
考评标准	考评内容与要求	分数/分	实际得分
	货品入库前各项工作准备充分	20	
	货品验收内容全面、方法得当	20	
	单据填写正确、规范	20	
	人员分工明确，各部门协作性好	20	
	入库验收过程中异常问题处理恰当、到位	20	
合　计		100	

注：考评满分为100分，60～70分为及格；71～80分为中；81～90分良好；91分以上为优秀。

【技能训练建议】

（1）建议学生利用双休日到企业的仓库或超市的收货部进行实习、调研。

(2) 实训过程中可以依据任务的需要，安排学生交替扮演不同的角色。

技能训练二 货物计量业务能力训练

【技能训练目标】

熟练掌握各种计量工具的使用和调校方法，能够准确判断测量结果。

【技能训练准备】

(1) 每5~10人作为一组，各自选择一名组长，分为游千分尺组、标卡尺组、天平组、磅秤组和台秤组。

(2) 以组为单位完成货物数量验收中各种重量和尺寸的测量工作。

(3) 教师带队，并进行现场指导。

【技能训练步骤】

(1) 准备千分尺、游标卡尺、卷尺、天平、磅秤和台秤等计量仪器，进行计量仪器的校对。

(2) 分组进行尺寸的计量，记录测量结果，判断尺寸是否合格，将测量结果填入表2-36。

表2-36　　测量结果填写表

所用测量仪器：				
工作名称	第一次测量	第二次测量	测量值	签名

(3) 分组进行重量的计量，记录好测量结果，判断重量值是否正确，测量结果填入表2-37。

表2-37　　测量结果填写表

供货单位________		品　名________		
合同编号________		型号规格________		
序号	重量/kg	序号	重量/kg	签名

【技能训练注意事项】

(1) 进行正确的测量必须严格按照计量工具操作规程，注意操作方法。

(2) 做好计量仪器及人身安全保护工作。

【技能训练评价】

货物计量业务计量能力评价评分表如表2-38所示。

【技能训练建议】

建议学生在验收实训前先熟悉、使用验收计量工具。

表 2-38　　计量能力评价评分表

考评人		被考评人	
考评地点			
考评内容	计量业务		
考评标准	内　　容	分值/分	实际得分/分
	尺寸测量，记录规范、准确	40	
	重量计量，记录规范、准确	40	
	计量仪器校对正确	10	
	遵守计量制度	10	
合　　计		100	

注：考评满分为100分，60~70分为及格；71~80分为中；81~90分良好；91分以上为优秀。

教学研讨

（1）如何组织货物验收作业任务的教学？在货物验收任务教学中需要注意哪些问题？

（2）探讨在货物验收前我们应该准备哪些内容？

（3）探讨各种检验方法的异同？及其在货品验收中异常问题的处理办法？

任务三　货物入库

任务描述

货物入库的工作质量，直接影响到货物的存储保管以及出库业务等工作的顺利进行。货物入库任务是在完成货物验收工作后，从仓库管理员与送货人办理交接手续开始，完成安排货位、布置货架货垛、堆码、苫垫、对入库货物登账、立卡、建档等一系列工作过程。

任务分析

1. 办理交接手续

对收到的货物，仓库管理员向送货人进行确认办理交接手续，说明已接收货物。完成交接手续，表明划清了送货部门、运输和仓库的责任。完整的交接手续有：

（1）接收货物。仓库依据送货单（见表 2-39），通过理货、查验货物，把不良货物退回、剔出或者编制残损单证等明确责任，以确保收到货物的确切数量、货物表面状态良好。

表 2－39 仓库送货单

送货单						
送货单位：______			日期：____年____月____日			编号：____
品名	规格	单位	数量	单价	金额	说明
合　计						
合计金额（人民币大写）____万____仟____佰____拾____元____角____分						
收货单位：（盖章）			制单：		经手人：	

（2）接收文件。接收送货人送交的货物资料、运输的货运记录及普通记录等，并接收随货的在运输单证上注明的相应文件，如图纸、准运证等。

（3）签署单证。仓库与承运人或送货人共同在送货人交来的送货单、到接货交接单（见表 2－40）上签署和批注，还要保留相应单证，提供相应的入库、理货、查验、事故报告、残损单证，由承运人或送货人签署。

表 2－40 到接货交接单

收货人	发站	发货人	物资名称	标志标记	单位	件数	重量	存放地	车号	运单号	提货单号
备注：											
提货人：				经办人：				接收人：			

2. 安排货位

仓库中储存的每一批货品的来源、理化性质、批号、去向、保质期等各方面都有各自的特点，仓库要给货品安排合理的货位，不仅要保证保管的需要，还要方便仓库的作业和管理。

（1）货物的选择。

①货物分类分区方法，如表 2－41 所示。

表 2－41 货物分类分区方法

分类方法		使用情况
按货物的种类和性质分	分区分类储存	依据货物的自然属性归类，将其集中存放在适当场所，这是大多数仓库采用的方法
	单一货物专仓专储	
按不同货主来分		当仓库为几个大的货主服务时，为方便与货主工作的衔接，避免货物混淆，方便货物存取，往往采取这种方式
按货物流向分		适用于短期中转存储的商品
按货物危险性质分		适用于对危险品、化学品的存放

②货品储存策略。良好的储存策略可以缩短作业时间、减少出入库移动的距离，甚至能够充分利用储存空间。货品储存策略主要是确定储位的指派原则。常见的储存策略如表2－42所示。

表2－42　　货品存储策略表

策略	优缺点	适用情况
定位储存策略	花费的总搬运时间较少，但储区空间平时的使用效率较低，浪费较大	多品种少批量货品的储放；厂房空间大
随机储存策略	能使货架空间得到最有效的利用	厂房空间有限，要尽量利用储存空间；体积较大或种类少的货品储存
分类储存策略	较定位储存具有弹性，但与定位储存有同样的缺点	产品相关性大者，经常被同时订购；产品尺寸相差大者；周转率差别大者
分类随机储存策略	储区空间平时的使用效率较低	对此类货品的每一具体品种，则没有分配固定的货位
共用储放	尽管管理较复杂，但所占的储存空间及搬运时间更经济	在确保了解各类货品的进出仓库时间后，不同的货品可共用相同的储位

③货位选择。货位指仓库中实际可用于堆放商品的面积。在货物分类分区的基础上进行货位的选择，货位的选择应遵循确保货物安全，便于吞吐发运，力求节约仓容的原则。具体见表2－43。

表2－43　　货位选择原则

原　则		
确保货物安全原则	便于吞吐发运的原则	尽量节约仓容的原则
易霉、怕潮、易锈的货物，需选择密封或干燥的货位	收发货方式的选择	以最小的仓容储存最大限量的货物
易溶、怕热、怕光的货物，需选择低温的货位	仓储货物的操作方法与货区的装卸设备条件相适应	
怕冻的商品，需选择不低于0℃的货位	货物吞吐快慢能力	—
易爆、易燃、腐蚀性、有毒、放射性的危险品，需存放在郊区仓库分类专储	—	—
有挥发性、串味的货物或性能相互抵触的货物，不能同区存储	—	—
消防灭火方法不同的货物，应分开储存在货区	—	—
同一货区的商品中，注意存放外包装含水量过高的商品会影响邻垛商品的安全	—	—
同一货区储存的商品中，应考虑有无虫害感染的可能性	—	—

（2）仓库货区布置。

①仓库货区布置的基本思路。

a. 按照物品特性分类、分区储存，将特性相近的物品集中储存。

b. 将质量高、单位体积大的物品存放在货架底层，并且靠近出库区和通道。

c. 周转率高的物品应该放置在进出库装卸搬运最便捷的位置。

d. 将同一客户或同一供应商的物品集中存放，方便进行分拣配货作业。

②货区布置形式。

a. 仓库货区布置。

平面布置：主要根据库存各类物品在仓库中的作业成本，按照成本高低把货品分为 A、B、C 类，A 类货品作业量大约应占据作业最有利的货位，B 类次之，C 类再次之。具体内容如表 2－44 和图 2－38 至图 2－42 所示。

表 2－44　　平面布置分类

分类		优缺点
垂直式布置	横列式布局	主通道长而宽，副通道短，整齐美观，方便存取盘点，若用于库房布局，还有利于采光和通风
	纵列式布局	可以根据库存物品进出的频繁程度和在库时间的不同安排货位
	纵横式布局	综合利用上述两种布局的优点
倾斜式布置	货垛（架）倾斜式布局	缩小叉车的回转角度，便于叉车作业、提高作业效率
	通道倾斜式布局	仓库内形式复杂，货位和进出库路径较多

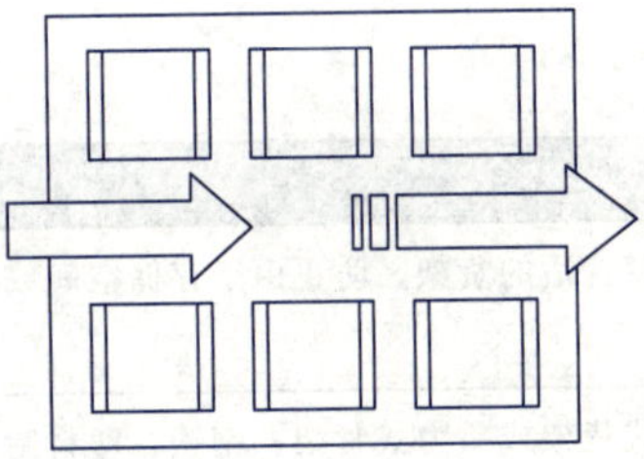

图 2－38　仓库横列式布局

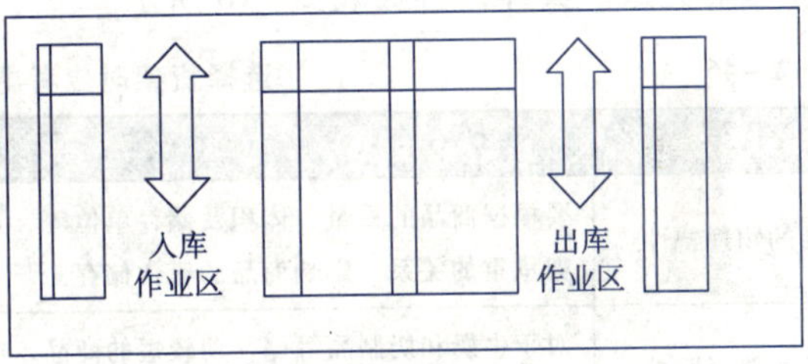

图 2－39　仓库纵列式布局

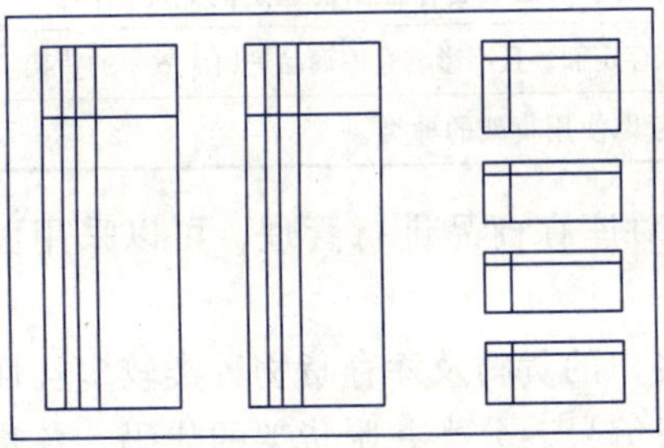

图 2－40　纵横式布局

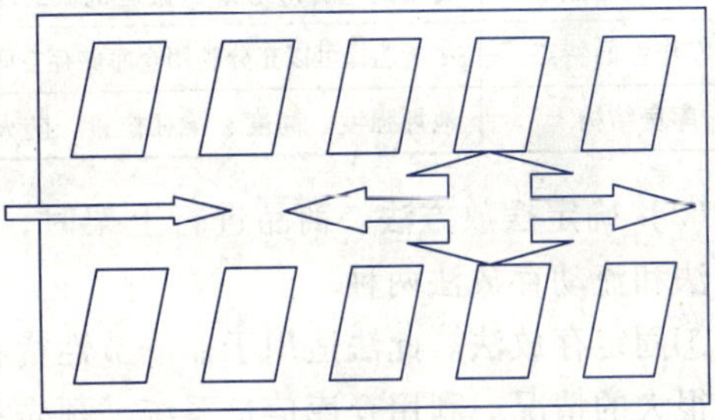

图 2－41　仓库货垛倾斜式布局

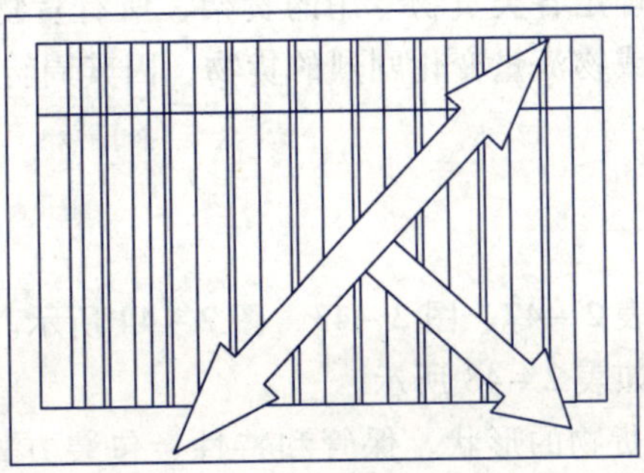

图 2－42　仓库通道倾斜式布局

③仓库货区规划应注意的问题，如表2－45所示。

表2－45　　仓库货区规划注意问题

注意事项	仓区要与经营现场靠近，通道顺畅
	每个货仓有相应的进仓门和出仓门，并有明确的标牌
	货仓办公室尽可能设置在仓区附近，并有仓名标牌
	测定安全存量、定额存量或理想最低存量，并有标示牌
	按存储容器的规格、叠放的限制高度和楼面载重承受能力，将仓区划分为若干仓位，并用油漆或美纹胶在地面标明仓位名、通道走向和通道
	仓区设计必须将安全因素考虑在内，要明确规定消防器材所在位置，消防通道和消防门的位置及救生措施等
	每个货仓的进门处，须张贴货仓平面图，表明该仓库所在的周边环境、地理位置、仓门、仓区仓位、各类通道、门、窗和电梯等

3. 布置货架货垛

（1）选择货架。仓库管理人员应综合考虑商品、货架及仓库作业的特点选择货架，合理选择货架类型。具体内容如表2－46所示。

表2－46　　选择货架时应考虑的因素

考虑因素	
商品的物理特性	要根据商品的重量、体积及储存单位等，选择规格、强度合适的货架，防止由于存储空间或货架承重的关系，影响商品的正常储存。
商品的储存要求	对于牛奶和奶制品等储存期较短的商品，应该选择驶出式货架或重力式货架；钢铁、塑料制品等允许储存期较长的商品，可选择驶入式货架或后推式货架等。
仓库的设施建设	货架的选择应考虑与搬运机械的配合，不同的搬运及装运设备作业所需通道的宽度不同。
仓库作业的特点	尽量选择可以充分利用仓库储存空间，扩大仓库储存定额，且不影响仓库商品进出库效率的货架。
库房结构	地坪强度、高度、梁柱位置、防火防盗设施等考虑使用货架的种类。

（2）确定摆放方法。商品进行上架时，为了方便对库存商品进行管理，可以采用固定存放法和流动存放法两种。

①固定存放法。此法适用于非季节性货物、重点客户的货物及库存货物种类较多且性质差异很大的情况。利用仓库信息系统，预先将货架进行编号、分类并附货架的代码，各货架内装置的货物预先加以确定的货位存货方式。

②流动存放法。不事先确定各类货物专用的货架，所有货物按顺序摆放在空的货架中。在通常情况下，季节性货物或物流量变化剧烈的货物，因其周转较快，出入库频繁，更适于流动存放法。

4. 堆码

（1）货物堆码的要求。

①对堆码场地的要求如表2－47、图2－43、图2－44所示。

②对堆码货物的要求，如表2－48所示。

（2）堆垛的方法。依据货物的形状、保管和特性、包装方式的要求，充分利用仓容和方便作业，及仓库的条件确定存放方式，如表2－49、图2－45所示。

表 2-47 堆码场地要求

场　地	要　求
库内堆垛	垛应该在墙基线和柱基线以外，垛底需要垫高
货棚内堆垛	堆垛时要垫垛
露天堆垛	堆垛场地应该平坦、干燥、坚实，四周必须排水畅通，无积水以及杂草，场地必须高于四周地面，垛底还应该垫高 40 厘米

图 2-43　库内堆垛

图 2-44　露天堆垛

表 2-48 堆码货物的要求

要求	货物的名称、质量、数量、规格已全查清，即货物已验收合格。
	货物已根据物流的需要进行编码。
	货物外包装清洁、完好、标志清楚。
	部分锈蚀以及受潮发生质量变化的不合格货物，已剔除（不合格货物应与合格货物分开堆放）或已加工恢复（不会影响货物质量）。
	为便于机械化作业，准备堆码的货物已进行集装单元化。

表 2-49 常用堆垛方法

方　法		优　点	适用情况
散堆法		堆码方式简便，便于采用现代化的大型机械设备，节省包装费用，降低运费，提高仓容的利用	适用于大宗散货，例如，矿石、煤炭、散粮和散化肥等
货架存放		货品的重量由货架支撑，相互之间不会产生挤压，可实现有选择的取货或实现先入先出的出库原则	适于小件、数量较少且品种规格复杂，包装简易或脆弱、易损坏、不便堆垛的货品，尤其是价值较高而需要经常查数的货品仓储存放
堆垛法存货	重叠式	工人操作速度快，包装货品的四个角和边重叠垂直，承载能力大	包装货品的四个角和边重叠垂直，承载能力大，工人操作速度快
	纵横交错式	堆垛成方形，便于计数，可充分利用空间，牢固性强，但操作不便	长短一致的管材、棒材及狭长的箱装材料均可用这种垛形
	仰伏相间式	码放后稳定性较高，但操作较为麻烦，且包装体之间不是垂直面相互承受载荷，所以下部货品容易压坏	适用于上下两面有大小差别或凹凸的货品，如钢轨、槽钢等
	压缝式	由长方形或正方形形成的垛，其纵横断面呈屋脊形	适于阀门、缸、建筑卫生陶瓷等用品
	通风式	有散湿散热、通风防潮的功用	适于所有箱装、桶装及裸装货品的堆码

续表

方法		优点	适用情况
堆垛法存货	栽柱式	防止倒塌	用于管材、棒材等长条状货品；并适用于机械堆码，使用比较广泛
	衬垫式	能够利用衬垫来牵制本层货品，来增强货垛的稳固性	适于不规则又较重的货品
	直立式堆码	货品保持垂直方向码放的方法	适用于不能侧压的货品
托盘堆码		减少搬倒次数，能够极大提高机械作业的效率	适用于怕压、形状不规则的商品
五五化堆垛	垛距	便于存取作业，起通风、散热的作用，方便消防工作	库房垛距一般为0.5~1米；货场垛距一般不少于1.5米
	墙距	避免库房墙壁和货场围墙上的潮气对商品的影响	库房的外墙距为0.3~0.5米；内墙距为0.1~0.2米，货场只有外墙距，一般为0.8~3米
	柱距	防止库房柱子的潮气影响货物，同时为了保护仓库建筑物的安全	一般为0.1~0.3米
	顶距	方便装卸搬运作业，可通风散热，有利于消防工作，有利于收发、查点	平库房，0.2~0.5米；人字形库房，以屋架下弦底为货垛的可堆高度；多层库房，底层与中层为0.2~0.5米，顶层须大于、等于0.5米
	灯距	为了保证储存商品的安全，防止照明灯发出的热量引起靠近商品的燃烧而发生火灾	灯距严格规定不少于0.5米

(3) 堆码前的准备工作。

①计算垛的占地面积：

$$\text{占地面积}=\frac{\text{总件数}}{\text{总码层数}}\times\text{每件物资底面积}$$

$$\text{或占地面积}=\frac{\text{总重量}}{\text{层数}\times\text{单位面积重量}}$$

$$\text{单位面积重量}=\frac{\text{每件（物资）毛重}}{\text{每件（物资）底面积}}\quad(t/m^2)$$

②计算层数：

$$\text{可堆层数}=\frac{\text{（地坪）单位面积最大负荷量}}{\text{单位面积重量}}$$

$$\text{垛高}=\text{可堆层数}\times\text{每件（物资）高度}$$

(4) 检查堆码效果。

仓库管理人员要对堆码后的商品进行检查，确保堆垛满足以下几个要求：

①合理。垛形必须适合商品性质和特点，方便货物保管保养，还要方便货物的先进先出。

②牢固。货垛一定要不偏不斜，不能压坏底层货物和地坪。

③定量。堆码货物重量不能超过地坪最大承压能力，不能超出有效的面积范围，其高度不能超出可用高度。货垛的每层数量也要定量，例如，实行码成各种总数为五的倍数的货垛的“五五化”堆码，有利于记数和发货。

④整齐。堆码货物的包装标识必须一致向外。货物沿支道、走道画线堆码，排列有序、整齐、美观、清洁。

煤炭堆

货品货架存放

重叠式堆码

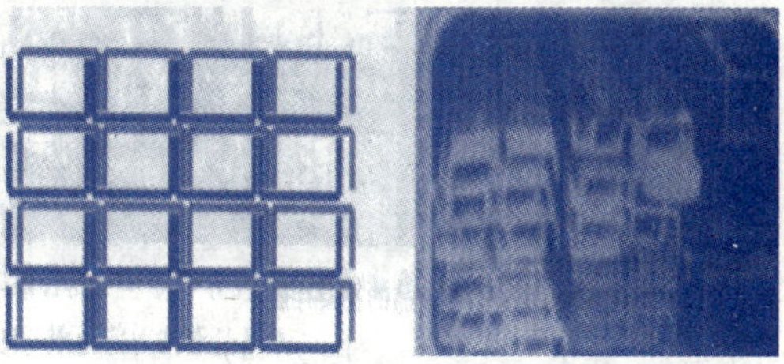
仰伏相间式

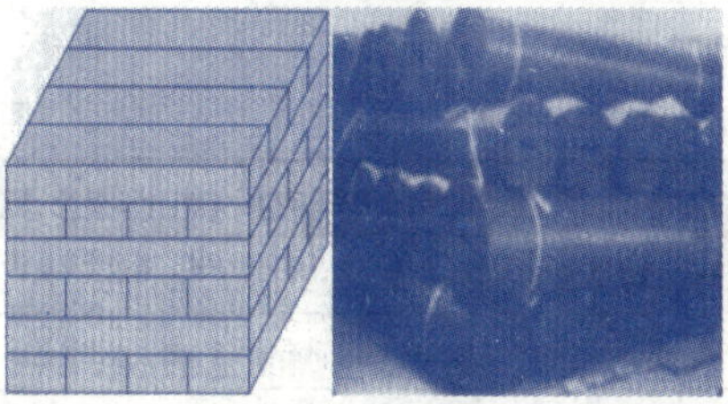
纵横交错式

通风式

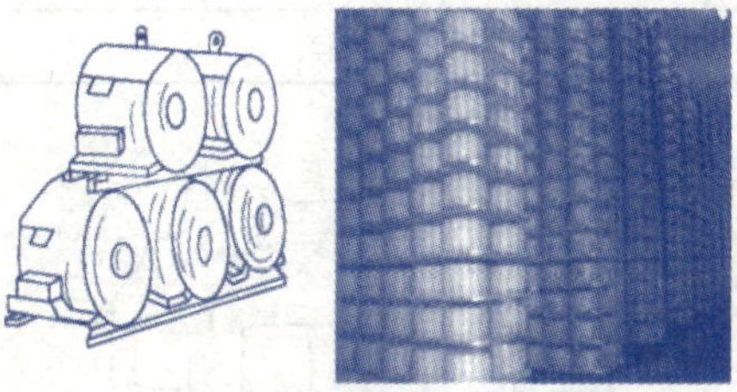
衬垫式

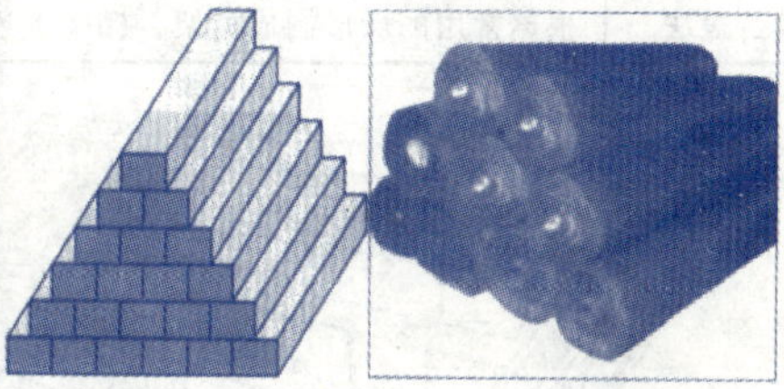
压缝式

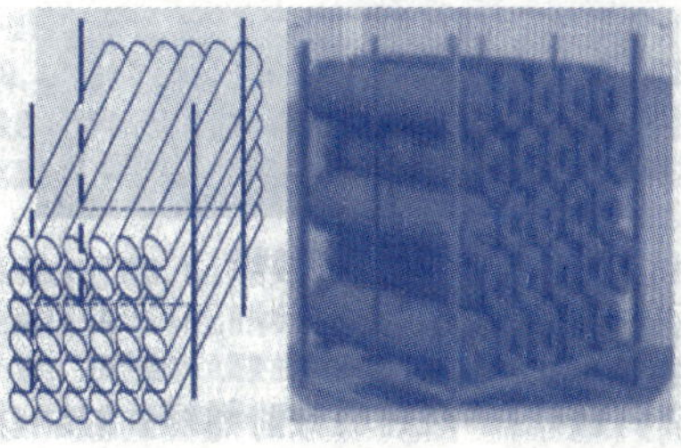
栽柱式

直立式堆码

图 2－45　货物堆码形式图

⑤节省。商品的堆码应该节省货位，减少作业环节，提高库容利用率，提高作业效率。

5. 苫垫

（1）苫盖技术。

①苫盖目的是为了避免商品直接受到日晒、风吹、冰冻、雨打的损害，存放露天货场的商品通常都需苫盖。

②苫盖的材料一般有席子、铁皮、苫布、油毡纸、塑料布等（见图2－46至图2－49）。其中，成本较低的是席子、铁皮、塑料布、油毡，能够大量使用；而苫布的价格较高，适合临时使用。

图2－46 铁皮

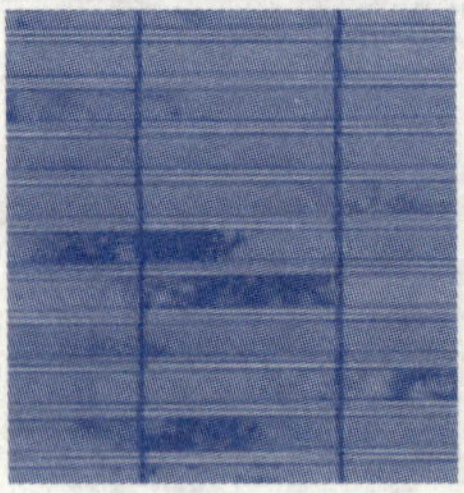

图2－47 竹席

图2－48 油毡纸

图2－49 苫布

③苫盖方法如表2－50、图2－50所示。

表2－50 苫盖常用方法

方 法	适用情况
屋脊形苫盖法	适用于屋脊形货垛、方形货垛及大件包装商品的苫盖
鱼鳞苫盖法	适用于怕雨淋、日晒的商品
隔离苫盖法	适用钢管、竹竿、旧苇席等，在货垛四周和垛顶隔开一定空间打起框架，进行苫盖，既可以防雨，又可以隔热
活动棚架苫盖法	根据常用的垛形制成棚架，棚架下还装有滑轮可以推动

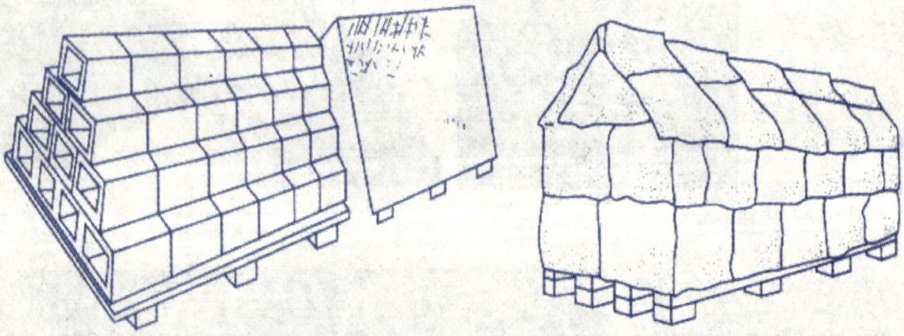

屋脊式苫盖　　鱼鳞苫盖

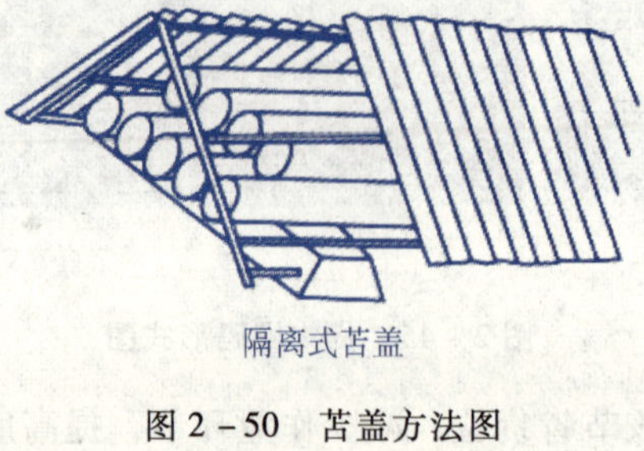

隔离式苫盖

图2－50 苫盖方法图

（2）垫垛技术。在商品堆垛前，应该依据货垛的底面积大小、形状、商品保管养护的需要及负载重量等要求，预先铺好垫垛物。

①垫垛目的如表 2－51 所示。

表 2－51　　　　垫　垛　目　的

目的	使地面平整。
	使堆垛货品与地面隔开，避免地面潮气和积水浸湿货品。
	通过强度较大的衬垫物使重物的压力分散，防止损害地坪。
	使货品的泄漏物留存在衬垫之内，防止流动扩散，方便收集和处理。
	形成垛底通风层，方便货垛通风排湿。
	使地面尘土、杂物与货品隔开。

常见的衬垫材料有：枕木、水泥墩、废钢轨、条石、货架板、钢板、木板和防潮纸、苇席、塑料薄膜等（见图 2－51 至图 2－58）。

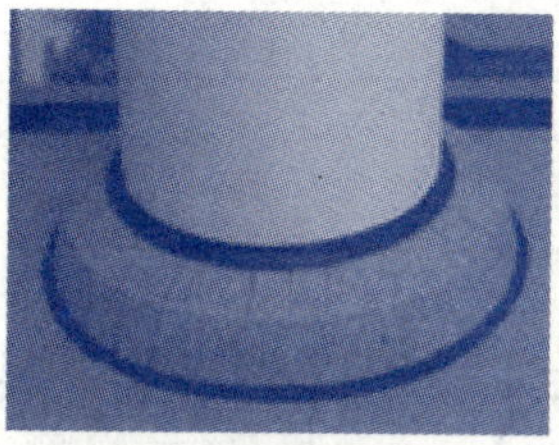
图 2－51　水泥墩

图 2－52　条石

图 2－53　枕木

图 2－54　废钢轨

图 2－55　木板

图 2－56　钢板

图 2－57　苇席

图 2－58　防潮纸

②垫垛方法如表 2－52 所示。

表 2－52　　　　垫垛基本方法

垫垛方法	
码架式	即采用若干个码架，拼成所需货垛底面积的形状和大小，以备堆垛。
垫木式	采用规格相同的若干根垫石或枕木，根据货位的大小、形状排列，作为垛垫。
防潮纸式	即在垛底铺上一张防潮纸作为垛垫。

③垛形的选择。根据货品的特性及保管的需要确定垛形，以实现作业方便、迅速而充分利用仓容的目的。仓库常见垛形如表 2－53、图 2－59 所示。

6. 对入库货物登账，立卡，建档

（1）货物入库登账。仓库要建立详细反映物资仓储的明细账，登记货物出库、进库、结存的详细情况，用来记录库存货物的出入库和动态过程。入库单如表 2－54 所示。

表 2－53　　仓库常见的垛形

基本垛形	优　点	适用情况
平台垛	具有整齐、方便清点、占地面积小、堆垛作业方便的优点	适于包装规则，包装规格单一的大批量货品，可以垂直叠放的方形箱装货品、规则的软袋成组货品、托盘成组货品、大袋货品
起脊垛	优点是占地面积小、平台垛操作方便	适用平台垛的货品都可以采用起脊垛堆垛
立体梯形垛	立体梯形垛极为稳固，能够堆放得较高，仓容利用率较高	适用于包装松软的袋装货品和上层面非平面而无法垂直叠码的货品的堆码
行列垛	行列垛占用库场面积大，库场利用率较低	适用于存放批量较小货品的库场码垛使用
井形垛	井形垛的作业较不便，需要不断改变作业方向	适用于长形的钢管、钢材及木方的堆码
梅花形垛	货品摆放紧凑，充分应用了货件之间的空隙，节约库场面积	适用于圆柱形货品堆码

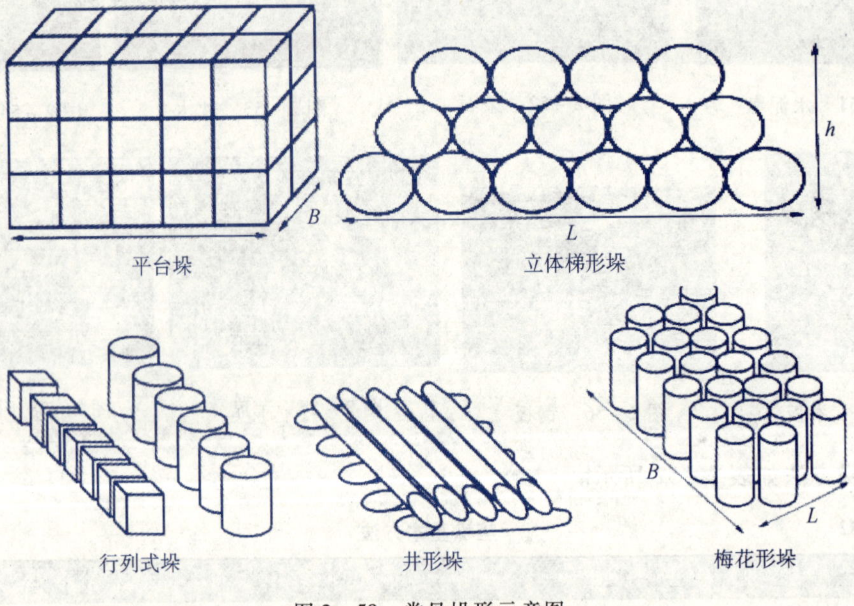

图 2－59　常见垛形示意图

表 2－54

入库单							编号
送货单位：			日期：　　年　　月　　日			入库仓库：	
货物编号	品名	规格	单位	数量	检验	实收数量	备注
仓库收货人：			会计：			制单：	
本单一式三联，第一联：送货人联；第二联：财务联；第三联：仓库联							

（2）立卡。货物入库或上架后，将货物规格、名称、数量或出入状态等内容填在料卡上，如表 2－55 所示，料卡摆放在货垛正面的明显位置或插放在货物下方的货架支架上。

表 2－55

<table>
<tr><td colspan="6">料卡</td><td>编号</td></tr>
<tr><td colspan="3">物资名称：　　　　规格：</td><td colspan="2">单位：</td><td colspan="2">单价：</td></tr>
<tr><td colspan="2">年</td><td rowspan="2">送货单位</td><td rowspan="2">入库量（＋）</td><td rowspan="2">出库量（－）</td><td rowspan="2">库存</td><td rowspan="2">经手人</td></tr>
<tr><td>月</td><td>日</td></tr>
<tr><td></td><td></td><td></td><td></td><td></td><td></td><td></td></tr>
<tr><td></td><td></td><td></td><td></td><td></td><td></td><td></td></tr>
</table>

（3）建立存货档案。建立货品档案，也就是把与货品入库作业全过程的有关资料进行整理、核对，建立资料档案，方便货品的保管、出库业务活动。

①收集档案资料。商品档案能够反映商品入库、储存及出库的所有变动。要建立完善的商品档案，仓库管理人员需要收集的资料具体包括表 2－56 给出的 3 种。

表 2－56　收集档案资料的内容

资　料	具 体 内 容
商品入库时的资料	商品出厂时的各种凭证和技术资料，例如，合格证、商品技术证明、发货明细表、装箱单等。
	商品运输过程中的各种单据，包括货运记录、运输单等。
	商品验收入库的入库通知单、磅码单、验收记录、技术检验报告等。
商品保管时的资料	包括商品入库保管期间的保养、检查、损益及变动等情况的记录，还有库内外温湿度记载及对商品的影响情况。
商品出库时的资料	商品出库时的凭证，如调拨单、领料单、出库单等。

②建立并保管档案。在商品入库后，仓库管理人员首先应该收集入库时的资料，然后建立起商品档案，并管理商品档案。在对商品档案进行管理时，应该注意以下几个方面。

第一，对档案统一编号。档案保管人员应该对商品档案进行统一编号。方便查阅，并防止档案的丢失。

第二，确定资料的保管期。为加强保管档案中资料，档案保管人员应该根据实际情况确定资料的保管期限。其中有些资料应该长期保留，例如，商品储存保管的试验资料、库区气候资料。

第三，及时更新资料。当库存商品发生变化时，档案保管人员应该及时收集新的资料，然后将其放置于商品档案中。在某种商品全部出库后，除必须随货同行且不能以抄送或复印件的形式抄送的技术证件外，剩下的均应留在档案内，还要将商品动态记录、出库证件等整理好一并归档。库存商品明细账的格式如表 2－57 所示。

表 2－57　库 存 明 细 账

<table>
<tr><td colspan="2">年</td><td colspan="2">凭证</td><td rowspan="2">摘要</td><td colspan="2">收入</td><td colspan="2">发出</td><td colspan="3">其中（A）</td><td colspan="3">其中（B）</td><td colspan="3">其中（C）</td></tr>
<tr><td>月</td><td>日</td><td>种类</td><td>号数</td><td>批号</td><td>数量</td><td>批号</td><td>数量</td><td>批号</td><td>数量</td><td>库存</td><td>批号</td><td>数量</td><td>库存</td><td>批号</td><td>数量</td><td>库存</td></tr>
<tr><td></td><td></td><td></td><td></td><td></td><td></td><td></td><td></td><td></td><td></td><td></td><td></td><td></td><td></td><td></td><td></td><td></td></tr>
</table>

相关知识

1. 货物分类分区的原则（见表 2－58）

表 2－58　　货物分类分区的原则

原则	存放在同一货区的商品必须具有互容性
	保管条件不同的商品不要混存
	作业手段不同的商品不可以混存
	灭火措施不同的商品绝对不可以混存

2. 货品储存作业的基本要求（见表 2－59）

表 2－59　　货品储存作业的基本要求

	基本要求
合理存储	库房分区、仓库分类、货区分位，按照货品的性能及对保管条件的要求，科学地安排货品的存储地点，方便机械化、自动化作业
	根据货品的体积、重量、性能、包装及周转量，合理运用货架、苫垫技术和堆码技术，最大化利用仓库空间，合理存放货品
科学养护	根据货品的性能，建立科学的货品养护制度，保护好货品的质量
	妥当地运用苫垫技术，防止货品受到外界不良因素的影响
	按照货品性能的要求，通过通风、密封、吸潮等方法，调节并控制好仓库的温湿度，创造适宜的储存条件
	贯彻“以防为主，防治结合”的方针，做好金属除锈、防锈，货品防腐、防霉、防治害虫工作，保护好货品的使用价值和价值，减少损耗
账物相符	认真做好货品入出库的点验工作，避免发生数量差错
	设置齐全的货品实物账、货卡，准确记录货品进出动态，确保货品数量准确，保证物卡相符、账卡相符
	对库存货品进行盘点和检查，掌握库存货品的数量及质量状况，做到账卡相符、卡货相符
	有条件的仓库，实行货品条码管理和计算机管理
安全保管	严格遵守仓储作业规范，安全进行仓库装卸、搬运、堆垛作业
	对危险品应专门妥善地存放保管
	严格遵守仓库安全制度，做好防盗、防漏、防火、防自然灾害、防事故等工作，保证人员、货品、设备、仓库安全

3. 合理使用货架

选择适当的货架摆放商品能够充分利用仓库的存储空间，提高仓库的利用效率。

（1）了解货架的种类。随着商品种类的迅速增加，货架的种类也随之大规模地增长。按照分类方法的不同，货架可以分为不同类型。

①按货架的形状分类，如表 2－60、图 2－60 所示。

②其他分类方法，如表 2－61、图 2－61 所示。

表 2－60　　按货架的形状分类

分类	类型	用　途
通用货架	层架	存储有包装、可以堆码的商品
	格架	存储规格复杂、品种多的无包装、不能堆码的商品
	抽屉架	存储小件贵重商品，刀具、药材等
	橱架	用于存储贵重商品、精密仪器等
长形货架	U 形架	存储长大型的型材、管材、棒材等
	悬臂架	存储长条形金属材料、长条形的轻质材料等
	栅架	存储长条形的笨重商品
特种货架		包括油桶架、模具架、网架、登高车、流利货架、网隔间

图 2－60　一般货架种类图

表 2－61　　其他分类方法

按照货架的规模分	重型托盘货架
	中型货架
	轻型货架
	阁楼式货架
按适用性及外型特点分类	高层货架
	通廊式货架
	横梁式货架
	重力式货架
	悬臂式货架
	阁楼式货架

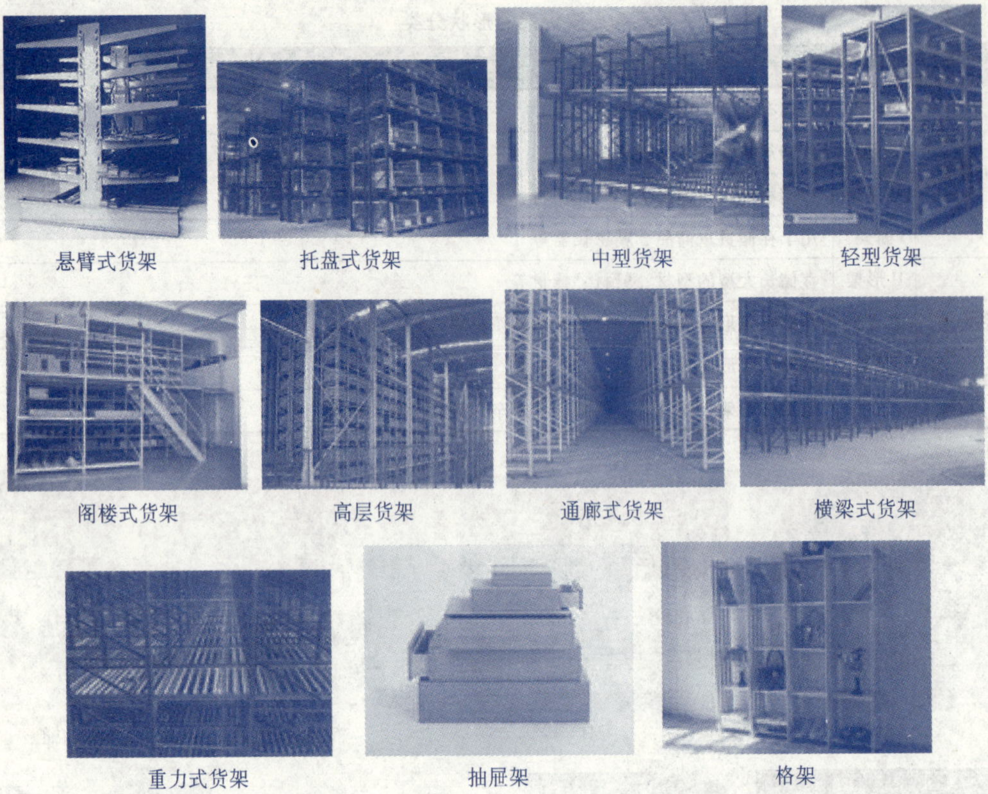

图 2-61　其他货架示意图

4. 物品的搬运活性

搬运活性是指货品方便装卸搬运（易于移动）的程度。它通常用活性指数 0、1、2、3、4 来表示，指数越高，说明搬运的方便程度越高，越有利于搬运。长期存放的货品搬运指数低，短期存放的搬运指数则高。具体内容如表 2-62 所示。

表 2-62　　**搬运活性表**

搬运活性	状　态
0	无包装的、地面散放的货品
1	有包装或放在一般容器的货品
2	装载在托盘上或者装入集装箱
3	装在无蓬货车或可移动设备或工具上的货品
4	放置在输送线上的货品

完成任务

仓库作业人员办理好与送货人的交接手续，完成安排货位，布置好货架货垛，对货物进行堆码，苫垫，登账，立卡，建档后，即完成货物入库任务。

技能训练

技能训练一　货品的堆码与苫垫

【技能训练目标】

（1）明确货品堆码的要求及条件，了解堆垛垛形的注意事项，掌握常见货品的堆码方法。

（2）掌握根据货品的性质、包装规格等选择不同的堆垛与苫垫方法，掌握货品的垫垛方法及衬垫面积的方法。

（3）掌握托盘堆码的方法及托盘装载货品的紧固方法。

【技能训练准备】

（1）800mm×1000mm 或 1100mm×1100mm 的木制托盘或塑料托盘　若干

（2）托盘网罩、框架、绑扎带、摩擦材料、专用金属卡具、黏合剂、胶带、收缩薄膜、拉伸薄膜等　若干

（3）木箱包装货品（50cm×20cm×20cm）　20 个

（4）1000mm×40mm×50mm 空纸箱　40 个

（5）400mm×800mm 的塑料桶　20 个

（6）手推车　1 辆

（7）可移动式木头楔块　4 只

（8）芦席和草席　若干

（9）装满木屑的蛇皮袋　20 个

（10）2m 和 4m 长的方木块　各 8 根

（11）4.5m×2.5m 的帆布　2 块

（12）2m 长竹竿　若干

（13）手动叉车　2 辆

图 2－62　手动叉车

图 2－63　托盘

图 2－64　空纸箱

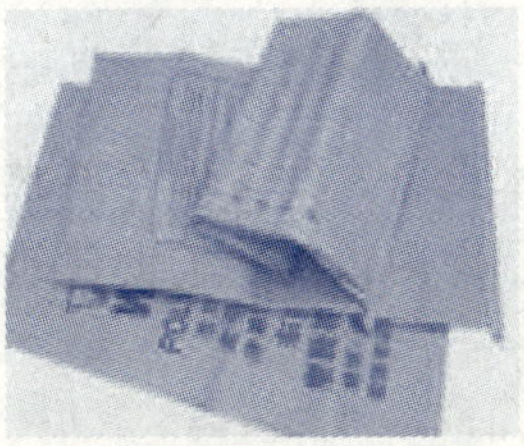

图 2－65　蛇皮袋

图 2－66　绑绳带

图 2－67　塑料桶

图 2－68　摩擦材料

【技能训练步骤】

(1) 利用多媒体演示不同的堆码方法的条件和要求，全面认识不同堆码方法的优缺点，并准确把握堆码的要求。

(2) 准备好堆码和苫垫所需的材料和用具，把货品搬运到指定的堆码区，指导教师先进行现场演示，然后学生根据示范进行实战演练。

(3) 分别使用要求的堆码方式（重叠式、仰伏相间式、压缝式、纵横交错式、通风式、栽柱式等）及托盘堆垛完成上述货品的堆码作业，再利用屋脊式苫盖法、活动棚苫盖法、鱼鳞苫盖法、隔离苫盖法进行货品的苫盖作业。

(4) 在码放货垛的过程中，使学生自己发现和解决问题，然后思考各种货垛的优缺点，根据教材规定的堆存法和示意图堆码；在把货品摆放在托盘上的过程中，学生需掌握摆放货物的重量和规格，练习托盘装载货物的紧固方法。

【技能训练评价】

货品的堆码与苫垫职业能力训练评价评分如表 2－63 所示。

表 2－63　　货品的堆码与苫垫职业能力训练评价评分表

考评人		被考评人	
考评地点			
考评内容	货品的堆码与苫垫		
考评标准	内　容	分值/分	实际得分/分
	准确理解货品存储策略与储位指派法则的内容要求	20	
	学会利用出入库资料，正确计算货品的周转率	25	
	货品储位分配示意图简洁、合理	25	
	能够将理论与实践很好地结合，实际操作能力强	15	
	实训态度端正，协作能力强	15	
合　计		100	

注：考评满分为 100 分，60～70 分为及格；71～80 分为中；81～90 分良好；91 分以上为优秀。

【技能训练建议】

(1) 在模拟职业能力训练过程中，学生态度要认真严肃，明确货品堆码的条件和要求。

(2) 安排学生深入不同企业调查了解苫垫方法和库存货品堆码，了解引起包装货品损毁或货垛倒塌的原因。

(3) 邀请有关仓储企业的作业人员介绍货品堆码与苫垫的经验和体会。

技能训练二　库区分区分类能力训练

【技能训练目标】

目的是让学生可以依据仓库场地条件、仓库业务规模和性质、技术设备、物资储存要求和使用特点等因素，较熟练地对仓库各组成部分，例如，货场、库房、库内道路、辅助建筑物、附属固定设备等，在规定区域内进行平面的合理安排和布置。

【技能训练准备】

(1) 每 5 名学生为一个小组，在每个小组中选择一名组长。

(2) 准备好测量库房的工具，且对学生进行安全守纪教育。

(3) 以组为单位完成调查报告。

(4) 教师带队，进行现场指导。

【技能训练步骤】

(1) 测量仓库的相关尺寸。

(2) 计算仓库面积且进行货区划分。

(3) 对仓库进行物资的分类分区。

(4) 绘制仓库平面图。

(5) 划线、制作标示牌等。

(6) 指定5种物资，让学生回答其所属区域类别。

【技能训练注意事项】

(1) 在企业仓库或仓库实训室实行现场实地训练。

(2) 遵守仓库的各项规章制度，听从现场师傅的指挥，要注意人身安全。

【技能训练评价】

库区分区分类能力评价评分表，如表2-64所示。

表2-64　库区分区分类能力评价评分表

考评人		被考评人	
考评地点			
考评内容	库区分区分类能力		
考评标准	内　容	分值/分	实际得分/分
	实地观察、测量的工作态度	15	
	理论联系实际的能力	15	
	调查报告整洁、完整、正确	20	
	库房规划图合理	15	
	物资分区分类正确	20	
	划线、制作标示牌认真、准确	15	
合　计		100	

注：考评满分为100分，60~70分为及格；71~80分为中；81~90分良好；91分以上为优秀。

【技能训练活动建议】

对库内保管场所进行分类分区，规划库内非保管场所，应绘制仓库平面图，平面图上注明各功能块的相应名称和对应尺寸。

教学研讨

(1) 如何组织货物入库任务的教学？在货物入库作业任务教学中，需要注意哪些问题？

(2) 通过本单元的学习，组织一次有效率的货物入库作业实训。

单元三

货物在库保管

货物的在库保管是仓库根据货物的特征，结合仓库的具体条件，采取各种科学的手段对货物进行保养，防止或延缓货物质量变化的行为。其目的就是为了保持库存货物的使用价值，最大限度地减少货物的自然损耗，杜绝因保管不善而造成货物损害，防止货物损失。本单元包括商品养护、在库盘点、仓库的安全管理三项任务。

学习目标

- □ 能识别养护员的岗位职责。
- □ 能进行仓库温湿度控制和调节。
- □ 掌握防锈、防虫蛀的基本方法。
- □ 能识别在库盘点流程。
- □ 能判断仓库的安全状况，并采用相关措施消除安全隐患。
- □ 能针对盘点作业设计实训教学内容。

任务一　商品养护

任务描述

每个人都有“保管物品”的生活经历，如保管自己的衣物等。本单元的第一项任务就是进行在库物资的保管，即商品养护。本任务就是指从货物进入仓库开始，养护员就要根据入库货物的不同特性做好充足的养护工作，包括仓库温湿度管理、金属防锈管理及商品防霉与防虫管理，以确保在库货物不发生质量变化。

任务分析

1. 仓库温湿度管理

（1）通风。调节库房温湿度的有效办法是对仓库进行通风，从而加大空气流通。但通风时必须注意空气自然流动的规律，有计划地进行库房周围的空气交换，达到库房内温度湿度适宜的要求。

①通风方式。

a. 自然通风。打开库房门窗和通风孔，以实现库房内外空气交流置换的一种通风方式。这种通风方式不消耗任何能源，因为它不需要任何通风设备，而且通风换气量比较大，是一种最经济、最简便的通风方式。

b. 机械通风。这是一种利用通风机械所产生的压力或吸引力，使库内外空气形成压力差，从而强迫库内外空气发生流动和置换达到通风的目的的通风方式。

②仓库通风时要注意的事项。

a. 通常，仓库应尽可能地利用自然通风的方式。但有一些仓库，例如，化工危险品仓库，库内的有害气体，如果不及时排出，就有可能发生燃烧或爆炸，还有的会引起人员中毒，造成重大事故，这时必须考虑机械通风。

b. 在利用自然通风降湿的过程中，要注意防止由于通风引起的副作用。例如，依靠风压通风时，一些灰尘杂物会随着气流进入仓库，对库存货品产生不良影响。

c. 通风机械的选择，既要考虑经济实用，还要根据实际需要和可能。通风机械分为离心式和轴流式两种（见图 3－1、图 3－2）。离心式通风机产生的空气压力差大，但是消耗能量多，适宜在阻力大的情况下进行通风。一般仓库可采用轴流式通风机，由于它通风量比较大、动力能源消耗少，其缺点是产生的空气压力差小，适宜在阻力较小的情况下使用。

图 3－1　轴流式通风机

图 3－2　离心式通风机

d. 通风必须与仓库密封相结合。当通风进行了一定时间，达到了通风目的，要及时关闭通风孔和门窗，使仓库处于相对的密封状态，从而保持通风的效果。因此不仅通风开始时要掌握好时机，而且通风停止时也要掌握好时机。

（2）温度控制。库房内温度太低，货物容易变脆、冻裂、液体结冻膨胀，温度较高时，货物会腐烂变质。所以，我们必须对仓库提出适合于货品长期安全储存的温度界限，即安全温度。

（3）湿度控制。库房中，货物的含水量就是货物的湿度。由于各种货品内在的特性要求不同，各有一个适当的湿度范围，为了达到安全储存的目的，储存货品应在这个范围内，这样就可以使货品质量少发生或不发生变化。

2. 金属防锈管理

做好金属制品的防锈蚀工作是仓储过程中货品养护的一项重要任务。因为仓库中的金属锈蚀是造成货品损失的重要原因之一，所以做好金属制品的防锈蚀工作对于金属货物的保管非常重要。

（1）金属防锈措施。

① 控制存储环境。控制金属商品的存储环境，杜绝形成金属锈蚀的环境因素是防止金属锈蚀既经济又有效的办法。

a. 保持物资及储存场所的清洁。

b. 保持库房干燥。应该把库房相对湿度保持在70%左右，较精密的金属制品必须在库房储存，并严禁与化工物资或含水量较高的物资同库储存。

c. 选择适宜的保管场所。要尽可能选择远离有害气体和粉尘的厂房，远离酸、碱、盐类物质或气体。

d. 妥善码垛和苫盖。码垛时要注意垫高垛底，以加强垛下的通风能力。

e. 保持保护材料的防护层和包装的完好。若包装损坏，要及时更换或修复；若发现原出厂时涂的防锈油已破坏或干涸，应及时进行清洗，重新涂油。若包装受潮，应对包装材料进行干燥处理。

f. 坚持定期进行质量检查，并做好质量检查记录。

② 隔离金属商品。与控制存储环境的方法相比，把金属商品与环境隔离开的防锈方法，是一种短期的、高成本的方法。它适宜数量少、保管要求较高的金属商品的防锈。

a. 涂油防锈。涂油防锈法是指在金属表面涂刷一层油脂薄膜，在一定程度上使大气中的氧、水分子及其他有害气体与金属表面隔离，从而避免或减少金属制品的生锈。

b. 气相防锈法（见图3－3）。由于其成本较高，所以一般使用于成品或较贵重材料的保养。气相防锈指利用挥发性气相防锈剂在金属制品周围挥发出缓蚀气体，来阻隔空气中的氧、水分等有害因素的腐蚀作用，从而达到防锈目的。

i 粉末法（见图3－4）。把气相防锈粉末撒在产品表面，或者用纱布包好后悬挂在产品的四周，或者用器皿盛装后置于包装物内。

图3－3　气相防锈法

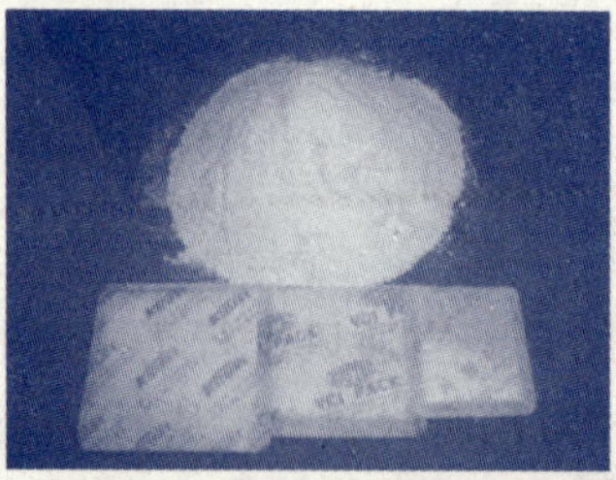

图3－4　粉末法

ii 浸涂纸（布）法。把气相缓蚀溶剂溶解在有机溶剂中或蒸馏水中成为溶液，再刷涂或浸涂在防锈布或防锈纸上，干燥后即成为气相布或气相防锈纸，含量通常为5～30g/m^2。使用时可以直接用其包装金属制品，然后在它的外面加石蜡纸或塑料袋包装。

iii 溶液法。把防锈剂制成溶液，喷涂在金属表面，然后再用塑料袋或石蜡纸包装。

c. 塑料封存。以塑料为成膜物质加入稳定剂、增塑剂、防霉剂和缓蚀剂等加热溶解或熔化，喷涂在金属表面，待挥发或冷却后在金属表面可形成保护膜，以阻隔腐蚀介质对金属制品的作用，从而起到防锈的作用。

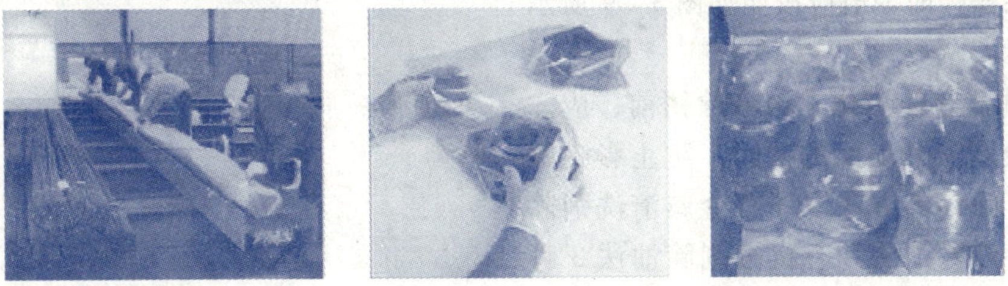

图 3－5　塑料封存

（2）金属除锈方法。

①手工除锈，是指用简单的除锈工具，通过手工磨、擦、刷等操作，把金属商品上的锈痕、锈斑除去的一种方法，如表 3－1 所示。

表 3－1　常见手工除锈方法

除锈工具	操作方法	除锈范围
纱布	用纱布直接擦拭，然后蘸取去污粉、煤油擦拭，最后再用干抹布擦拭一遍	各种小五金工具、配件和一般精密仪器
木屑	把清洁干燥的木屑撒在板材上，用旧布盖住并擦拭，最后将木屑扫净并且用干抹布擦拭一次	钢板上的轻、中度锈蚀
钢丝刷	先有铜丝刷或钢丝刷打锈，再用废布把商品擦拭干净	各种钢管、铁板、水暖器材等

②机械除锈，具有人力省、效率高、开支小等特点，是通过专用机械设备进行除锈的一种方法。

a. 抛光法。用软质的帆布、棉布等制成抛光轮，利用电机带动，在高速旋转情况下，把锈除去。

b. 钢丝轮除锈。用金属制成的轮刷，在电动机的带动下，高速旋转除锈。

c. 喷射法。将砂粒等强力喷射到金属表面，借其摩擦与冲击的作用除锈。

图 3－6　抛光法

图 3－7　钢丝轮

图 3－8　喷射法

③化学除锈，是一种利用能够溶解锈蚀物的化学品，除去金属制品表面上锈迹的方法。它设备简单、操作方便、效果好、效率高，形状复杂的商品特别适用此法。但因为化学除锈所使用的化学溶液都有较强的腐蚀性，所以在操作时一般应按照如图 3－9 所示的步骤进行。

a. 除油。在使用化学溶液除锈前，应先清除干净金属商品表面的油污，防止影响除锈的效果。除油的方法主要有金属清洗剂除油法、碱溶液除油法和有机溶剂除油法 3 种（见表 3－2）。

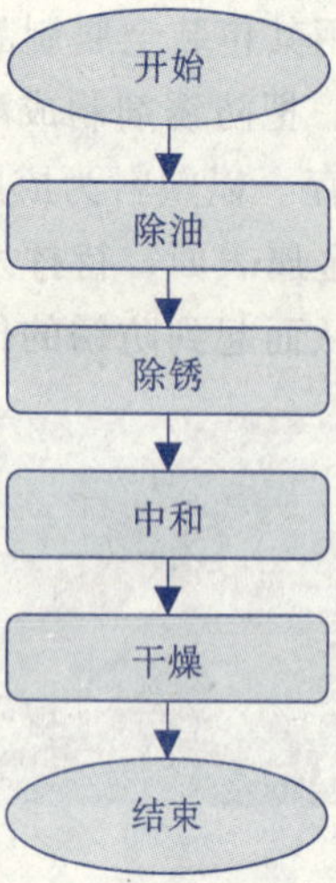

图 3－9　化学除锈步骤

表 3－2　常用除油方法

溶　剂	组　成	效　果
碱溶液	加入了乳化剂的碱溶液	对于清洗矿物油脂有良好的效果
有机溶剂	汽油、煤油等	不损伤金属
金属清洗剂	新型的合成洗涤剂	因为其表面活性物质降低界面张力而产生渗透、湿润、分散、乳化等多种作用，使其具有很强的去污能力

b. 除锈。在去除了油迹以后，就要除净金属表面上的锈蚀和杂质。常用的除锈液如表 3－3 所示。

表 3－3　常用的除锈液

除锈液	作　用
无机酸（如磷酸、硫酸、盐酸、硝酸等）	溶解锈迹的作用
钝化剂（如铬酸酐）	保护金属商品的作用
缓蚀剂（如乌洛托品）	保护金属不受强酸腐蚀的作用

c. 中和。由于商品经过酸洗后，表面总会残留酸液，因此要先用流动清水冲洗，再放入 3%～5% 的碳酸钠稀溶液中来中和，最后用清水冲洗干净。

d. 干燥。擦去商品表面的水分，等待其自然干燥。

3. 商品防霉与防虫管理

仓库管理人员应该掌握微生物知识，采取适当的措施来预防库存商品霉腐和虫蛀，若发现商品已经霉腐及虫蛀，要及时进行处理。

（1）预防库存物资霉腐的方法。

①严格入库验收。易霉物资入库时，首先要检查包装是否潮湿，含水量是否超过安全范围。

②控制自然条件。

a. 温控法。利用日光曝晒是常用的提高温度防霉腐方法。在一些地方，夏季日光直晒温度可达 50℃ 以上。大多数霉菌均可被杀灭。同时日光中含有的大量紫外线可直接杀灭霉菌。能够在库房内安装紫外线灯定期照射，实施环境消毒防霉，如农副产品库、中药材库、纸烟库等。具体要求如表 3－4 所示。

表 3－4　　各种类型微生物温度表

类　型	最低限	最适温度	最高限
低温性微生物	0℃	5℃～10℃	20℃～30℃
中温性微生物	5℃	25℃～37℃	45℃～50℃
高温性微生物	30℃	50℃～60℃	70℃～80℃

b. 湿控法。水是微生物生存的必要条件，空气的干湿程度决定着微生物体内的水分含量。通过控制空气的湿度，能够直接影响微生物体内水分含量，让其不断失去体内水分，以达到抑制其生长的目的。

所以，对那些容易发生霉腐的物资能够利用摊晾、通风、烘烤或日晒等使水分蒸发，以起到防霉腐的作用。

c. 氧气。大多数容易霉变的物资所孳生的各种细菌、霉菌，要借助于呼吸空气中的氧才能生长。所以，对于这些物资的防霉工作能够采用不提供氧气的方法。先用塑料薄膜将物资全部密封，然后把密封件内的空气用真空泵抽去，再充入除气剂或二氧化碳。

d. 酸碱性。各种微生物的生长繁殖与其周围环境的酸碱度有密切关系，各种微生物有其各自的酸碱度范围，如表 3－5 所示。

表 3－5　　微生物 pH 值

微生物种类	最低 pH 值	最高 pH 值
黑曲霉	1.5	9.0
枯草芽孢杆菌	4.5	8.5
金黄色葡萄球菌	4.2	9.3
一般酵母菌	3.0	8.0
一般放线菌	5.0	10

大多数酵母菌和霉菌适宜在 pH＝4～6 的酸性环境中生长；而大多数细菌适宜生长在 pH＝6～8 的环境中。所以可以在商品或包装内放置一些对物品质量无影响的酸性或碱性物质来避免霉变，此法适用于食品类货物。

③化学方法。化学方法指把抑制微生物生长的化学药物放在货物或包装内来进行防腐。常用的防腐剂性能和使用方法如表 3－6 所示。

表 3－6　　仓库常用防腐剂性能及其使用方法

名　称	性　能	使用方法	使用范围
多菌灵	毒性很低，化学性质较稳定，对商品无毒副作用	以 0.1%～0.3% 浓度的乳液涂刷在货物上或用 0.025% 浓度的乳液浸泡水果	用于皮革、纺织品、布胶鞋、纱线以及蔬菜、水果等商品
水杨酰苯胺	毒性很低，化学性质稳定	将浓度为 0.2%～0.6% 的溶液喷涂、喷洒或涂刷在商品上	用于电信器材、纸张、纺织品、皮革制品等商品

续表

名称	性能	使用方法	使用范围
二氧乙烯水杨酰胺	白色粉末，无味、无臭、无刺激性，不易溶于水	浓度为0.3%～0.4%的胶悬液	对皮革防霉有显著效果
百菌清	白色结晶体，无味、无臭，微溶于水，能溶于丙酮等有机溶液	浓度为0.2%～0.6%的溶液喷洒、涂刷或喷涂在商品上	用于皮革制品防霉
托布津	对人畜毒性很小，无积累性毒副作用	浓度为50%的溶液可用水稀释1000倍后浸渍货物	用于水果、蔬菜等商品
除氧剂	以铁粉为主要成分的除氧剂	将密封包装内氧浓度达到0.1%	用于各种中药材、食品、电子元件、精密仪器和光学元件等货物
气相防霉腐	通过控制环境中空气成分的各种组分含量并结合适度的低温，让储存物品处于半休眠状态	增加环境中的二氧化碳（CO_2）或氮气（N_2）	适用于中药材、粮食、蔬菜、农副土特产品、副食品、果品以及竹木制品、皮革制品、丝、毛、棉、麻织品等

④物理方法。常用的物理方法如表3－7所示。

表3－7　常用物理方法

方法	原理	适用范围
微波防霉法	利用微波产生货物分子的震动和旋转，因为分子间的摩擦而产生热，使霉腐微生物体内温度上升而被杀灭	适于棉织品、食品、粮食、竹木制品、皮革制品等的储存防霉
辐照防霉法	利用放射同位素，如钴60释放的各种放射线照射易霉腐物品，从而直接破坏微生物体内脱氧核糖酸和其他物质将微生物杀死	应用于医疗器材和用品消毒，食品防腐及皮革制品、烟叶、纸烟、中药材的防霉，效果十分显著

（2）预防仓虫的主要措施。

①把好物资入库关：在物资入库前要严格检查库房，摸清仓虫的潜伏情况，采取措施将其杀灭。对准备入库的物资，先检查包装，查看周围缝隙处是否有虫茧形成的絮状杂黏物和仓虫排泄物。再打开包装检查，看其有无虫迹和蛀痕。若在入库前发现物资或包装已生虫，应隔离存放，进行杀虫处理，否则不得入库堆垛。

②搞好仓库清洁卫生：要经常打扫库房，凡仓虫容易潜伏的地方，尤其要注意清扫，各种缝隙应采取刮、剔、粉刷和填补等措施，将其除净填平，要清除库外四周的杂草，疏通渠道，消除垃圾和积水。

③控制库内温湿度：大多数仓虫喜潮湿、黑暗、温暖，因而库房内应保持明亮、干燥，防止仓虫的孳生。

④勤检查：要常检查库存物资及包装，看是否有仓虫孳生，一旦发现，要及时采取防治措施。

⑤使用驱虫药剂：能够起到防虫效果，常用的驱虫药剂有萘、樟脑精和对位二氯化苯等。

（3）杀灭仓虫的主要方法。

①物理机械防治法。物理防治法是指利用各种机械设备，直接将害虫杀死，或把害虫与商品分离，从而达到防治虫害目的的方法。常用的物理机械防治法如表 3－8 所示。

表 3－8　　常用的物理机械防治方法

方　法		手　段
机械除虫		利用动力操作或人工操作的各种机械来把商品与害虫分离，以清除仓库中害虫的方法
气控防虫		通过改变商品存储环境中空气的成分，营造不利于害虫生长的环境条件，以达到防治害虫的目的
温控杀虫	高温杀虫	主要方法是通过对商品进行烘烤、曝晒等，杀死潜藏在商品中的害虫
	低温杀虫	利用由人工产生的冷气或冬季寒冷的空气来降低仓库温度，来达到抑制害虫的发育、繁殖，甚至直接将害虫杀死的目的
诱集杀虫	灯光诱集	利用害虫对光的趋性来诱杀害虫。此法主要适用于鳞翅目的昆虫
	食物诱集	根据仓库害虫食性，可以在仓库中放置对某种害虫具有吸引力的诱饵，将害虫聚集后杀灭
	其他诱集方法	根据某些仓库害虫的群集性、趋高性，能够在仓库中采用破旧麻袋诱集、高峰竖棒诱集等方法诱杀害虫
电离辐射杀虫		使用 α 粒子、β 粒子、χ 射线、Z 射线及加速电子等产生的电离辐射，对害虫进行处理，可造成幼虫发育成畸形的成虫，生殖力降低和雌雄个体不育

②化学药剂防治法。使用各种化学杀虫剂，通过胃毒、熏蒸或触杀等作用直接或间接地杀死害虫，是当前防治仓库害虫的主要方法。但因为化学药品常常具有毒性，长期使用会增加害虫的抗药性，还会给商品带来不同程度的污染。

a. 驱避剂。使用驱避剂时，要把其放入商品包装或密封货垛内，使其升华出来的气体在商品周围经常保持一定的浓度，从而使害虫不敢接近或消灭害虫。常用的驱避剂如表 3－9 所示。

表 3－9　　常用驱避剂及其适用范围

名　称	适用范围	慎用对象
精萘丸	适用于人造毛、人造丝织品和棉麻丝毛及纸制品、橡胶、胶木、皮革	不能用于聚苯乙烯和有机玻璃、食品、人造革制品和各种怕串味的货物
对位二氯化苯	适用于人造毛、棉麻丝毛和丝制品及皮革、竹木制品	各种橡漆布、塑料制品、人造革制品、漆纸、各种食品和怕串味的货物
樟脑精	适用于人造毛、棉麻丝毛和丝制品及皮革、竹木制品、羊毛及合成纤维、混纺织物等	与对位二氯化苯相同

b. 熏蒸剂。熏蒸剂是利用挥发时所产生的蒸气毒杀有害生物的一类化学药品，它具有易于通风散失、渗透性强、防效高等特点，适用于虫害已经发生及害虫潜藏在不易接触和不易发现的地方的仓库使用。常见的熏蒸剂如表 3－10 所示。

表 3－10 常见熏蒸剂及其使用范围

名　称	适用对象	慎用对象
氯化苦	皮、毛制品、竹制品和一般纸制品及部分食品，如干辣椒、红枣	带有金属附件的物品、棉、化纤织品、丝制品及含水量较大的商品
溴甲烷	竹木制品、毛、丝、棉和塑料制品、麻织品、带有金属附件的物品及中药材等	含涂料、脂肪、橡胶的商品
磷化铝	中药材、粮食、毛制品和竹木制品	带有铜制附件的商品
二氯乙烷	粮食、谷物	含脂肪的商品及含蜡商品

因为其大多数具有较强的毒性，所以在使用时应严格控制用量，并且做好防护工作，防止发生安全事故。在仓库中进行熏蒸杀虫时，可以依据仓库结构条件、商品数量、虫害规模及害虫种类，酌情采用整库密封熏蒸、小室密封熏蒸、帐幕密封熏蒸、密封缸熏蒸和密封箱等形式。

c. 杀虫剂。杀虫剂主要通过触杀、胃毒作用杀灭害虫。使用时通常将其与水配成一定比例的溶液，再用喷雾剂在仓库内进行喷洒。常见的杀虫剂有敌百虫和敌敌畏。敌敌畏可以杀灭多种害虫，但不可以直接喷洒在油漆、塑料、橡胶及金属制品上。

相关知识

1. 养护员的工作职责

（1）按照货物的品质、性能、自然属性的不同，把货物安排到合理的位置。

（2）把好物资入库关，严格物资入库手续，避免不合格品入库。

（3）对入库物资进行合理堆垛苫垫，做到安全牢固，堆垛合理。

（4）货物保管期间，应加强仓库的防锈管理，温湿度管理及防霉、虫管理。

（5）保证货物在库期间质量不发生变化，以免发生损失。

（6）定期检查仓容及仓库设施、设备，保证其正常使用。

（7）密封。仓库密封就是利用绝热、防潮、不透气的材料把货品尽可能严密地封闭起来，从而隔绝空气、减小或降低空气温湿度对货品的影响，以达到货品安全储存的目的。

①密封方式。

a. 整库存密封。适用于进出不频繁、储存量大或整进整出的货品。整库密封时，地面可采用油毛毡、水泥沥青等制成防潮层隔潮，墙壁内涂沥青和油毛毡，外涂防水砂浆，库内做吊平顶，门窗边缘使用橡胶条密封，在门口可用气帘隔潮。

b. 按垛密封。适于露天存放的易生锈物资。没有经过干燥处理的新仓库，里面的货品在储存时也一定要实行分垛密封保管。在密封过程中，先用苫布或塑料薄膜垫好底，然后再将货垛四周围起，从而减少气候变化时对货品的影响。

c. 货架密封。适用于对出入库频繁、零星而又怕潮易霉、易锈蚀、易干裂、易生虫的小件物资。在储存时可在货柜内放一容器，内装氯化钙或硅胶等吸湿剂，从而保持货柜内干燥；如果要防虫，还应在货柜内放入适量的驱虫剂。

d. 按件密封。适于提价小、数量少的易霉、易锈蚀货品。例如金属制品、皮革制品、仪表和乐器等物资。

商品安全温、湿度如表 3－11 所示。

表 3－11　　商品安全温度和湿度表

商品名称	安全温度/℃	安全相对湿度/%
麻织品	25	55～65
丝织品	20	55～65
毛织品	20	55～65
皮革制品	5～15	60～75
橡胶制品	25 以下	80 以下
金属制品	35 以下	75 以下
塑料制品	－5～25	80 以下
竹木制品	30 以下	60～75
玻璃制品	80	80 以下
人造革	－10～20	75 以下
纸制品	35 以下	75 以下

②密封时期。密闭的时期应该依据当地气候变化规律和商品性质来确定。

a. 怕干裂的商品，应该在干燥期到来之前进行密闭。

b. 易溶、怕热的商品，应该提前在阴凉的季节进行密闭。

c. 易霉、怕潮的商品，应该在霉雨季节到来之前进行密闭。

③仓库密封时的注意事项：

a. 在密封前应检查货品质量、含水量和温度是否正常，如发现生虫、生霉、水淞、发热等现象就不能进行密封；如果发现包装材料过潮或货品含水量超过安全范围，也不宜密封。

b. 要依据货品的性能和气候情况来确定密封的时间。怕霉、怕潮、怕溶化的货品，要选择在相对湿度较低的时节来进行密封。

c. 常用的密封材料有油毡、芦席、塑料薄膜、防潮纸等，这些密封材料必须干燥清洁，无异味。

（8）吸潮。仓库吸潮是指利用化学或物理的方法，除去库内潮湿空气中的部分水汽，从而降低空气湿度，保持货物质量。仓库常用吸潮剂如表 3－12 所示。

表 3－12　　常见吸潮剂及其使用方法

名　称	注 意 事 项
氯化钙	1. 吸湿后会变成液体。 2. 不能放置在铁制容器中，不能接触包装或商品。
生石灰	1. 充分吸湿后会变成粉末。 2. 不宜使用于储存铝制品、毛织品、皮革制品等耐碱性弱的商品。
硅胶	1. 吸湿后仍为固体，但可依据颜色变化确定吸湿程度。 2. 价格较高，但性能稳定，而且能够长期使用，适用于贵重品仓库。

①吸湿剂吸潮。常用吸湿剂有：氯化钙、生石灰、木碳和硅胶等。

②去湿机吸潮。利用制冷装置，把潮湿空气冷却到露点温度以下，从而使水汽凝结成水滴被排出。

2. 易锈蚀商品种类

常见易腐商品如表3－13所示。

表3－13　　易锈蚀商品

金属制品	原　因	锈蚀后效果
钢制品	潮湿的空气中或与酸性介质接触	红棕色的铁锈
铜制品	在含有水蒸气或硫化氢的气体中	蓝绿色的铜锈
铝制品	含硫燃料燃烧后的工业废气、海洋大气和海水中	乌黑色的铝锈

3. 金属制品锈蚀的原因

（1）金属制品本身的原因。金属材料在成分、组织、物理状态等方面存在着各种各样的不均匀性和因热、冷加工而产生的不均匀性，这会造成电极电位不均导致锈蚀。

（2）环境的原因。

①温度。温度越高，金属锈蚀的速度就越快。但湿度对金属锈蚀的影响比温度的影响大。

②空气的相对湿度。金属在储存中，相对湿度越大，金属锈蚀的速度就越快。

③氧气。氧气对金属在大气中的锈蚀起着重要的作用。

④空气中的有害气体与杂质。如空气中的硫化氢、二氧化硫，工业废气中的氯气、氯化氢，大气中的灰尘微粒如沙粒炭粒、炭粒等，对金属的锈蚀起着明显的加速作用。

4. 易腐商品类别

常见易腐商品如表3－14所示。

表3－14　　常见易腐商品表

分　类	商　品
食品	糕点、糖果、罐头、饼干、肉类、鱼类、饮料、鲜蛋和酱醋
药品	以葡萄糖为主的各种糖浆；以糖液为主的各种糖浆；以淀粉为载体的丸剂、片剂、粉剂；以动物胶为主的膏药
日用品	化妆品
纺织品	丝、毛、棉、麻等天然纤维及其制品
工艺品	麻织品、竹制品、草制品、木制品、麻织品、绢花、木塑、绒绣等
皮革及其制品	皮箱、皮鞋、皮衣、皮包等

5. 易虫蛀商品的种类

容易虫蛀的商品，主要是一些由营养成分含量较高的动植物加工制成的商品，如表3－15所示。

表3－15　　易虫蛀商品的种类

商品种类	主要害虫
丝、毛制品与毛、皮制品	织网衣蛾、皮蠹、毛毡衣蛾以及毛衣鱼等
竹藤制品	烟草甲、竹长蠹和角胸厂蠹
纸张及纸制品	白蚁、毛衣鱼
卷烟、烟叶	烟草粉、烟草甲
干果	花斑皮蠹、米象

完成任务

仓库作业人员做好仓库温湿度管理，金属防锈管理及商品防霉与防虫管理，以确保在库货物不发生质量变化，即完成商品养护任务。

技能训练

技能训练一　库存物资防锈、除锈处理技术训练

【技能训练人员】

每5名学生一组。教师带队，并进行现场指导。

【技能训练准备】

准备所需材料：钢制品、铜制品、黑色金属制品、防锈油、钢丝刷、砂纸、手套或布。

【技能训练目标】

让学生掌握物资除锈、防锈的基本方法。

【技能训练步骤】

(1) 涂防锈层除锈。

①清洁金属制品的表面。

②使用软毛刷在金属制品的表面涂一层防锈油。

(2) 涂漆防锈。

①清洁金属制件的表面。

②用软毛刷在金属表面均匀涂上一层油漆。

(3) 手工除锈。

①发现出库内生锈的金属物品。

②利用钢丝刷、砂纸等对生锈的金属表面实施除锈。

③在物资表面涂一层防锈材料，如润滑脂、机油等。

④用防锈材料如油纸包装物品。

【技能训练评价】

物资防锈、除锈处理能力评价评分表如表3-16所示。

技能训练二　库存物资防霉、除霉处理技术训练

【技能训练人员】

每5名学生一组，教师带队，并进行现场指导。

【技能训练准备】

0.1%~0.3%的多菌灵、纸张、除氧剂、软毛刷、皮革制品。

【技能训练目标】

让学生掌握物资防霉、除霉的基本技术。

表 3-16 物资防锈、除锈处理能力评价评分表

评分人		被考评人	
考评地点			
考评内容	物资防锈、除锈处理技能		
考评标准	内容	分值/分	实际得分
	正确涂防锈油	20	
	正确涂油漆	15	
	正确用手工防锈	20	
	正确涂防锈材料	20	
	正确用防锈材料包装物资	15	
	遵守相关安全规定	10	
合计		100	

注：考评满分 100 分，60～74 分为及格；75～84 分为良好；85 分以上为优秀。

【技能训练步骤】

1. 化学防霉

（1）多菌灵防霉。

①用 0.1%～0.3% 浓度的多菌灵涂刷在皮革、纸张上防霉。

②将 0.1%～0.3% 浓度的多菌灵装入喷壶内，在仓库内进行喷洒防霉消毒。

（2）除氧剂防霉。将除氧剂放入商品包装内防霉。

2. 晾晒

（1）找出仓库内长霉物资。

（2）对不怕日晒的物资，可以摊在日光下曝晒；对不宜曝晒的物资，在通风的条件下摊晾。

（3）晾晒后除去霉迹。

（4）等物资温度下降至室温后，包装归位。

【技能训练评价】

物资防霉、除霉处理能力评价评分表如表 3-17 所示。

表 3-17 物资防霉、除霉处理能力评价评分表

评分人		被考评人	
考评地点			
考评内容	物资防霉、除霉处理技能		
考评标准	内容	分值/分	实际得分
	正确涂刷防霉剂	20	
	正确喷洒	10	
	正确放置	10	
	找出库内长霉物资	10	
	正确晾晒	20	
	正确除去霉迹	20	
	遵守相关安全规定	10	
合计		100	

注：考评满分 100 分，60～74 分为及格；75～84 分为良好；85 分以上为优秀。

教学研讨

(1) 如何组织商品养护作业任务的教学？在商品养护任务教学中需要注意哪些问题？

(2) 探讨控制仓库温湿度有哪些方法及各自的优缺点？

(3) 探讨金属防锈各种方法中哪种最为实用，为什么？

(4) 探讨预防库存物资防腐防虫的方法？在使用中有哪些注意事项？

任务二 在库盘点

任务描述

货物盘点是保证储存货物达到账、货、卡完全相符的重要措施之一，在库盘点任务要求盘点人员事前做好盘点的准备工作，实施盘点，然后核对盘点结果，并进行盘点结果处理，以确保货物在库数量的真实性及各种货物的完整性。

任务分析

1. 盘点前的准备工作。盘点前的准备工作是否充分，关系到盘点作业能否顺利进行。事先对可能出现的问题，对盘点工作中易出现的差错，进行周密的研究和准备是相当重要的。准备工作主要包括：

(1) 确定盘点程序和方法。根据本次盘点目标，在以往盘点方法的基础上加以改进，确定本次盘点的范围、程序和方法。若盘点的程序与方法已列入仓库盘点制度，则依制度来执行。

常见的盘点方法如表 3－18 所示。

(2) 确定盘点日期。可根据物资性质来确定盘点周期，也可根据财务部门成本决算的日期来确定盘点日期。

(3) 确定盘点人员。在进行定期盘点时，盘点工作量大、时限性强，为使盘点工作顺利进行，需从各部门抽调人手参加。

(4) 准备盘点表格和报表。准备盘点表、盘点记录表、盘点盈亏表等（表单格式见表 3－19 至表 3－21）。盘点票须统一编号、记数。

(5) 盘点工具准备。将盘点工作中所需的工具，如计量用具、红（蓝）色圆珠笔、复写纸、计算器、大头针、回型针等准备好。

表 3－18　　常见的盘点方法

按盘点是否到现场分	账面盘点		将每一种货品分别设立“存货账卡”，然后将每一种货品的出入库数量及有关信息记录在账面上，逐笔汇总出账面库存结余数，这样可以随时从电脑或账册上查悉货品的出入库信息及库存结余量
	现货盘点	期末盘点法	将所有货品一次点完，工作量大且严格
		循环盘点法	通常对价值高或重要的货品检查的次数多，而且监督也严密一些，而对价值低或不太重要的货品盘点的次数可以尽量少
按盘点货品的全面性分	全面盘点	对仓库中的所有货品都进行盘点	
	局部盘点	对每天动过、碰过、发出过的货品在发货后随即轧查点结	
按盘点时间的固定性分	定期盘点	固定在每月或每季的某一时间所进行的盘点	
	临时盘点	根据需要临时进行的突击性盘点	

表 3－19　　盘　点　表

日期：	No：
物资编号：	
品名规格：	
单位：	
数量：	
盘点人签名：	
复盘数量：	
复盘人签名：	
备注：	

表 3－20　　盘 点 记 录 表

盘点日期：　　页数：

序号	盘点票号	货物编号	单位	品名	规格	初盘数量	复盘数量	确认数量	备注

表 3－21　　盘 点 盈 亏 表

序号	盘点票号	货物编号	单位	品名	规格	实盘数量	账目数量	差异数量	单价	差异金额	差异原因

主要事项说明：

日期：

(6) 清理仓库。在进行实地盘点之前，为了更容易进行盘点，仓管人员及其他相关人员要对放置货物的场地进行清洁整理，仓库物资的清理最好按照5S活动中的整理、整顿规范来进行，如表3-22所示。

表3-22　　仓库物资清理的要点

仓库货物清理要点	供应商所交来的物资尚未办完验收手续的，不属于本企业的物资，所有权应为供应商所有，必须与企业的物资分开，以免盘入企业物资当中
	验收完毕的物资应即时整理归仓，若来不及入仓，可暂存于场内，并登记临时账
	仓库管理人员应于正式盘点前进行自行盘点，若发现有问题应进行必要且适当的处理，以利于正式盘点工作的进行
	仓库关闭之前，必须通知各用料部门预领关闭期间所需的物资
	将所有单据、文件、账卡整理就绪，未登账、销账的单据均应结清
	将呆滞物资、不良物资和废旧物资预先鉴定，与一般物资划定界限，以便正式盘点时进行最后的鉴定
	清理清洁仓库，使仓库井然有序，便于计数与盘点

2. 盘点实施工作

(1) 划分盘点区域。将仓库或盘点区域划分为几个区域，确保各区域之间不重合、不留空白。

(2) 人员分配。根据所划分的盘点区域及盘点计划表，应将盘点人员分成几个组，每组负责一个区域。分组时，应该注意将专业人员与非专业人员进行搭配组合，以提高盘点效率。

(3) 盘点工作实施。盘点人员按照盘点时间表的安排完成仓库内存货盘点，并在盘点单上记录品种规格、代码、数量等内容，盘点责任人进行账目和支持文件的核对。

盘点人员依据分工，按顺序对所负责区域内的货物进行点数。根据库存货物的计量单位不同，应该采用不同的清点方法，如表3-23所示。

表3-23　　商品盘点方法

方　法	相应内容	注意问题
计件商品	以件（箱、捆、包）为单位的商品先清点件数，再换算成计账单位后与账、卡核对	注意包装容量不同的商品，应分别清点，以免造成盘点错误
计重商品	对于有标准重量的商品，只要件数相符，即可作为重量相符	零头尾数有疑问者应过磅计量，如不超过规定损耗率，作账货相符处理，如超过规定损耗率，作不符处理
计尺商品	包装容量一致的计尺商品，以件为单位计数	包装容量不一致的计尺商品，必须逐件核对磅码单

(4) 填写盘点单。盘点单一般为一式两联，盘点人员应根据清点后的数量，填写盘点单的第一联，另一联供复盘人员填写。

(5) 复盘。

①复盘时，复点者要先检查盘点配置图与实际现场是否一致，以及是否有遗漏的区域。

②复盘可于初盘进行一段时间后开始进行，复盘者需手持初盘者已填好的盘点表，依序检查，再将复盘的数字记入复点栏内，计算出差异，填入差异栏，并在“复盘人”栏中签字。

若复盘数量与初盘数量不一致，则应由初盘人员对其进行再次清点，以确定最终的数量。

（6）抽盘。

①抽盘者同复盘者一样，也要先检查盘点配置图与实际现场是否一致，以及是否有遗漏的区域。

②抽盘者抽点商品时，可选择盘点区域的死角、不易清点的商品、单价商品和数量多的商品，以及盘点表上金额较大的商品。

③抽盘者要对初盘与复盘差异较大的数额进行确认。

④抽盘人员应根据抽盘结果反映出的盘点及物资管理的相关问题，对盘点及物资的日常管理工作提出建议。

（7）货品盘点作业实施的注意事项。盘点时的注意事项如表 3－24 所示。

表 3－24　　货品盘点作业实施的注意事项

	注意问题
盘点前	做到“三清、两符、一归”，即票证数清、现金点清、往来手续结清；账账（会计账与保管账）相符、账单（账簿与有关单据）相符；各仓库保管员按常规、非常规等大类、规格将全部库存货品整理归类码放
盘点中	按 ABC 分类法进行
盘点时	将盘点票填写好，数量一栏应将箱数、包数等填上
初盘完成后	将初盘数量记录于“盘点表”上，将盘点表转交给复盘人员
复盘时	由初盘人员带复盘人员到盘点地点，复盘人员不应受到初盘之影响
盘点人员	必须由三人组成一个盘点实施小组，盘点人负责有顺序的唱报货品型号，由仓库保管员担任；记录人负责盘点货品型号的记录工作
盘点过程中	停止所有货品的进出库动作，要保证仓库不进不出
盘点责任	盘点作业要确定责任区域落实到人

3. 盘点结果核对

（1）统计盘点结果。盘点后应将盘点单按编号收回，并根据盘点单上的最终货物数量，统计货物的总量。

（2）核对盘点盈亏。将盘点所得库存商品实存数量与库存账目数量进行核对。如若发现实存数大于账面结存数量或有物无账的情况，即发生了商品的盘盈；若发现实存数小于账面结存数量或有账无物的现象，即发生了商品盘亏。

4. 盘点结果处理

盘点工作结束后，将实际库存与电脑库存相核对，若发现账物不一致，则应查明原因并进行分析。

（1）分析差异原因。盘点差异产生的原因是多方面的，因此，出现盘点差异时，仓库管理人员应该按照图 3－10 所示的顺序追查差异产生的原因。

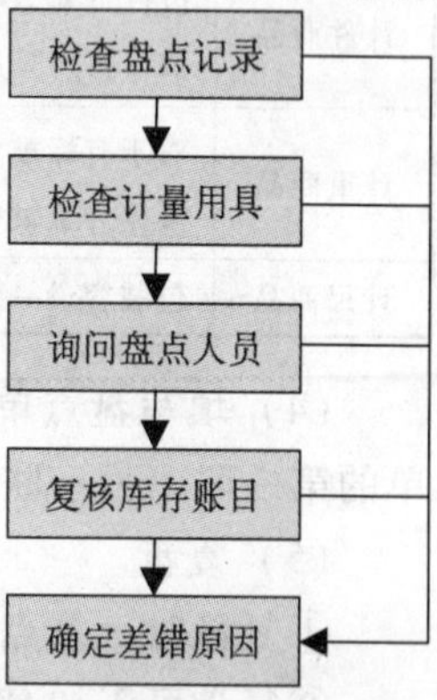

图 3－10　盘点差异原因分析步骤

（2）盘点结果处理。

①盘盈、盘亏分析。通过盘盈、盘亏表，分析数据的成因，寻找盘盈、盘亏的原因，最终生成盘点单，如表 3－25 至表 3－27 所示。

表 3－25　　盘点分析表

序号	货品名称	包装单位	型号规格	上期盘点			本期出库			本期入库			本期盘点			缺货次数	标准单价	平均单价	价差原因
				数量	单价	金额	数量	单价	金额	数量	单价	金额	数量	单价	金额				

表 3－26　　盘点调查表

年　　月　　日

货品名称	编号	包装单位	账面现结存款	增加数	减少数	调整后节存款	调整原因说明

表 3－27　　盘点总结报告表

货品名称	所属类别	编号	规格	单价	盘点情况	存在问题	改善建议或措施

②盈亏处理。盘盈盘亏原因查明后，要在盘点表单中分别列明盘盈盘亏物资的名称、规格、数量、单价、金额和原因等，按规定程序报批后，将盘盈物资入账。此外，仓库对于流动频繁、易短缺的物资要适当增加盘点次数；对贵重物资则要经常盘点，以加强监督、防范错误。

5. 上报盘点结果

通过盘点工作，查清实际库存后，仓库管理人员及其他相关人员应向上级部门及时报告盘点结果。

根据盘点后的结果及领导的批示，仓库管理人员要办理库存账目、货物明细卡的更改手续，以保证账、物、卡相符。

6. 盘点的事后工作

（1）依据管理绩效，对分管人员按照公司相关规定实施奖惩。

（2）商品、物资管理卡等的账目纠正。

（3）呆、废料的处理。

①呆料的处理。呆料处理方法如表 3－28 所示。

表 3－28　　呆料处理方法表

处理方法	调拨其他单位利用
	修改后再利用
	打折出售给原来的供应商
	无利用价值时可焚毁
	与其他公司物物交易处理
	作为废料处理

②废料的处理。

a. 出售。规模较小的企业，在废料积累到一定程度时出售处理。

b. 回收。规模较大的企业，可将废料集中一处并从事物料解体的工作，将解体后的物料重新加以分类处理，并最大程度地回收再利用。如表 3－29 所示。

表 3－29　　库存物资报废表

<table>
<tr><td rowspan="2">物资名称</td><td colspan="2">物资种类</td><td colspan="2">物资编号</td><td colspan="2">报废数量</td><td>原用途或制造编号</td></tr>
<tr><td colspan="2">□设备工具类
□产品类
□原材料类
□行政物资类</td><td colspan="2"></td><td colspan="2"></td><td></td></tr>
<tr><td>报废原因</td><td colspan="4"></td><td colspan="2">处置方式</td><td></td></tr>
<tr><td>成本计算</td><td colspan="4"></td><td colspan="2">价值评定</td><td></td></tr>
<tr><td>材料</td><td></td><td colspan="2">分摊费用</td><td colspan="2"></td><td>单位成本</td><td></td></tr>
<tr><td>人工</td><td></td><td colspan="2">合　计</td><td colspan="2"></td><td>合计单位</td><td></td></tr>
<tr><td>经理</td><td></td><td colspan="2">价值评定</td><td colspan="2"></td><td>填表人</td><td></td></tr>
<tr><td>入账</td><td></td><td colspan="2">填表日期</td><td colspan="2"></td><td>审核人</td><td></td></tr>
</table>

相关知识

1. 盘点员的岗位职责，如图 3－11 所示

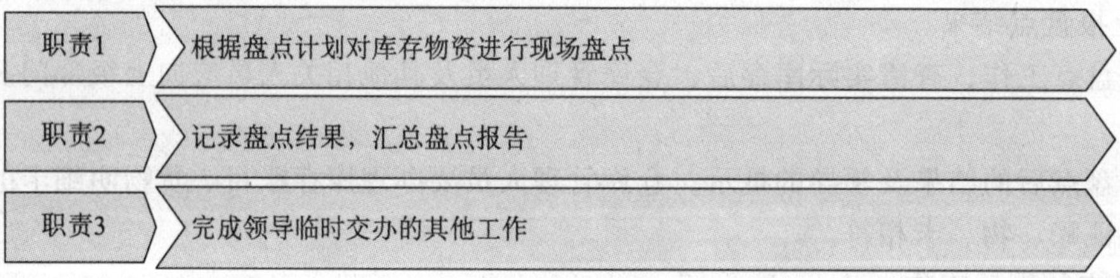

图 3－11　盘点员岗位职责

2. 仓库盘点管理

（1）工作流程，如图 3－12 所示。

（2）工作流程说明，如表 3－30 所示。

3. ABC 盘点分级管理

（1）基本思想。将库存物品按品种和占用资金的多少分为特别重要的库存（A 类）、一般重要的库存（B 类）、不重要的库存（C 类）3 个等级，然后针对不同等级分别进行管理和控制。

对于怎样划分各物品在每年消耗的总金额的比例，ABC 分类没有一个统一的标准，一般是遵循下面的规律，如表 3－31 所示。

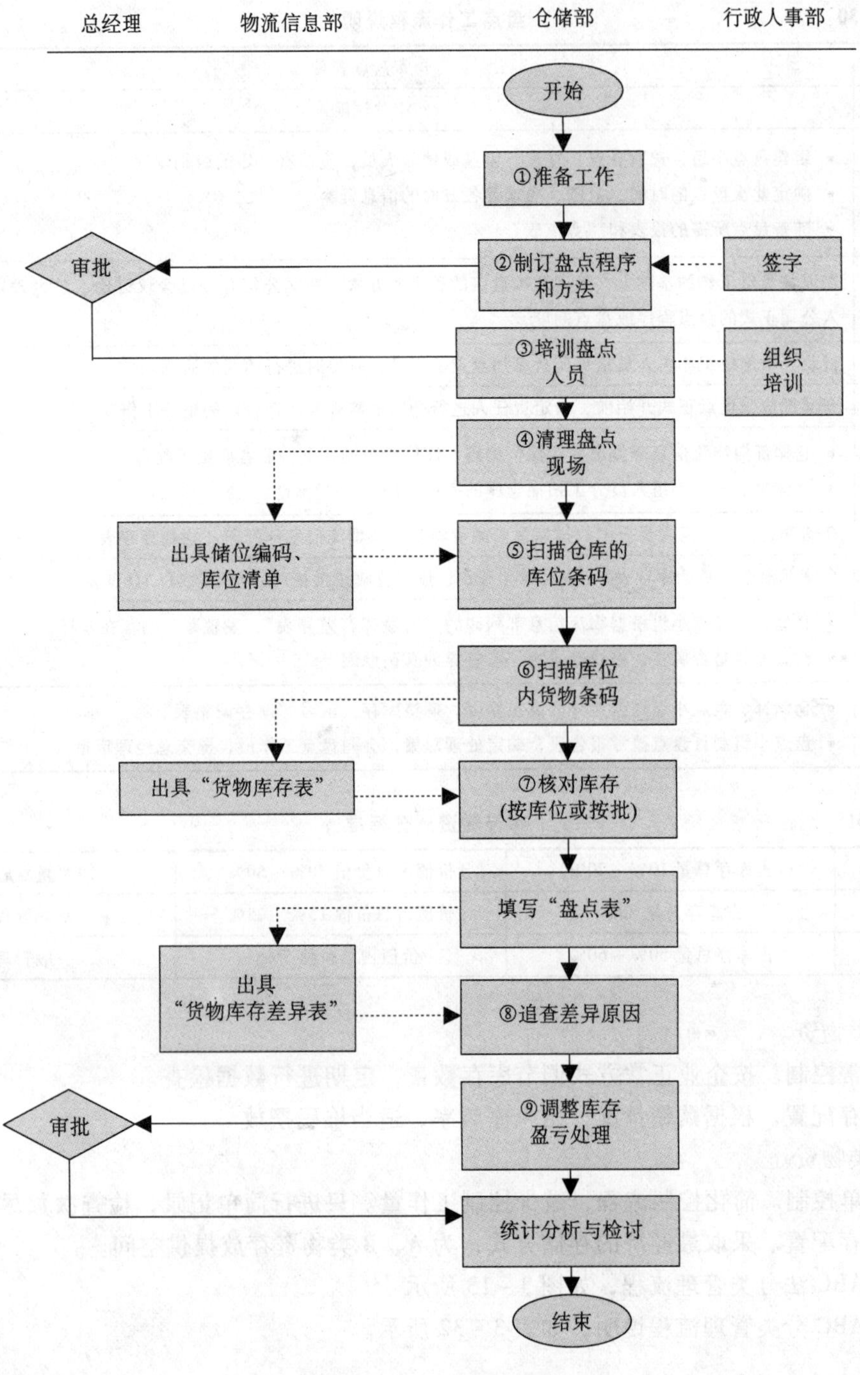

图 3－12 仓库盘点流程

(2) 成品库存控制。

①A 类物资。

a. 严格控制。要求准备最完整、最精确的作业记录，以及最高的作业优先权。

b. 库存配置。A 类物资应放置在最靠近客户的配送中心，客户订货后马上就能送到客户手中，以便及时提供优质服务。

表 3－30　　盘点工作流程说明

任务概要	仓库盘点管理
节点控制	相关说明
①	• 组建盘点小组，选取盘点、复盘、监盘或抽盘人员，应该有一定的级别顺序 • 确定此次盘点的时间、范围、要求等各方面的信息资料 • 准备盘点所需的报表和“盘点表”
②	在以往盘点工作的基础上，确定此次盘点的程序和方法，提交公司并经过会议讨论、总经理审批后，列入公司正式的盘点程序或盘点制度
③	行政人事部组织相关人员培训所有参加盘点的人员，必要时进行相关的演练
④	仓储部应于盘点正式开始前，指定责任人进行仓库的清理和库存台账的整理工作
⑤	• 仓储部向物流信息部提出列印储位编码、库位清单的要求，后者应给予配合 • 仓储部、盘点小组人员分工扫描仓库的库位条码
⑥	仓储部、盘点小组人员分工扫描库位内的货物条码，物流信息部列印“货物库存表”
⑦	仓储部根据“货物库存表”，核对库存现状，按库位或按批核对，同时填写“盘点表”
⑧	• 仓储部、盘点小组根据物流信息部列印的“货物库存差异表”，发现账、物存在差异 • 检查差异是否属实，查找造成物、账差异的真正原因
⑨	• 仓储部、盘点小组根据差异的真正原因，调整库存，填写“库存调整表” • 盘点小组制订盘点盈亏报告表，确定处理对策，会同盘点工作报告提交总经理审批

表 3－31　　库存物资划分标准

A 类	占库存总量 10%～20%	价值占总价值 70%～80%	需要重点管理
B 类	占库存总量 30%	价值占总价值 15%～25%	常规管理
C 类	占库存总量 50%～60%	价值占总价值 5%	一般管理

②B 类物资。

a. 正常控制。按企业正常方式调节库存数量，定期进行数据检查。

b. 库存配置。根据购销情况、出入库频率，适当堆码摆放。

③C 类物资。

a. 简单控制。简化控制流程，减少控制工作量。只进行简单记录，检查次数尽量减少。

b. 库存配置。采取最经济的存储方式，为 A、B 类物资存放提供空间。

（3）ABC 法分类管理流程，如图 3－13 所示。

（4）ABC 分类管理流程说明，如表 3－32 所示。

完成任务

仓库作业人员依次做好盘点的准备工作，实施盘点，核对盘点结果并进行盘点结果处理，确保货物在库数量的真实性及各种货物的完整性后，即完成货物在库盘点任务。

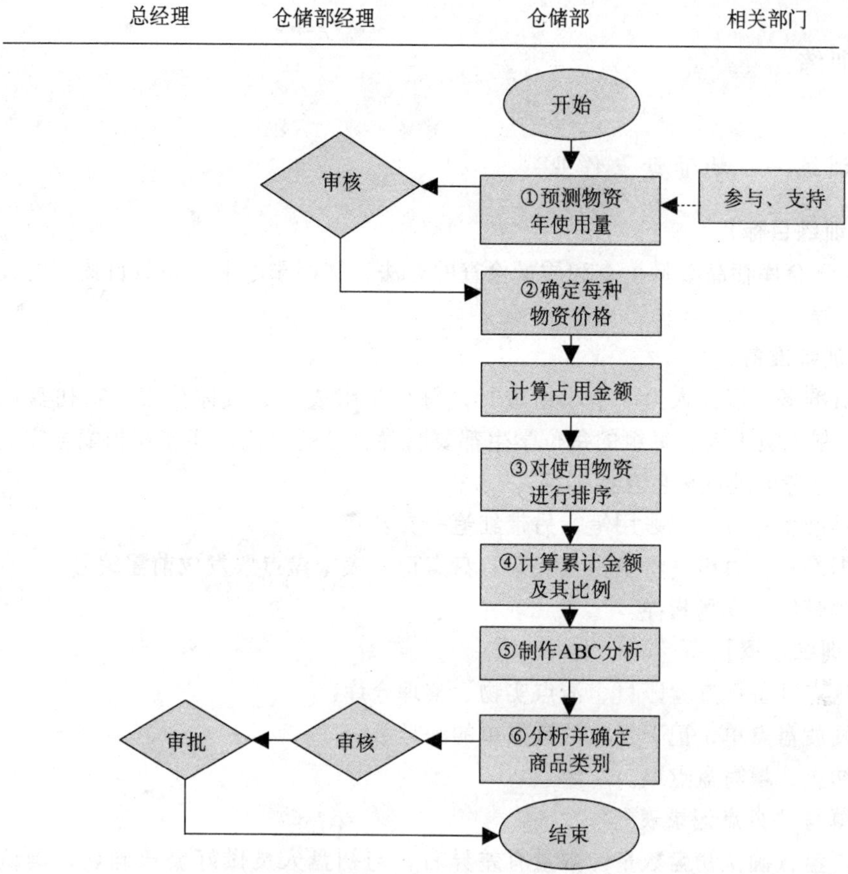

图 3－13 ABC 分类管理流程

表 3－32 ABC 分类管理流程说明

任务概要	ABC 分类管理
节点控制	相关说明
①	库存控制专员根据企业生产计划和采购计划，在同上年同期出、入库数量进行比较的基础上推断物资的年使用量
②	在确定每种物资的价格时，应当选用统一的计算方法，可以选择进货价格或出货价格作为统一计算标准
③	通过物资单价乘以物资数量，计算出每种物资的占用金额，并按照年占用金额的大小排列出全部品种的商品
④	按照商品占用金额多少，将其编号、使用量、单件、占用金额填入 ABC 分析表，并计算出库存累计占用的总金额及各种商品占用库存金额的比例
⑤	以累计品种数为横坐标，累计占用资金比率为纵坐标，绘制 ABC 分析图
⑥	一般而言，A 类商品品种占库存总数的 10% ~20%，所占金额占总数的 70% ~80%；B 类物资品种占存货总数的 30%，其价值占总金额的 15% ~25%；C 类物资品种占存货总数的 50% ~60%，但其价值只占总金额的 5%

技能训练

技能训练一　物资盘点作业

【技能训练目标】

使学生学会库存品数量检查和质量检查的方法，掌握账、卡、物数目核对的技能，熟悉盘点工作过程。

【技能训练准备】

1. 人员准备：以 3 人为一个小组进行，每个小组成员的具体分工是：初盘员 1 人、复盘员 1 人、制表员 1 人。每组的每位学生都要明确自己的角色，能够互相配合完成一次盘点作业流程。可考虑进行角色互换训练。

2. 工具准备：带好记账用笔，另带红笔一支。

3. 单据准备：每组一份空白盘点票、盘点记录表。盘点票发放前需编号。

4. 教师带队，现场指导。

【技能训练步骤】

（1）盘点准备：查验账目、清点实物、整理仓库。

（2）发放盘点单，记下发放的盘点单的编号数。

（3）初盘，填写盘点票。

（4）填写“盘点记录表”。

（5）复盘，确认初盘数量。数量有差异者，与初盘人员做好复核确认，确认后数据记录于“盘点记录表”上。

（6）若模拟过程未发生盘点票填写错误，则由教师提供填写错误的盘点票，要求学生用正确的方式修改错误。

（7）若模拟过程未发生盘点数量差异，则由教师提供初盘复盘差异数据一套，要求学生进行处理。

（8）复盘完毕，从实物处取下盘点票。

【技能训练注意事项】

不同的盘点小组在不同的指定区域内作业。学生要明确自己的角色，并熟悉各个角色的工作职责，严格按程序操作；填写各种表格单据要认真、规范。

该训练可以在校内实训室进行，也可以在校外实习基地完成。如果实习工位不够，可将全班分为两大组，每一大组分初盘人员与复盘人员两种角色，并进行角色互换训练。

【技能训练评价】

实施盘点能力评价评分表，如表 3－33 所示。

【技能训练活动建议】

建议安排学生到企业的仓库进行实地盘点情况调查，搜集有关盘点方式方法的第一手材料。

表 3－33　　盘点能力评价评分表

考评人			被考评人	
考评地点				
考评内容	实施盘点业务			
	内　容		分值/分	实际得分/分
考评标准	盘点前期准备工作充分		5	
	填写盘点票认真、准确、清晰		20	
	填写盘点记录表认真、准确、熟练		20	
	采用正确的方式修改填写错误的盘点票		15	
	复核、填写复盘数据认真、准确		15	
	采用正确的复核确认方式处理初盘复盘有差异的盘点数据		15	
	盘点作业流程完整，没有遗漏		10	
合　计			100	

注：考评满分为 100 分，60～70 分为及格；71～80 分为中；81～90 分为良好；91 分以上为优秀。

技能训练二　ABC 盘点法的运用

【技能训练目标】

1. 掌握库存管理中划分 A、B、C 三类货品的标准及划分的一般步骤。
2. 能够准确运用 ABC 分类管理方法对货品采取有效的管理手段。

【技能训练准备】

1. 背景资料。
2. 计算器和纸张、铅笔等。
3. 学生每 6 人分成一组，设组长 1 名，由组长负责组织小组讨论案例资料。
4. 职业能力训练过程中要求教师现场指导，及时解决学生遇到的实际问题，准确了解学生的训练动态及熟练程度。

【技能训练步骤】

1. 搜集数据。
2. 处理数据。
3. 绘制库存货品 ABC 分类表。
4. 确定 ABC 库存分类管理方法。

【技能训练评价】

ABC 分类法的运用职业能力训练评价评分表如表 3－34 所示。

教学研讨

1. 如何组织货物在库盘点作业任务的教学？在货物在库盘点作业任务教学中需要注意哪些问题？
2. 探讨在货物盘点前有哪些准备工作？
3. 探讨在货物盘点实施过程中要做哪些工作？注意哪些问题？

表 3－34　　ABC 分类法的运用职业能力训练评价评分表

考评人		被考评人	
考评地点			
考评内容	ABC 分类法的运用		
考评标准	内　容	分值/分	实际得分/分
	准确理解 ABC 分类法原理、分类	15	
	严格遵循 ABC 分类法的基本步骤	25	
	资料搜集完整，数据处理合理、正确	25	
	能有针对性地对 ABC 三类货物分别进行管理和控制	20	
	表格编制内容完整、美观，实训态度端正	15	
合　计		100	

注：考评满分为 100 分，60～70 分为及格；71～80 分为中；81～90 分为良好；91 分以上为优秀。

任务三　仓库的安全管理

任务描述

仓库是进行安全管理的重点区域，加强仓库的安全管理，增强员工的安全意识，是每一位仓库管理者的责任。不了解安全管理的基本知识，就会给仓库带来巨大的安全隐患，甚至造成巨大的人身、财产损失。本任务是进行仓库的安全管理，主要包括进行仓储的消防安全管理、危险品管理两方面。

任务分析

1. 管理消防安全。

（1）仓库消防设置。如果仓库的某一部分发生火灾，某些特殊的构筑物或建筑物能够将火势限制在一定的范围内，防止其蔓延危及整个仓库。

消防设置主要有以下几种，如表 3－35、图 3－14 所示。

（2）仓库消防措施。为了防患于未然，必须抓好防火安全措施。仓储企业平时应该注意采取有效措施以避免火灾发生。仓库消防安全必须实行“谁主管，谁负责”的原则，贯彻“预防为主，防消结合”的方针。平时防患措施有力，即使发生了火灾，也可以及时把火扑灭，将损失降低到最低程度。

①仓库火灾的特点，如表 3－36 所示。

表 3－35　　主要的消防设置

消防设置	作　用
防火墙	防火墙要直接建筑在房屋的地基上，其厚度应该考虑到发生火灾时的烘烤时间，其高度应超出屋顶。
防火隔离带	贮木场的木垛之间、大的楞垛之间，也必须按规定留出足够的隔离距离，且防火带内禁止临时存放可燃物料。
防火门	防火门是用耐火材料制成的，万一库房起火，扑救不及，能关闭此库房的防火密封门，以免火势蔓延到其他库房。
灭火器	由于灭火剂的不同，能够把灭火器分成不同类型，适用于不同原因产生的火灾。
消防水桶	消防水桶应做成尖底，漆以红色，按仓库面积每 50 平方米，至少配备一个，通常独立的库房至少配备 4 个，挂在出入口外墙明显处。
消火栓箱	具有灭火、给水、报警和控制等功能。适用于室内消防系统的库房、厂房、民用住宅和高层建筑等。
消防应急灯	通常具备三大功能系统：①消防疏散功能系统；②消防工作照明功能系统；③应急疏散标识功能系统。
消防应急包	通常有灭火器 1 个、应急包箱 1 个、不锈钢挂钩 1 个、自救呼吸器（防毒面罩）1 具、腰斧 1 把、防水探照灯 1 个、逃生绳 1 条。

仓库防火墙

隔离带

防火门

灭火器

消防水桶

消防栓

消防应急照明灯

消防应急包

图 3－14　消防设置图

表 3－36　仓库火灾的特点

火灾特点	产生火灾原因
仓库位置偏僻	因为地理条件的限制，这些地方大多消防能力差，火灾发生后也不易及时发现并报警。
仓库大空间和大跨度仓库结构	仓库这种大空间、大跨度的特点，使火灾初起阶段的发展蔓延提供了一定的条件，而且过火速度快，燃烧易形成规模效应。
仓库建筑耐火等级低	在发生火灾情况下，仓库的这一特点，是造成在短时间内库房的承重构件倒塌的主要原因，并且对消防人员的战斗行动提出了更高的要求。
规划布局不规范，防火通道堵塞	某些企业将车间、仓库合为一处，必要的防火安全标准达不到；发生火情后码放货品往往“火烧连营”，又因为消防通道被堵塞，经常人为延误了救火的最佳时机，引起不必要的损失。
仓库管理人员少，火灾发现晚	下班后库区常只有值班室有人值班，人员减少，不能及时发现火情而延误扑救时间。等有人发现报警，消防队到场后，火势已扩大到一定规模。
高度密集堆放大量的可燃物	仓库的功能决定仓库内会高度密集存放大量的可燃物，为猛烈燃烧提供了燃料，一旦发生火灾，造成的损失相当大。
燃烧猛烈，蔓延迅速	当发现火灾后打开库房准备投入扑救时，因为氧气的补充和空气的瞬间流通，使火势迅速蔓延、扩大成灾。
火焰钻心，纵深发展	当仓库内可燃货品堆垛或堆架发生火灾时，起初火势仅沿着货架和堆垛的表面蔓延，但很快就会沿着堆垛的缝隙向内部纵深发展，所以，在扑救仓库火灾的过程中，常常要持续很长时间，坚持打持久战。
烟雾弥漫，毒气伤人	仓库内部发生火灾时，因为可燃物多且空气又不流通，加上可以排烟的门、窗很少，因此库房内烟雾很大；而某些危险化学品在一定条件下会引起燃烧、爆炸并造成灼伤、人体中毒、死亡等事故。

②仓库火灾的扑救对策。

a. 火情侦察。一旦货品仓库发生火灾，首先必须了解清楚火场情况，科学地制订灭火方案，合理使用灭火参战力量。

知识链接

灭火小常识

（1）发现火灾迅速拨打火警电话 119。报警时要讲清详细地址、起火部位、着火物质、火势大小、报警人姓名及电话号码，并派人到路口迎候消防车。

（2）燃气罐着火，要用浸湿的被褥、衣物等捂盖灭火，并迅速关闭阀门。

（3）电器或线路着火，要先切断电源，再用干粉或气体灭火器灭火，不可直接泼水灭火，以防触电或电器爆炸伤人。

（4）救火时不要贸然打开门窗，以免空气对流，加速火势蔓延。

i 火情侦察的主要任务：

- 仓库内储存货品的种类及火灾危险性；
- 火点部位和火区面积，火势蔓延的主要方向与范围；
- 灭火实施路线及能够利用的地形地物条件；

- 有无被困人员及所在位置；
- 是否有通风孔洞或导热性能良好的金属管线凸起楼板或墙壁；
- 仓库内有没有防火分隔物，是否可以被利用；
- 仓库内有无消防储水池及其储水量，有无消防设施及其完好情况等。

ii 火情侦察的主要方法：仓库火灾的侦察步骤，能分为初步侦察和反复侦察两个部分。具体方法如表 3 – 37 所示。

表 3 – 37　火灾侦察方法

方　法	具体内容
图上侦察	借助于单位平面图和灭火作战计划，了解单位布局、起火部位和周围环境。
询问知情人	通过单位工程技术人员和仓库保管员，进一步调查和了解燃烧物质的数量、性质及存放方式。
实地察看	派火情侦察小组，直接深入火区内部，通过直接观察和使用仪器等手段，对火点位置及火势蔓延方向进行确认。

b. 控制火区与消灭火势。在火情侦察的基础上，依据火场当时的情况及到场力量的多少，遵循先控制、后消灭的战术原则，应先从控制火势开始，在控制的基础上再逐步消灭火势。如表 3 – 38 所示。

表 3 – 38　常见的灭火方法

方　法	使用原理
隔离法	将已经燃烧起来的物料与周围环境和其他可燃物资隔离或移开周围其他可燃物资，使之限制在一定的范围内，火势会由于缺少可燃物而停止，不至于蔓延扩大而引起更大的损失。
窒息法	阻止空气流入已燃烧的物体或燃烧区域，使燃烧物周围或燃烧区域空气中氧的含量降低，以达到灭火的目的。
冷却法	降低燃烧区域或燃烧物的温度，使燃烧物的温度迅速降到燃点以下，这样燃烧区域或燃烧物质就无法继续燃烧。
化学抑制法	将灭火剂喷入燃烧区，灭火剂参与到燃烧反应中，通过抑制反应，中断燃烧链的正常传递，从而使得燃烧反应停止。

c. 疏散与保护货品。如果燃烧火势猛烈，到场力量又较少，下风方向受火势威胁的货品易于搬运时，应该将灭火力量主要用于掩护，组织一定的物力、人力在水枪掩护下把货品疏散出去。

若受火势威胁的货品不易搬运，可以使用覆盖物或苫布遮盖，主动进行保护。在保护货品与组织疏散的过程中，应该预先组织好车辆、人力和其他运输工具，确定疏散路线、顺序及方法，划出货品堆放点，并派专人进行保护和看守。

③防火安全的基本措施。

a. 建立健全消防制度和防火组织。物资仓库需要建立以仓库主要负责人为首的防火组织。

b. 一切防火灭火工具器材，例如，各种工具、消防车、灭火器、消火栓、水源、消防沙袋等，都要随时处于良好的使用状态；库房内的灭火设施要齐备，且要放在明显的地方。每年要定期检查几次，失效的、不合格的应随时更换。

c. 定期将有关消防器材的使用、性能、维护培训给全体职工，让人人熟悉消防知识和灭火工具的使用。

d. 库内严禁使用明火，若需进行明火作业（如气切割、电焊等），必须在规定的范围内进行，并设置警戒人员，用完立刻对现场进行清查，防止火灾发生。

e. 经常检查库内的用电器具、输电线路，发现隐患立即请电工清除。

f. 为了仓库内高大的建筑物和重点的库房的安全，应设置良好的避雷装置。

g. 物资仓库内的化工等危险品及专门的火药仓库是重点的防火对象，对其要有严密的防火灭火组织和更加详细的防火灭火规则，采取严格的防火灭火措施。因为它们一旦发生火灾常常会伴随着爆炸，这不仅仅会危及仓库本身，甚至还会危及周围的建筑及居民的生命财产安全。

2. 管理危险品仓库

(1) 了解化学危险品的特性。按不同危险属性的化学危险品可以分为氧化剂与有机过氧化物、爆炸性商品、压缩气体与液化气体、遇水燃烧商品、自燃商品、易燃固体、易燃液体、腐蚀性商品、放射性商品和毒害性商品。按照其危害，可以将这些商品分为易燃烧类商品、易爆炸类商品和易伤害人体的商品三大类。

①了解易爆炸类商品特性。易爆炸类商品包括爆炸性商品、氧化剂与有机过氧化物、压缩气体与液化气体，它们的特性如表 3－39 所示。

表 3－39　易爆炸类商品的特性

危险品类型	危险特性	常见商品
爆炸品	摩擦、振动、撞击、高热、受热或其他因素的诱发，能瞬间产生大量的热量和气体，使周围气压急剧上升，发生爆炸，从而对周围环境造成破坏	火药、TNT 炸药、雷管、烟花爆竹、白磷、黄磷等
压缩气体与液化气体	将液化、压缩或加压溶解的气体，存储于耐压容器中，受冲击或高温时有泄漏或爆炸的可能	液态氧气、液体氢气、液态氯气、液态氮气、摩丝等
氧化剂与有机过氧化剂	具有强氧化性，遇热会分解、燃烧、爆炸等危险，与还原剂、可燃物质接触有爆炸的可能	亚硝酸钠、高锰酸钾、漂粉精、过氧化苯甲酰、氯酸钠、化肥等

②了解易燃烧类商品特性。易燃烧商品包括自燃商品、易燃固体、易燃液体、遇水燃烧商品等，它们各自的特性如表 3－40 所示。

表 3－40　易燃烧类商品的特性

危险品类型	危险特性	常见商品
易燃固体	燃点低，对热、摩擦、撞击敏感，容易被外部火源点燃，而且燃烧迅速，若与强氧化剂剧烈反应会有发生燃烧爆炸的危险，本身或燃烧的产物有毒	镁粉、铝粉、火柴、硫磺、赤磷、松香、硝基化合物、含磷的化合物
易燃液体	在常温下以液体状态存在，遇火容易燃烧，一般还具有易扩散、易挥发性，当蒸汽与空气混合后还会有爆炸的可能	酒精、汽油、乙醚、丙酮、二甲苯等
自燃品	燃点低，不需要接触明火自身就会燃烧，凡是能促进氧化作用的一切因素都会促进自然	黄磷、硝化纤维片基、油布及其制品
遇水易燃品	受潮或遇水时发生剧烈化学反应，放出大量易燃气体和热量的物品，当达到气体燃点后有爆炸的危险	锂、钾、钠石灰氮、电石粉等

③了解易伤害人体商品的特性。易伤害人体的商品包括放射性商品、腐蚀性商品及毒害性商品，它们各自的特性如表3－41所示。

表3－41　易伤害人体的商品特性

危险品类型	危险特性	常见商品
腐蚀性商品	能灼伤人体的组织，并对金属造成损坏，其散发出的蒸汽、粉尘、烟雾等还会强烈刺激人的眼睛和呼吸道	硫酸、磷酸、硝酸、次氯酸钠、氢氧化钠、氨水、甲醛等
毒害性商品	通过吸入、被误服或皮肤进入人体，累计达到一定的量后，会破坏或扰乱人体的正常生理功能，吸引暂时或持久性的病理状态，甚至危及生命，有些毒害品还易挥发或与酸起反应，放出剧毒气体	氰化物、氯仿、砒霜、敌敌畏、磷化锌等
放射性商品	能自发不断地放射出人感觉不到的射线，从而破坏人体组织、杀死细胞，长时间或大剂量照射，会引起伤残甚至死亡	独居石、放射性同位素、铀矿、夜光粉等

（2）认识仓库结构。危险品库场建筑形式有地下仓库、半地下仓库和地面仓库，还有窑洞以及露天堆场，使用时要依据货物的性质采用不同的形式。如表3－42所示。

表3－42　不同危险品仓库的结构

类　型	要　求
压缩气体	应采用耐火材料建筑，库顶用轻质不燃材料，库内高度应大于3.25米，并安装有避雷装置，库门库窗应向外开启，以减小爆炸时的波及面。
易爆炸性货物	最好采用半地下仓库，这种仓库2/3在地下，地面库壁用45度斜坡培土，库顶用轻质不燃材料，库外四周修建排水沟。
氧化剂	储存氧化剂的仓库应采取降温和隔热措施，并保持干燥。
遇水易燃物品	这类货物应储存在干燥、地势较高且湿度、温度易于控制的库房内。
自燃物品	这类物品能与空气中的氧气发生反应，使货物本身升温，当温度达到其自燃点时就会燃烧。因此应置于干燥、通风、阴凉的库房内，库壁采用隔热材料。
有毒物品	将散发有害气体的货物单独存放在库房内，且通风条件要好，并配备毒气净化设备。
腐蚀性物品	存放腐蚀性物品的仓库应采用防腐材料，物品应放置在干燥、阴凉、通风较好的库房内。
放射性物品	应采用铅板材料铺设库壁和门窗，物品应放置在干燥、阴凉、通风较好的库房内。

（3）选择储存仓库。因为化学危险品具有易燃、易爆，甚至有可能会对人员造成危害的特点，在选择危险品储存仓库时，需要考虑以下几方面：

①仓库必须远离居民、建筑物、交通线、工厂，库房之间也要设定一定的安全距离。

②库房必须要保持干燥、阴凉、通风，且远离火源和热源，库房周围也不要堆积易燃材料。

③根据所储存化学危险品的特性，库房应采用不同的建筑方式及建筑材料。在建设储存易燃品的仓库时，应采用隔热材料，并配备足够的消防栓及消防通道。

（4）分类分区存储。对易燃、易爆、助燃、腐蚀、有毒、放射性等性质各不相同、互相影响或抵触的商品，必须区分隔离储存，即使性质互不抵触的同类商品，也应该视其剧烈程度和危险性的大小进行分储。

①爆炸品绝对不能与盐类、氧化物、酸类及金属粉末、易燃物等共同存放在一个区域。

②液化气体和压缩气体宜专库专存，并于仓库中安装避雷装置。

③严禁将易燃固体、易燃液体、氧化剂、酸类、遇水易燃品、自燃物品、有机物等混放。

④毒害品严禁与食品、酸类、香精、氧化剂、食用色素同存共储。

划分储存区域时，除了注意不能将上述商品混合储存之外，还应该在各个仓位、垛位、储存区之间划分足够的安全距离。

（5）加强日常监管。化学危险品储存时，必须要加强日常的监管工作，注意控制仓库湿度及温度，并经常检查商品，及时发现商品的异变，并相应地做好处理工作。

危险品仓库管理除了要遵守一般仓库管理的规定外，一些特殊要求也要遵守。

①货物入库。仓库业务员应按照交通部颁发的《危险品运输规则》对货物进行抽查，做好相应的记录；并在货物入库后的 2 天内对其验收完毕。入库验收上主要是采用感官验收为主，仪器和理化验收为辅的方法。在验收程序上，可按照下面的步骤进行，如图 3－15 所示。

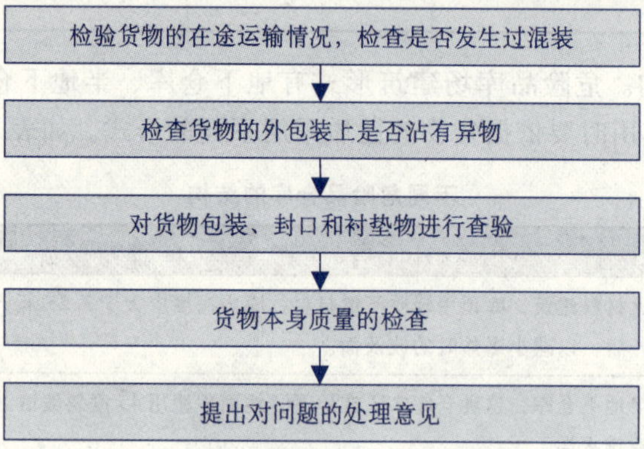

图 3－15　危险品入库验收步骤

②货物堆垛。按照危险品的性质和包装来确定合适的货垛大小和堆垛形状。如表 3－43 所示。

表 3－43　危险品货物堆垛要求

	要　求
桶装危险货物	不得超过 3 个桶高，袋装货物不得超过 4 米。
危险货物与设备之间距离	货垛顶距离灯具不小于 1.5 米；货垛距墙不小于 0.5 米；货垛之间不小于 1 米；消防器材、配电箱周围 1.5 米内禁止堆货或放置其他物品。
消防通道	消防通道不小于 4 米，货场内的消防主通道不小于 6 米。
危险货物堆叠	整齐，标志朝外，堆垛稳固，不得倒置。
危险货物堆头	标明危险品品名、编号、级别、类别、性质、消防方法标志牌。

相关知识

1. 火灾的种类

火灾种类根据着火物质及其燃烧特性划分为以下五类：

A 类火灾：指含碳固体可燃物，如棉、木材、纸张、毛、麻等燃烧的火灾；

B 类火灾：指甲、乙、丙类液体，如煤油、柴油、汽油、甲醇、乙醚、丙酮等燃烧的火灾；

C 类火灾：指可燃气体，如甲烷、丙烷、天然气、煤气、氢气、乙炔等燃烧的火灾；

D 类火灾：指可燃金属，如锂、钾、镁、钠、锆、钛、铝镁合金等燃烧的火灾；

E 类火灾：带电物体燃烧引起的火灾。

2. 引起仓库火灾的火源

（1）直接火源。

①明火：明火是指露在外面的火焰，如香烟头火，火柴、打火机的火焰，摩擦、撞击的火花、火星，燃红的电热丝等。

②电火花：当电路切断、开启或电线短路以及电气保险丝熔断时容易产生电火花。

③雷击：雷击是瞬时间的高压放电，能引起被命中的可燃物质燃烧。

（2）间接火源。

①本身自燃起火：本身自燃起火是指在无外来热源、无明火的条件下，物质本身自行发热，燃烧起火。

②加热自燃起火：因为外部热源的作用，把可燃物质加热到燃烧的温度而起火。

3. 库存危险品防火要点

（1）防止明火引起的火灾：禁止把火种带入库区，严禁在货区、库区吸烟。当金属容器进行焊接时，一定要在库房外指定的安全地带操作。

（2）防止冲击和摩擦引起的火灾：在搬运装有易爆危险品、易燃的金属容器时，严禁摔滚或拖拉，以防止商品之间的相互撞击、摩擦发生火花；进入库房内的任何工作人员，都不准穿带铁钉的鞋，避免铁钉与地面摩擦产生的火花。同时也不要使用能够发生火花的工具开启容器。

（3）防止电器设备引发的火灾：在装卸搬运易爆、易燃的危险品所使用的电动吊车、电瓶车、电动叉车以及库房内电源线路和其他电动设备时，必须采用防爆式，在工作结束后，应立即切断电源。

（4）防止化学能引起的火灾：浸油的抹布、纱布等不准放置在库房内，避免其自燃。

（5）防止日光聚集引起的火灾：易燃、易爆商品的库房窗玻璃要涂以浅色油漆，防止日光照射商品；用玻璃容器盛装的易燃、可燃液体，在露天搬运和储放时，要防止太阳聚光而引起的燃烧；装有低沸点的易燃液体的铁桶容器、压缩或液化气体的钢瓶、易燃易爆的商品以及受热容易蒸发汽化的商品，都不准曝晒于阳光之下。

4. 常见的消防设备及使用方法

（1）灭火器。

①灭火器的配置。

a. 灭火器配置数量。仓库配置灭火器时，应按照每 100 平方米一个计算，每栋库房不能少于两个。

b. 灭火器存放位置。灭火器要悬挂在仓库外面的墙上，离地面高度不得超过 1.5 米，还要远离取暖设备并防止曝光直射。灭火器可存放于灭火器箱内，有被保护和美观的作用。

c. 灭火器配置种类。要发挥灭火器最大的经济效益和灭火效能，不同的场所需配置不同的灭火器。不同场所选用灭火器配置种类如表 3－44 所示。

表 3-44　　灭火器配置种类

场　所	灭火器配置
精密仪器和贵重设备场所	忌用水和干粉灭火剂，应选用气体灭火器。
贵重书籍和档案资料场所	忌用水灭火，应选用气体灭火器或干粉灭火器。
电器设备场所	忌用水灭火，应选用绝缘性能较好的气体灭火器或干粉灭火器。
高温设备场所	用水灭火，应选用气体灭火器或干粉灭火器。
化学危险物品场所	选用与化学物品不起化学反应的灭火器。
可燃气体场所	应选用扑灭可燃气体灭火效果较好的干粉、二氧化碳等灭火器。

②灭火器的检查保养：

a. 每半年对灭火器进行一次检查，1—2 年更换一次灭火器。

b. 灭火器的喷嘴要保持经常疏通，或套以纸罩，防止污物、尘土的堵塞，大型灭火器的皮管要经常检查，避免污物和昆虫的进入。

c. 放置在露天的灭火器要避免雨淋、曝晒，绝对不能将灭火器挂在高温的地方，以避免水分和灭火剂的自然蒸发。

d. 为防止灭火器内结冰，当气温低于 5℃时，要用棉絮或者其他保暖材料覆盖，但要露出喷嘴。

③灭火器的报废年限：灭火器是有使用寿命的，超出使用期失去效应的灭火器就没有灭火的作用了。从出厂日期算起，达到如下年限的必须报废。如表 3-45 所示。

表 3-45　　灭火器的报废年限

类　型	报废年限
手提式化学泡沫灭火器	5 年
手提式酸碱灭火器	5 年
手提式干粉灭火器（贮气瓶式）	6 年
手提贮压式干粉灭火器	8 年
手提式 1211 灭火器	10 年
手提式二氧化碳灭火器	10 年
手提式清水灭火器	12 年
推车式化学泡沫灭火器	8 年
推车式干粉灭火器（贮气瓶式）	12 年
推车贮压式干粉灭火器	12 年
推车式 1211 灭火器	10 年
推车式二氧化碳灭火	12 年

知识链接

灭火器上字母的含义

按照我国国家标准规定，灭火器型号要以汉语拼音大写字母和阿拉伯数字标于筒体，如“MF2”等，其中第一个字母 M 代表灭火器，第二个字母代表灭火剂的类型，后面的阿拉伯数字代表灭火剂的容积或重量，一般单位为升或千克。

各字母代表的含义是：T 是二氧化碳灭火剂、F 是干粉灭火剂、FL 是磷铵干粉灭火剂、P 是泡沫灭火剂、Y 是卤代烷灭火剂、SQ 是清水灭火剂、QP 是轻水泡沫灭火剂。

④灭火器的种类。

a. 泡沫灭火器。

i 泡沫灭火的原理：用泡沫将燃烧物质的表面覆盖上，来阻止可燃气体的蒸发和空气的进入；泡沫中的水分蒸发成蒸汽，能稀释空气中氧气的浓度；泡沫可以吸收热量，使可燃物质表面冷却。

ii 适用火灾类型：泡沫最适合扑灭油类的火灾，如柴油、煤油和汽油所引起的火灾；也适用于扑救纤维、木材和橡胶等固体可燃物所引起的火灾。由于泡沫具有导电作用，所以不宜扑灭电器引起的火灾。

iii 使用方法：

◆ 左手托灭火器底部，右手握着压把，轻轻取下灭火器。

◆ 右手提着灭火器来到现场。

◆ 右手捂住喷嘴，左手执筒底边缘。

◆ 把灭火器颠倒过来呈垂直状态，用劲上下晃动几下，再放开喷嘴。

◆ 左手抓筒底边缘，右手抓筒耳，把喷嘴朝向燃烧区，站在离火源 3 米的地方喷射，且不断前进，兜围火焰喷射，直到把火扑灭。

◆ 灭火后，把灭火器卧放地上，喷嘴要朝下。

b. 二氧化碳灭火器。

i 二氧化碳灭火的原理：二氧化碳是一种惰性气体，不助燃，能置换空气中的氧气以达到窒息火焰的目的，且具有较强的冷却作用。二氧化碳具有不腐蚀、不导电、无余渣、可长期保存而不会变质、随时可用、不会损坏物品的特点。空气中二氧化碳的含量如果达到 30% 左右，就会形成一个无失火危险的环境，且可在 30～40 秒内将火熄灭。

ii 适用火灾类型：二氧化碳主要适用于各种易燃、可燃气体和液体引发的火灾，还可扑救图书档案、仪器仪表、低压电器设备和工艺器皿等引起的火灾，以及进行办公地点、封闭仓室的灭火。

iii 使用方法：

◆ 用右手握着压把。

◆ 用右手提着灭火器来到现场。

◆ 除掉铅封。

◆ 拔掉保险销。

◆ 站在距火源 2 米的地方，右手用力压几下压把，左手拿着喇叭筒。

◆ 对着火焰根部喷射，并不断推前，直到把火焰扑灭为止。

c. 干粉灭火器。

i 干粉灭火的原理：利用氮气或二氧化碳作动力，将干粉从喷嘴内喷出，形成一股雾状粉流，射向燃烧物质灭火。其优点是不腐蚀、不导电、无毒，具有一定的冷却作用。它的缺点是干粉用后留有残渣，且会因潮湿而粘结，或因振动而变得紧实。

ii 适用火灾类型：普通干粉又称 BC 干粉，用于扑救气体和液体火灾，对固体火灾则不适用。多用干粉又称 ABC 干粉，能用于扑救液体、固体和气体火灾。而对于扑灭三类（气体）火灾特别有效。

iii 使用方法：

◆ 左手托住灭火器底部，右手握着压把，轻轻取下灭火器。

◆ 把灭火器摇动数次，使瓶内干粉松散。

◆ 除掉铅封，拔下保险销。

◆ 右手提着压把，左手握着喷管。

◆ 在距火焰 2 米的地方，对准火焰根部，右手用力压几下压把，左手拿着喷管左右摆动，喷射粉剂覆盖整个燃烧区。

在灭火过程中，要始终保持直立状态，不要颠倒或横卧使用。

d. 1211 灭火器。

i 1211 灭火原理：1211 是一种甲烷的卤代物，久贮不变质，毒性很小，具有比较好的热稳定性和化学惰性，对钢、铜和铝等常用金属的腐蚀作用小，又因为灭火时是液化气体，所以灭火后不留痕迹，灭火效率高，不污染物品，绝缘性能良好。但因它对大气臭氧层有破坏作用，在非必须使用场所一律不能配置 1211 灭火器。

ii 适用火灾类型：适用于精密仪器、电器设备、各种装饰物、图书、档案和文物等贵重物品的火灾扑救。

iii 使用方法：

◆ 左手托住灭火器底部，右手握着压把，轻轻把灭火器取下。

◆ 右手提着灭火器来到现场。

◆ 除掉铅封。

◆ 拔掉保险销。

(2) 消防水带。

a. 消防水带的灭火原理：水能降低燃烧的温度，吸收大量的热，是一种良好的冷却剂。水灭火主要适用于一类火灾，除了电器火灾，硝酸、硫酸和盐酸，油和轻于水的、不溶于水的液体外，其他火灾都可以用水扑灭。

用水灭火的优点是价廉、方便、资源丰富。缺点是损坏货物和导电。所以水不宜扑救贵重文物、电器、精密仪器等的火灾。

b. 使用消防水带的注意事项。

◆ 消防水带只能用于消防输水，不可移作别用。

◆ 消防水带用后要晾干后才可储存。

◆ 消防水带接上消防栓后，水带不准有扭结。

◆ 每一个消防水带应配必要的接头和一支水枪。

完成任务

仓库作业人员做好仓储的消防安全和危险品管理，确保货物的在库安全，即完成仓库安全管理任务。

技能训练

技能训练一　仓库防火检查能力训练

【技能训练目标】

通过训练，使学生掌握仓库防火检查业务的技能，可以正确找出火灾隐患，采用恰当的措施消除隐患。

【技能训练准备】

1. 每5名学生为一组，每组选择一名组长。

2. 器具准备：消防水带两套；数个齐全有效的灭火器，内容物过期的灭火器数个；浸油棉纱数团。

3. 教师带队，并进行现场指导。

【技能训练步骤】

1. 检查仓库消防安全，发现消防隐患。

2. 检查仓库的消防设施是否齐全有效。

3. 根据检查情况对仓库的消防工作提出整改意见。

【技能训练注意事项】

巡查时要注意安全，应该戴安全帽，穿密封的布鞋或运动鞋，不准穿拖鞋或凉鞋。

【技能训练评价】

仓库防火检查能力评价评分表，如表3－46所示。

表3－46　　仓库防火检查能力评价评分表

考评人		被考评人	
考评地点			
考评内容	仓库防火检查		
考评标准	内　　容	分值/分	实际得分
	能够查出仓库内的消防隐患	35	
	正确检查仓库的消防设施是否齐全	35	
	能够根据检查情况对仓库的消防工作提出整改意见	30	
合　计		100	

注：考核满分为100分，60～74分为及格；75～84分为中；85分以上为优秀。

技能训练二　仓库消防器材使用业务能力训练

【技能训练目标】

通过训练，使学生掌握选择消防器材和使用消防器材的技能。

【技能训练准备】

1. 每5人一组，每组选择一名组长。

2. 器具准备：二氧化碳灭火器、泡沫灭火器、干粉灭火器、1211灭火器各5个；水枪1支、消防水带1条；打火机5个；铁桶5个；纸类燃烧物若干。

3. 教师带队，进行现场指导。

【技能训练步骤】

1. 正确选择扑灭纸制品火灾的灭火器种类，进行模拟灭火，操作灭火器。

2. 正确选择扑灭服装火灾的灭火器种类，并操作灭火器以进行模拟灭火。

3. 使用消防水带灭火。

(1) 打开消防柜，拿出消防水带，完全展开消防水带（不允许水带有扭结），用接头把水带的一端与消防水栓连接，再把水枪固定在水带的另一端。

（2）在铁桶内放置一些纸类并点燃。

（3）一人接通消防水栓的开关，一人打开水枪开关，朝着模拟火焰进行灭火。

【技能训练评价】

消防器材使用能力评价评分表，如表 3－47 所示。

表 3－47　　消防器材使用能力评价评分表

考评人		被考评人	
考评地点			
考评内容	消防器材使用		
考评标准	内　容	分值/分	实际得分
	能根据火源情况判断出应该使用何种灭火器	30	
	正确操作泡沫灭火器	10	
	正确操作二氧化碳灭火器	10	
	正确操作干粉灭火器	10	
	正确操作 1211 灭火器	10	
	正确操作消防水带	20	
	遵守安全操作规定	10	
合　计		100	

注：1. 考核满分为 100 分，60～74 分为及格；75～84 分为中；85 分以上为优秀；

2. 考评标准："能根据火源情况判断出应该使用何种灭火器"；采用口答形式。

课后练习

1. 如何组织仓库安全管理的作业任务的教学？在仓库安全管理作业任务教学中需要注意哪些问题？

2. 通过本单元的学习，如何组织一次有效率的货物在库保管作业实训？

单元四

订单处理作业

订单处理作业是指从接到客户订货开始至准备着手拣货之间的作业阶段。本单元包括订单资料确认及订单处理两项任务。

学习目标

- □ 能从相关渠道获取订单资料信息
- □ 能识别订单处理的基本环节
- □ 会填写各种订单资料
- □ 掌握 EOS、POS、EDI 作业要领
- □ 能设计订单处理教学内容

任务一　订单资料确认

任务描述

对订单进行处理前，我们首先要对订单资料进行确认。本任务是指从仓库接受订货开始，完成货物信息确认、客户信用状态确认、订单形态确认、订货价格确认、加工包装方式确认等一系列订单资料确认工作，为下一步的订单处理打好基础。

任务分析

1. 接受订货

接受订货是订单处理的第一步，主要有传统订货与电子订货两种方式。

(1) 传统订货方式。传统订货方式是指用人工方法书写、输入和传送订单，其订货方式见表4－1。

表4－1　传统的订货方式

订货方式	含义	优缺点
厂商补货	供应商直接将商品放在车上，依次给各订货方送货，缺多少补多少。	这种方式常用于周转率较快的商品或新上市商品。
厂商巡货、隔日送货	供应商派巡货人员前一天先到各客户处寻查需补充的货物，隔天再予以补货。	厂商可利用巡货人员为店铺整理货架、贴标或提供经营管理意见等的机会促销新产品，或将自己的产品放在位置较好的货架上。
口头订货	订货人员以电话方式向厂商订货。	口头订货的缺点是因客户每天需订货的种类可能很多，数量也不尽相同，因此错误率较高。
传真订货	客户将缺货资料整理成书面资料，利用传真机发给厂商。	利用传真机可快速订货，但传送的资料常因品质不良而增加事后的确认作业量。
邮寄订单	客户将订货表单或订货磁片、磁带邮寄给供应商。	这种方式的效率及品质已经不能满足市场的需求。
业务员跑单、接单	业务员到各客户处推销产品，而后将订单带回公司。	浪费人力、物力，并且在输入、输出之间常出现时间误差。

(2) 电子自动订货系统。电子自动订货系统（Electronic Ordering System，EOS）是企业间利用通信网络和终端设备，以在线联结的方式进行订货作业和订货信息交换的系统。它将订货资料由书面资料转为电子资料，通过通讯网络进行传送。根据做法的不同，可分为如表4－2所示的几种。

表4－2　EOS的分类

分类	应用
订货簿与终端机配合	订货人员携带订货簿及手持终端机巡视货架，若发现商品缺货则用扫描器扫描订货簿或货架上的商品标签，再输入订货数量，当所有订货资料皆输入完毕后，再利用数据机将订货资料传递给供应商或总公司。
销售时点信息系统(POS)	在商品库存档里设定安全库存量，每当销售一笔商品资料时，计算机自动扣除该商品库存，当库存低于安全存量时，即自动产生订货资料，并将此订货资料确认后通过电讯网络传给总公司或供应商。
订货应用系统	客户咨询系统里若有订单处理系统，就可将应用系统产生的订货资料转换成与供应商约定的共同格式，再在约定时间将资料传送出去。

2. 确认货物信息

接受订单后就需要对货物的数量及送货日期进行确认。检查货物的品名、数量、送货日期等是否有遗漏、笔误或不符合公司要求的情形，尤其当送货时间有问题或出货时间已延迟时，更需要与客户再次确认和更正运送时间。若采用电子订货方式接单，也须对已接受的订货资料加以检验确认。

3. 确认客户信用状况

为确定客户是否有能力支付该订单的账款，接受订单后还要查核客户的财务状况。通常的做法是检查客户的应收账款是否已超过其信用额度。具体可采取以下两种途径：

(1) 输入客户代号或客户名称。当输入客户代号或名称资料后，系统即检核客户的信用状况，若客户应收款已超出其信用额度，系统加以警示，以便输入决定是否继续输入其订货资料还是拒绝其订单。

(2) 输入订单项目资料。当输入客户订购项目资料后，客户此次的订购金额加上以前累计的应收账款超过信用额度，系统应将此订单资料锁定，以便主管审核，审核通过后，此订单资料才能进入下一个处理步骤。

4. 确认订单形态

在接受订货业务上，表现为具有多种订单的交易形态，所以物流中心应对不同的订单形态采取不同的交易及处理方式，如表 4－3 所示。

表 4－3　　订单形态及处理方法

形态	交易方法	处理方法
一般交易订单	接单后按正常的作业程序拣货、出货、发送、收款的订单。	接到一般交易订单后，将资料输入订单处理系统，按正常的订单处理系统进行处理，资料处理完后进行拣货、出货、发货、收款等业务。
寄库式交易订单	寄库式交易订单是客户因促销、降价等市场因素现行订购一定数量的商品，往后视需要再要求出货的交易订单。	处理寄库式交易订单时，系统应检核客户是否确实有此项寄库商品。若有，则出此项商品，否则应加以拒绝。
现销式交易订单	与客户当场交易，直接给货的交易订单。在输入资料前就已把货物交给了客户，故订单资料不再参与拣货、出货、发货等工作的订单。	接到间接交易订单后，可将客户的出货资料传给供应商由其代配。此交易方式需要注意的是，客户的送货单是自行制作或委托供应商制作的，应对出货资料加以核对确认。
间接订单	接单后，将客户的出货资料传给供应商，由供应商负责按订单出货。	客户的送货单是自行制作或委托供应商制作的，配送中心的管理信息系统要记录所有相关单据的信息，以保证进行市场预测时所依据数据的准确性。
合约式交易订单	与客户签订配送契约的交易订单。	对待合约式交易订单，应该约定送货期间，将配送资料输入系统处理以便出货配送。
兑换券订单	客户用兑换券所兑换商品的配送出货时所产生的订单。	将客户兑换券所兑换的商品配送给客户时，系统应核查客户是否确实有此兑换券的回收资料，若有，依据兑换券兑换的商品及兑换条件予以出货，并应扣除客户的兑换券料。

5. 确认订货价格

配送中心接到客户订单以后，还需对承接的配货订单进行估价与报价。市场部门需与销售部门协商以后，才能决定报价和是否接受正式订单。若是“订单式配送”，由于供货商不同，产品批次不同，产品间的差异度较大，备货部门必须进行事先估价，并与各部门协调，经确认无误后，由市场部门报价并承接此单。

订单的估价必须遵守公司的规定，对关键事项严格界定。估价的内容通常包括：

（1）商品品名、规格、数量及合同金额。

（2）具体的付款条件，如付款日期、付款地点、现金或支票、支票日期、收款方式。

（3）除特殊情况外，从订单受理到交货之间的期限。

（4）交货地点、运输方式、距离最近车站等交货条件。

针对不同的客户或不同的订购量，可能有不同的价格，输入价格时系统应加以核验，从而确定订货价格。

6. 确认加工包装方式

对于客户所订购的商品，查看是否有特殊的包装、分装或贴标等要求，或是有关赠品的包装等资料都要详细确认记录（见图4－1至图4－8）。

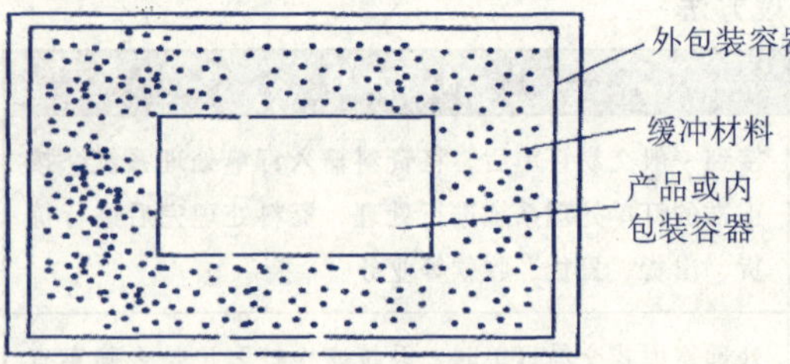

图4－1　全面防震包装

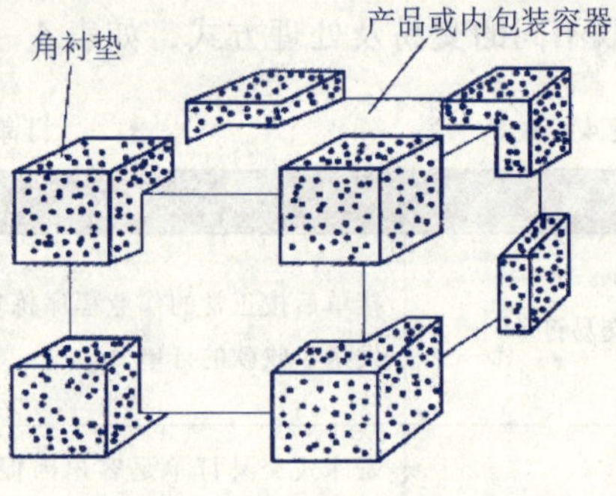

图4－2　八角衬垫包装

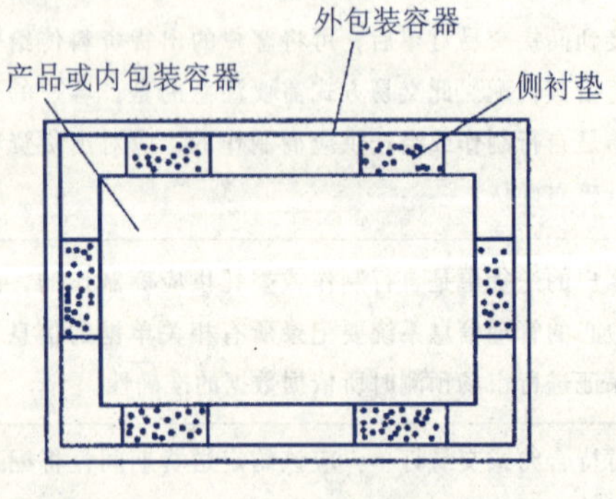

图4－3　侧衬垫包装

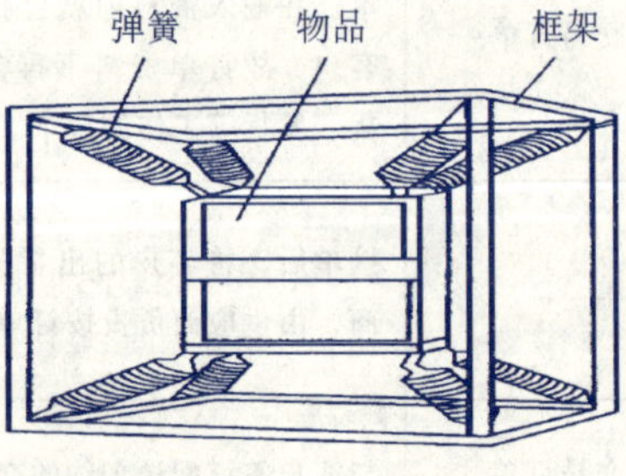

图4－4　悬浮式缓冲包装

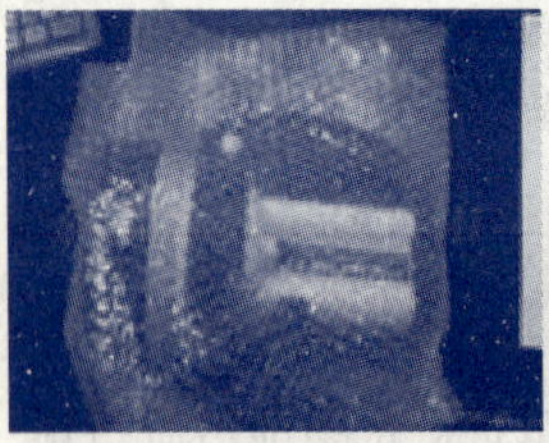

图4－5　防潮气泡包装

图4－6　真空防潮包装

图4－7　真空包装

图4－8　充气包装袋

相关知识

1. 电子订货系统（EOS）

（1）EOS系统的框架。EOS系统不是单个零售店与单个批发商组成的系统，而是由大量零售店、批发商组成的、系统的整体运作方式。EOS按应用范围可分为：企业内的EOS系统、零售商与批发商之间的EOS系统，以及零售商、批发商和生产企业之间的EOS系统。EOS的基本框架如图4-9所示。

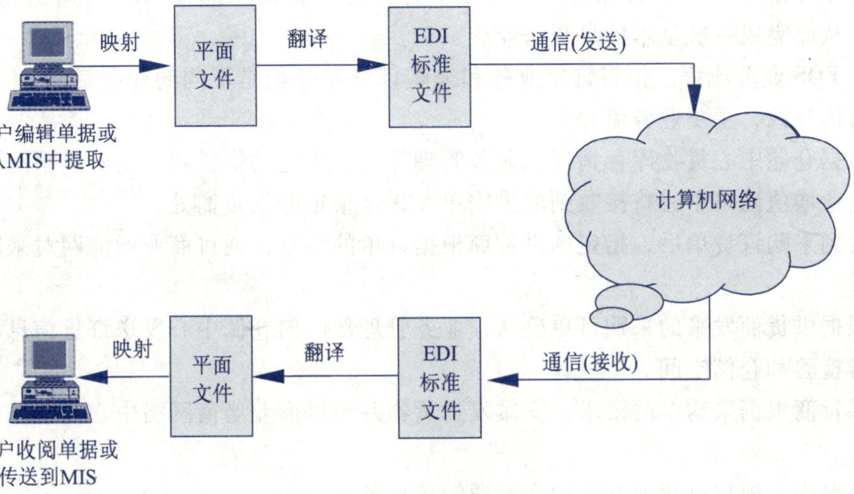

图4-9 EOS的基本框架

（2）EOS系统的结构。从商流的角度来看EOS系统，我们可以了解到零售商、批发商、供货商、商业网络增值中心在商流中的角色和作用（见图4-10）。

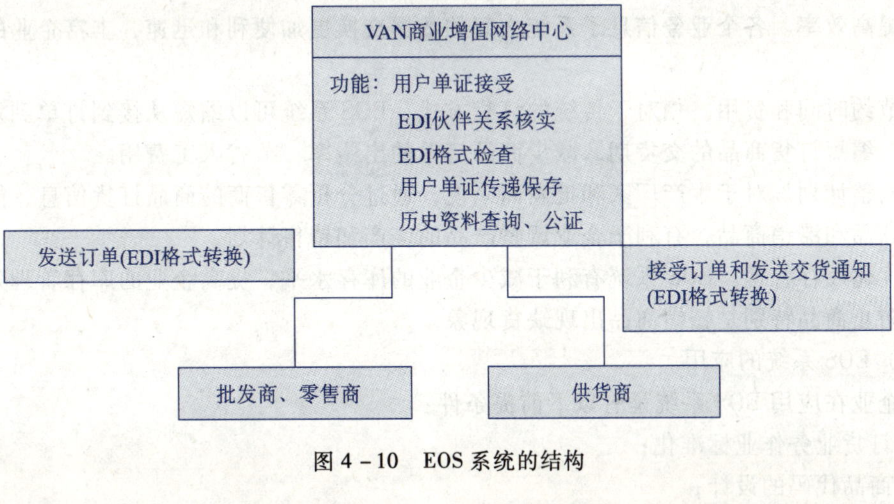

图4-10 EOS系统的结构

①批发商、零售商。采购人员根据MIS系统提供的功能，搜集并汇总各机构所需商品的基本信息，并根据供货商资料，向指定的供货商下达按照商业增值网络中心的标准格式进

行填写的采购指令并经过商业网络中心提供的EDI格式转换系统而生成标准EDI单证，再经由通讯界面发送至商业增值网络中心，然后等待供货商发回的有关信息。

②商业增值网络中心。商业增值网络中心（VAN）不参与交易双方的交易活动，只提供用户连接界面。每当接收到用户发来的EDI单证时，自动进行EOS交易伙伴关系的核查和EDI单证格式检查，并对每一笔交易进行长期保存，供用户今后的查询或在交易双方发生贸易纠纷时，可以根据商业增值网络中心所储存的单证内容作为司法证据。

③供货商。根据商业增值网络中心转来的EDI单证、商业增值网络中心提供的通讯界面和EDI格式转换系统，可以生成一张标准的商品订单，根据订单内容和供货商的MIS系统提供的相关信息，供货商可及时安排出货，并将出货信息通过EDI传递给相应的批发、零售商，从而完成一次基本的订货作业。

（3）EOS业务流程。销售订货业务和采购订货业务虽是不同的业务活动，但其EOS系统流程大体一致，主要业务流程如下：

①根据仓储中心货物库存情况，业务管理部门向指定的供货商发出商品采购订单。

②商业增值网络中心将接收到的采购单发送至指定的供货商处。

③收到来购订货单后，指定的供货商根据订单的要求，通过商业增值网对采购订单加以确认。

④根据供货商发来的采购订单确认，业务管理部门向仓储中心发送订货信息，以便仓储中心安排检验和仓储空间。

⑤供货商根据采购单的要求，安排发运货物并通过商业增值网络中心向仓储中心发送交货通知。

⑥仓储中心根据供货商发来的交货通知进行备货。

通过上述六个步骤，可以将商流、信息流结合在一起。

（4）EOS系统的作用。要满足有效管理企业的供货、库存等经营管理活动，并且要求供货商及时补足售出商品的数量且不能缺货，就必须采用EOS系统。因EOS包括了许多先进的管理手段和方法，更应当引起物流业的重视。它在企业物流管理中的作用如下：

①提高效率。各个业务信息子系统之间的数据交换更加便利和迅速，丰富企业的经营信息。

②节约时间和费用。相对于传统的订货方式，EOS系统可以缩短从接到订单到发出订货的时间，缩短订货商品的交货期，减少商品订单的出错率，节省人工费用。

③调整计划。对于生产厂家和批发商来说，通过分析零售商的商品订货信息，能准确判断畅销商品和滞销商品，有利于企业调整产品的生产和销售计划。

④优化库存管理。EOS系统有利于减少企业的库存水平，提高企业的库存管理效率，同时也能防止商品特别是畅销商品出现缺货现象。

（5）EOS系统的应用。

①企业在应用EOS系统是有以下前提条件：

- 订货业务作业标准化；
- 商品代码的设计；
- 订货商品目录账册的制成和更新；
- 需要制定EOS系统应用手册并协调部门间、企业间的经营活动。

②应用。由于EOS系统给贸易伙伴带来了巨大的经济效益和社会效益，专业化的网络和地区网络在逐步扩大和完善，交换的信息内容和服务项目都在不断增加，EOS系统也正趋于系统化、社会化、标准化、国际化（见图4－11）。

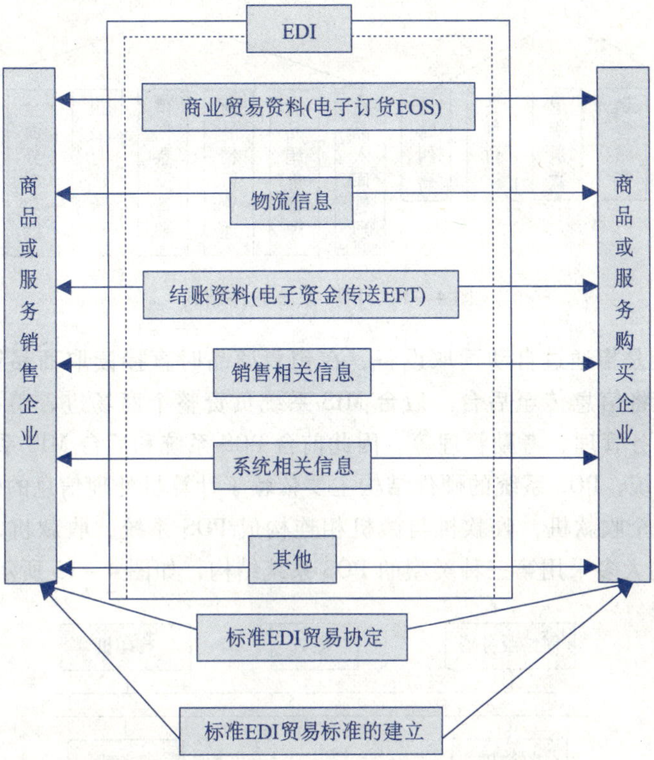

图4－11　EOS系统应用

（6）EOS系统的实施要点。

①批发、零售商向供应商发出订货购单，供应商按订单组织货品，并送货至仓储中心或指定商场。

②商品送到仓储中心，卸在指定验货区进行验收，合格的商品办入库手续；对不合格的商品填写入库单，另行存放；待次品换回正品后，同样要经过收货、验货、入库的过程。

③仓库收到配送中心配送单后，按单配货，出库待送。发货后信息及时反馈给配货中心。

2. 销售时点信息系统（POS）

（1）POS系统的构成。销售时点信息系统（Point of Sale，POS）是通过自动读取设备在销售商品时直接读取商品销售信息（如商品名、单价、销售数量、销售时间、销售店铺、购买顾客等），并通过通讯网络和计算机系统传送至有关部门进行分析加工，以提高经营效率的系统。

一个完整的POS系统由软件系统和硬件系统两大部分构成。

① POS软件系统。POS系统的软件结构包括前台POS销售系统和后台MIS信息管理系统，结构如图4－12所示。

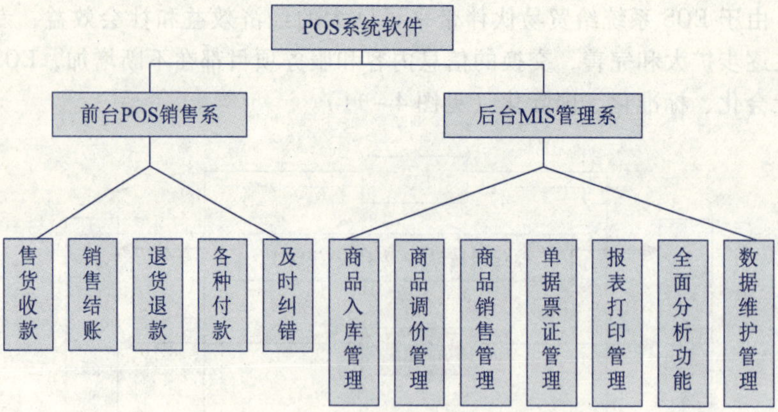

图 4－12　POS 系统软件结构

前台 POS 系统是指通过自动读取设备，在销售商品时直接读取商品销售信息，实现前台销售自动化，并将信息传至后台。后台 MIS 系统负责整个商场进、销、调、存系统的管理及库存管理、财务管理、考勤管理等。因此前台 POS 系统和后台 MIS 系统密切相连。

②POS 硬件系统，POS 系统的硬件结构主要依赖于计算机处理信息的体系结构。基本结构可分为三类：单个收款机，收款机与微机相连构成 POS 系统，收款机、微机与网络构成的 POS 系统。目前大多采用第三种类型的 POS 系统结构，如图 4－13 所示。

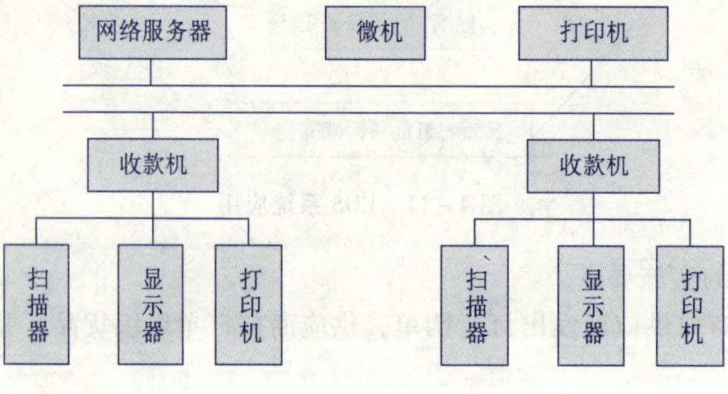

图 4－13　POS 系统硬件结构

• 前台收款机，即 POS 机。共享网上商品库存信息，保证对商品库存的实时处理，也便于后台随时查询销售情况，进行商品销售分析和管理。

• 网络。目前，由于我国大多数商场一般对外信息的交换量小，而对内的信息交换量则很大，因此，采用计算机网络系统应以高速局域网为主、电信系统提供的广域网为辅的整体网络系统。操作系统宜选用开放式标准操作系统。考虑到系统的开放性及标准化的要求，选择 TCP/IP 协议较合适。

• 硬件平台。考虑到大型商业企业商品进、销、存管理复杂，账目数据量大，且须频繁地进行管理和检索，因此选择较先进的客户机/服务器结构，可大大提高作效率，保证数据的安全性和准确性。

（2）POS 系统的特点。POS 系统紧密联结着供应链，是供应链管理的基础。POS 系统能够对商品进行单品管理、员工管理与客户管理，并能适时自动读取销售时点信息和进行信息集中管理，也可以说是物流信息管理的起点。

①分门别类管理。零售业的单品管理是指对店铺陈列、展示、销售的商品以单个商品为单位进行销售跟踪和管理的方法。由于 POS 系统能及时准确地反映单个商品的详细信息，从而可以准确把握每一种商品的销售动向，使得高效率的单品管理成为可能。

员工管理是指 POS 终端机上的记时器可以记录下每个职工的出勤情况、销售状况等信息，可以方便地掌握员工的工作业绩和工作效率，有助于对员工进行考核管理。

顾客管理是指在顾客购买商品结账时，通过收银机自动读取零售商发行的顾客 ID 卡或顾客信用卡来把握每个顾客的购买数量、购买品种、购买时段等信息，从中可以了解顾客个体的消费倾向、购买规律，实现对顾客的分类管理。

②信息集中管理。在各个 POS 终端获得的销售时点信息以在线连接方式汇总到企业总部，与其他部门发送的有关信息一起汇集到总部的信息系统进行集中整理、分析加工，制作成各种有用的数据。

③自动取得销售时点信息。自动读取销售是 POS 系统的最大特征。在顾客购买商品结账时，POS 系统通过扫描仪自动读取商品条形码标签或 OCR 标签上的信息，从而实现在销售商品的同时获得实时的销售信息，大大加快了信息的采集速度和准确性，可以保证作业的高效率。

④连接供应链的有力工具。供应链参与方合作的主要领域之一是信息共享，而销售时点信息能及时把握顾客的需求信息，各参与方可以利用销售时点信息并结合其他信息来制订企业的经营计划和市场营销计划。

3. 电子自动数据交换系统（EDI）

EDI 为从计算机到计算机之间的结构化的实物数据交换。它最大的特点就是利用计算机和通讯网络来完成标准格式的数据传输，不需要人为的重复输入数据。由于使用 EDI 减少甚至消除贸易过程中的指标文件，因此 EDI 又被人们通俗地称为“无纸贸易”。

（1）EDI 的特点。经过 20 多年的发展与完善，EDI 作一种全球性的具有巨大商业价值的电子化贸易手段/工具，具有以下几个显著的特点（见表 4－4）：

表 4－4　EDI 的特点

特点	
保文标准化	EDI 传输的报文符合国际标准或行业标准，这是计算机能自动处理的前提条件。
单证格式化	EDI 传输的是企业间格式化的数据，如报价单、发票等，这些信息都具有固定的格式与行业通用性。
软件结构化	EDI 功能软件由用户界面模块、内部 EDP 接口模块、报文生成与处理模块、标准报文格式转换模块、通信模块五个模块组成。这五个模块功能分明，结构清晰，构建了 EDI 较为成熟的商业化软件。
运作规范化	EDI 报文是目前商业化应用中最成熟最有效、最规范的电子凭证之一，EDI 单证报文具有法律效力已被普遍接受。任何一个成熟、成功的 EDI 系统，均有相应的规范化环境作为基础。
处理自动化	EDI 信息传递的路径是从计算机到数据通信网络，再到商业伙伴的计算机，信息最终用户是计算机应用系统，它自动处理传递来的信息，不需人工干预。

（2）EDI 的工作流程。EDI 通信网络，是建立在 MHS 数据通讯平台上的信箱系统，其通讯机制是在数据通信网上加挂大容量信息处理计算机，在计算机上建立信箱系统，通信双方需申请各自的信箱，其通讯过程就是把文件传到对方的信箱中。文件交换由计算机自动完成，在发送文件时，用户只需进入自己的信箱系统，其运作过程如图 4－14 所示。

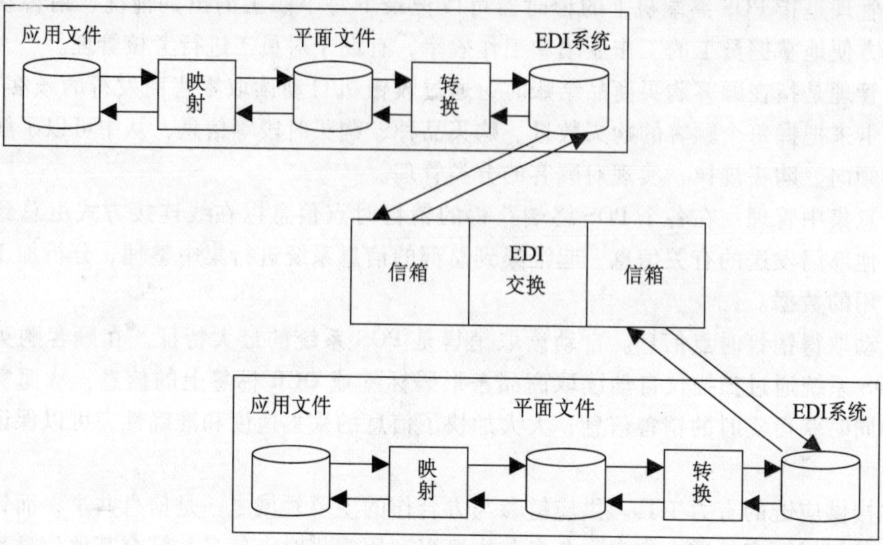

图 4－14　EDI 的工作流程

①映射，即生成 EDI 平面文件。EDI 平面文件是通过应用系统将用户的应用文件（如单证、票据等）或数据库中的数据，映射成的一种标准的中间文件。而平面文件是用户通过应用系统直接编辑、修改和操作的单证和票据文件，它可以直接阅读、显示和打印输出。

②翻译，即生成 EDI 标准格式文件。其功能是将平面文件通过翻译软件生成 EDI 标准格式文件。EDI 标准格式文件即 EDI 电子单证，是按照 EDI 标准，将平面文件中的目录项加上特定的分割符、控制符和其他信息生成的一种包括控制符、代码和单证信息在内的 ASCII 码文件。

③通讯，这一步是由计算机通信软件完成。用户通过通讯网络，接入 EDI 信箱系统，将 EDI 电子单证投递到对方的信箱中。

④接收和处理，即发送过程的逆过程。需要接收用户通过通讯网络接入 EDI 信箱系统，将来函接收到自己的计算机中，经格式校验、翻译、映射还原成应用文件，最后对应用文件进行编辑、处理和回复。

知识链接

EDI 适用的企业

（1）流通业。快速响应，减少商场库存量与空架率，以加速商品资金周转、降低成本。建立物资配送体系，以完成产、存、运、销一体化的供应线管理。

（2）制造业。准时供货以减少库存量及生产线待料时间，降低生产成本。

（3）金融业。EFT 电子转账支付，减少金融单位与其用户间交通往返的时间，降低现金流动风险，缩短资金流动所需的处理时间，提高用户资金调度的弹性。

(4) 贸易运输业。快速通关报检、经济使用运输资源，降低贸易运输空间、成本与时间的浪费。

应用 EDI 获益最大的是零售业、制造业和配送业。在这些行业的核心业务——采购和销售的供应链上应用 EDI 技术，使传输发票、订单过程达到了很高的效率。EDI 在密切贸易伙伴关系方面也有潜在的优势。

(3) EDI 的安全问题。随着大量的涉及客户双方权益乃至国家机密的数据信息在网上的计算机系统中输入、处理、存储，并通过有线或无线信道进行传输、接收，EDI 的数据信息处理和 EDI 系统必然会受到各种不同的威胁和攻击。概括起来，EDI 安全包括两大方面内容：一是 EDI 数据的安全；另一个是 EDI 系统的安全。为了保证 EDI 系统正常运作，必须设计一些安全保密措施。

①数据加密。它是通过加密算法，当存储数据或传输数据时，在密钥的控制下将明文数据转化为密文数据；当接收数据时，再将密文数据在相应的密钥控制下转化为明文数据。

②数字签名。EDI 业务的源点鉴别和文电内容的完整性由数字签名来实现。在数字签名中，采用密码算法产生的校验和来验证电文内容的完整性。

③ EDI 信息密码。用户申请使用 EDI 信箱时，EDI 系统会给予初始密码，为了安全保密起见，用户需要在自己的终端上改换成新密码，新密码只有用户自己知道。

完成任务

配送中心作业人员依次做好接受订货、完成货物信息确认、客户信用状态确认、订单形态确认、订货价格确认、加工包装方式确认等一系列工作后，即完成订单资料确认任务。

技能训练

技能训练活动一：接受订货

【技能训练目标】

掌握订单处理的步骤及其主要内容；熟练掌握订单管理的流程。

【技能训练步骤】

(1) 建立小组。

(2) 分工：小组成员分为顾客和企业员工两种角色。

(3) 小组中顾客向企业下达订单，企业员工负责接收不同顾客下达的订单。

(4) 对接收的订单进行分类：企业员工接收订单后，按照一定的标准对订单进行分类。

(5) 对比各个小组成员接待顾客时的方式方法，指出不同方式方法的优缺点。

(6) 撰写训练报告，并在组内及各组之间进行讨论。

(7) 对技能训练进行评价。

【技能训练评价】

接收订单能力训练考评如表 4－5 所示。

表 4-5　　接受订单能力训练评价评分表

考评人		被考评人	
考评地点			
考评内容	接收订单		
考评标准	内　容	分值/分	实际得分/分
	顾客满意	25	
	正确接单	25	
	订单分类标准明确	25	
	订单分类正确	25	
合　计		100	

注：考评满分为 100 分，60~70 分为及格；71~80 分为中；81~90 分良好；91 分以上为优秀。

【技能训练注意事项】

（1）小组成员要变换不同的对话方式，以对比对待不同顾客所需的各种客户服务方式的优缺点。

（2）订单分类时要注意标准的统一。

技能训练活动二：利用 EDI 系统确认订单资料

【技能训练步骤】

（1）接受客户通过 EDI 下达的订单，包括编码、数量、价格、制定送货地点、送货时间等。

（2）核查订单价值是否超出客户的信用额度。如果没有超过，向客户发出确认函，如果超过了，交给信用部门检查并释放订单，再发确认函。

（3）订单内容的检查与确认：检查订货信息的准确性。

【技能训练注意事项】

（1）熟悉订单处理的流程，严格按程序进行。

（2）熟悉订单的内容。

（3）在电脑上熟练接收订单和确认订单等操作。

【技能训练评价】

利用 EDI 系统处理订单考评如表 4-6 所示。

表 4-6　　利用 EDI 系统处理订单评价评分表

考评人		被考评人	
考评地点			
考评内容	利用 EDI 系统处理订单		
考评标准	内　容	分值/分	实际得分/分
	审查订单认真、仔细	20	
	作业规范	35	
	正确确认订单形态	15	
	正确确认订单价格	15	
	确认加工包装方式	15	
合　计		100	

注：考评满分为 100 分，60~70 分为及格；71~80 分为中；81~90 分良好；91 分以上为优秀。

教学研讨

(1) 如何组织订单资料确认作业任务的教学？在订单资料确认作业任务教学中需要注意哪些问题？

(2) 探讨现在的订货方式各自都有哪些优缺点和使用范围？

(3) 探讨目前的包装方式都有哪些？各自的优点是什么？

任务二　订单处理

任务描述

订单资料确认任务完成后就要对所接受的订单进行处理。本任务是按照订单处理流程，经过设定订单号码、存货查询和存货分配、计算拣取时间、处理分配后存货不足情况，按订单排定出货时序和拣货顺序，以订单资料处理的输出、订单处理状态跟踪等操作过程，完成整个订单处理作业环节。

任务分析

1. 设立订单号码

每一份订单都要有单独的订单号码，此号码一般是由控制单位或成本单位来指定，它除了便于计算成本外，还有利于制造、配送等一切相关的工作。所有工作的说明单及进度报告等都应附有此号码。

2. 建立客户档案

详细记录客户的状况，不但能让此次交易更容易进行，而且有益于今后增加合作机会。客户档案一般包括的内容如表 4－7 所示。

3. 存货查询

为了确认库存是否能满足客户需求，要及时查询存货状态。存货资料一般包括品项名称、号码、产品描述、库存量、已分配存货、有效存货及期望进货时间。

输入客户订货商品的名称、代号时，系统应查核存货的相关资料，确认是否缺货，若缺货则应提供商品资料或此商品的已采购未入库信息，以便于接单人员与客户协调，提高接单率及接单处理效率。

4. 存货分配

订单资料输入系统。确认无误后，最主要的处理业务是如何对大量的订货资料进行最有

表4-7　　客户档案内容

内　　容	客户名称、代号、等级等
	客户的信用额度
	客户销售付款及折扣率的条件
	开发或负责该客户的业务员资料
	客户配送区域
	客户收账地址
	客户配送路径顺序
	客户点适合的送货车辆形态
	客户卸货特征
	客户配送要求
	延迟订单（过了订货时间的订单）的处理方式

效的分类、调拨，以便后续物流作业顺利进行。

存货分配模式可分为单一订单分配及批次分配两种。

(1) 单一订单分配就是在输入订单资料时，直接将存货分配给订单，多为线上即时分配。

(2) 批次分配是输入所有的订单资料后，一次分配库存。配送中心因订单数量多，客户类型等级多，且多为每天固定配送次数，因此，采取批次分配是确保配送中心库存能力的最佳分配方式。

根据作业的不同，各配送中心的分批原则可能不同，常有用的批次分配划分方法如表4-8所示。

表4-8　　批次分配的类型

类　型	具 体 方 法
按接单时序	将整个接单时段划分为几个合理区段。若一天有多个配送批次，可配合配送批次，将订单按接单先后顺序分为几个批次来处理。
按流通加工需求	将需加工处理或需相同流通加工处理的订单一起处理的方法。
按配送区路径	将配送区域或路径相同的订单合并处理的方法。
按车辆需求	若配送商品需要特殊的配送车辆（如低温车、冷冻车、冷藏车），或由于客户所在地、卸货特性等需要特殊形态车辆，可汇总合并处理。

对于现有存货数量无法满足客户需求、客户又不愿以替代品替代的情况，应按照客户意愿与公司政策来决定对应方式。具体的处理方法见表4-9。

5. 输出订单资料

订单资料经上述处理后，即可开始打印一些出货单据，以展开后续的物流作业。对于缺货商品或缺货的订单资料，系统应提供查询或报表打印功能。提供按商品或供应商的名称代号查询缺货商品资料的目的是提醒采购人员及时采购。缺货订单是用来按客户或业务员的名称代号查询的缺货订单资料。

表 4-9 存货不足的处理方法

处理办法	原因分析
重新调拨	对于客户不允许过期交货、而公司也不愿失去此客户订单时，有必要重新调拨分配订单。
补送	客户允许不足额的订货，等待有货时再予以补送，且公司政策也允许。
	客户允许不足额的订货或整张订单留待下一次订单一起配送。
删除不足额订单	客户允许不足额订单可等待有货时再予以补送，但公司政策并不希望分批出货。
	客户不允许过期交货，且公司也无法重新调拨。
延迟交货	客户允许一段时间的过期交货，且希望所有订单一起配送。
	不论需要等多久，客户都允许过期交货，且希望所有订货一起送达，则等待所有订货到齐后再出货。
取消订单	客户希望所有订单一起配送到达且不允许过期交货，也无法重新调拨时，只有取消整张订单。

6. 订单处理状态跟踪

为了满足顾客希望了解订货处理状态信息的要求，向顾客提供更好的服务，需要对订货处理进行状态追踪，并与顾客交流订货处理状态信息，加强与顾客的联系。

7. 订单处理过程的改善

通过完善订单处理过程，使企业在今后的订单处理过程中通过提高客户搜寻产品信息的便利性、减少订货提前期和增强送货的准确性等方面的措施，使客户获得更多的价值，感受更高程度的满意；使企业通过运用先进的技术手段和对业务流程的重组和改善，在提高客户服务水平的同时，降低配送总成本，获得竞争对手难以模仿的竞争优势。

（1）企业完善订单处理过程的基本步骤。

- 调查公司当前的订单处理系统，绘制流程图；
- 调查现有订单处理流程各节点的时间耗用；
- 绘制订单配送过程的网络结构图；
- 利用流程改善原则完善订单处理过程。

（2）订单处理过程改善的方法（见表 4-10）。

表 4-10 订单处理过程改善的方法

运用先进的技术手段	采用先进的物流信息系统
	运用先进的数据录入技术
	运用电子订货方式传输订单
业务流程的重组和改善	并行处理，分批处理，交叉处理
	删除不增值工序，减少等待
	在“瓶颈”处添加额外资源

相关知识

1. 订单处理要求

订单处理要求如表 4－11 所示。

表 4－11　　订单处理要求

要　求	
尽量缩短订货周期	尽量缩短订货周期，可以大大减少客户的时间成本，提高客户所获得的让渡价值，这是保证客户满意的重要条件。
提供紧急订货	强调为客户服务，在紧要关头提供急需的服务，这也是与客户建立长久的相互依赖关系的重要手段。
不忽略小客户	如果小客户与企业建立了稳定而信任的供销关系，就会为以后的继续订购打下良好的基础，企业的声誉也会因为大小客户的传播而树立起来。因此，要在成本目标允许的范围内，作出令小批量购买的客户满意的安排。
减少缺货情况	缺货会影响客户的整个生产安排，后果有时极其严重。此外，缺货是客户转向其他供货来源的主要原因，企业要想扩大市场，保持充足的供货是一个必要条件。
尽量做到装配完整	不论工业品还是消费品，都应力求装配完整，以客户拿到就能用为原则。实在办不到时，也应采取便于客户自行装配的措施，如适当的说明及图示等。
随时提供订单的处理情况	物流部门要使客户随时了解配货发运的进程，以便预计何时到货，便于安排使用或销售。了解这方面的信息是巩固与客户关系的重要手段，也利于企业本身的工作检查。
提供对客户有利的包装	包装要便于客户处理。有些零售货物的包装要适于在货架上摆放，有些要适于经销商及厂商开展促销活动。
使客户产生信赖感	每次接到订单后在处理过程中都要想到：如果这次处理不当，客户下次会怎样。要明确订单处理工作是开展客户营销的有机组成部分，两者有密不可分的联系，要通过订单处理建立客户对品牌的信任感和认同感。
注意控制和解决订单作业中的“波峰”现象	解决波峰现象的关键是控制客户发出订单的日期，如果企业能影响客户的订货日期，就能使订货平衡，从而减少订单处理工作中的波峰和波谷现象。

2. 订单处理过程的关键因素

（1）时间因素。在保证时间耗用的稳定性的前提下，努力减少时间耗费是争取更多订单的基础。每个企业都希望减少库存，减少商品在途时间和资金。如果配送中心能够用尽量少的时间让客户提前订货，即减少客户的订货提前期，可使客户节约大量的进货成本和库存成本，从而增加其效益。这种效益的增加将使客户更多地利用配送中心的配送服务，进而增加配送中心的经营效益和市场竞争力。

（2）供货准确性因素。供货准确性因素要求配送中心按照客户订单的内容，提供产品的准确品种、数量、质量，并将产品送到正确的交货地点。当需要延期供货和分批送货时，应与客户充分协调沟通，取得客户的同意。供货准确性因素是配送中心与客户建立长期配送关系的必要条件。配送的货物能否及时准确地到达指定地点，以保证客户按时进行生产和销售，是客户最为关心的问题。如果配送中心能确保供货的准确无误，将使客户产生极大的信任，这种无形资产是企业进行市场竞争、增强企业竞争力的重要法宝。

（3）成本因素。订单处理过程的成本因素包括配送中心设置的地点和数量、运输批量和运输线路的调控等。配送成本的多少，对配送中心和客户都是一个重要因素，直接影响双方的经济利益。配送中心要选择适当的出货地点和合理的运输批量及线路，以确保客户的配送成本较低而配送中心的利润适当。

（4）信息因素。配送中心要通过完善的配送信息系统，向客户及企业内部各部门提供准确、完备、快速的信息服务。

完成任务

配送中心作业人员依次做好设定订单号码，建立客户档案，进行存货查询和存货分配，处理分配后存货不足情况，输出订单资料，跟踪订单处理状态，改善订单处理过程后，即完成订单处理任务。

技能训练

技能训练活动一：订单内容确认

【技能训练目标】

让学生了解订单的种类及对不同种类的订单处理的方法。

【技能训练人员】

分组训练，每组 3～5 人，每组选定一名队长。

【技能训练步骤】

（1）建立小组。

（2）分工：小组成员明确分工，分别对不同种类的客户订单内容进行确认。

（3）客户订单内容确认：小组成员分别就客户订单中所显示的需求货品、需求数量、要求送货时间、要求包装方法以及是否需要流通加工等各种项目进行确认。

（4）确认完毕后归档：客户订单内容确认完毕后，对存在问题的订单进行必要的修改，必要时重新向客户核实。

（5）对比各个小组成员确认订单内容时的细致程度和工作效率。

（6）对技能训练进行评价。

【技能训练注意事项】

（1）用来进行训练的客户订单可能出现不同的问题，对待不同的问题要选择不同的方法。

（2）对于非常重要的订单内容，需要跟顾客重新核实沟通，在这个过程中要注意客户服务的方式方法。

（3）此项技能训练的重点是掌握客户订单中各项内容的用途和重要性，在完成技能训练的过程中要特别注意这一点。

【技能训练评价】

订单内容确认能力训练考评见表 4－12。

表 4-12　　订单内容确认能力评价评分表

考评人		被考评人	
考评地点			
考评内容	订单内容确认		
考评标准	内　　容	分值/分	实际得分/分
	正确了解订单类型	20	
	正确处理各种形态订单	30	
	确认完毕后归档正确	25	
	工作态度认真、负责	25	
合　　计		100	

注：考评满分为 100 分，60~70 分为及格；71~80 分为中；81~90 分良好；91 分以上为优秀。

技能训练活动二：订单处理

【技能训练目标】

能进行订单业务各环节的处理，锻炼学生的动手能力、分析能力，培养团队合作精神，体现职业教育特征。

【技能训练人员】

将全班学生分成 7 组，每组 3~6 人，并选出一名组长。

【技能训练步骤】

（1）第一组接受订货、订单确认。

（2）第二组设定订单号码，建立客户档案。

（3）第三组存货查询及依订单分配存货。

（4）第四组计算拣取的标准时间。

（5）第五组确定出货程序。

（6）第六组分配后货源不足的处理。

（7）第七组订单资料处理输出。

【技能训练注意事项】

（1）各小组查询相关资料要准确。

（2）学生分组时要合理搭配。

（3）各小组相互配合，充分发挥团队精神。

（4）制作的单证要规范。

【技能训练评价】

订单处理能力训练考评见表 4-13。

表 4-13　　订单处理能力评价评分表

考评人		被考评人	
考评地点			
考评内容	订单处理流程		
考评标准	内　　容	分值/分	实际得分/分
	正确设定订单号码，建立客户档案	20	
	正确计算出拣货的标准时间	20	
	正确确定出货顺序	20	
	能正确处理货源不足的情况	20	
	正确输出订单资料	20	
合　　计		100	

注：考评满分为 100 分，60 ~ 70 分为及格；71 ~ 80 分为中；81 ~ 90 分良好；91 分以上为优秀。

教学研讨

（1）如何组织订单处理作业任务的教学？在订单处理作业任务教学中需要注意哪些问题？

（2）通过本单元的学习，组织一次有效率的订单处理作业实训。

单元五

拣货作业

拣货作业是按照订单将不同种类、数量的商品迅速、准确地从其储位或者其他区域拣取出来，并按一定的方式进行分类、集中，等待配装送货的作业过程。在配送作业的各个环节中，拣货作业是非常重要的一环，其目的是正确且迅速地集合客户所订购的货物。要达到这一目的，就必须根据订单选择适当的分拣设备，按照拣货作业过程的实际情况，运用一定的方法策略组合，采取切实可行、高效的分拣方式，来提高拣货效率，防止错误，避免送错货。因此，如何在降低分拣错误的情况下，将正确的货物和正确的数量，在正确的时间内及时地配送给顾客，是分拣作业的最终目的及功能。本单元包括拣货准备、拣货安排、货物拣货三大任务。

学习目标

- □ 了解拣货的基本概念
- □ 能合理选择与应用拣选设备
- □ 能区分不同拣货方式的特点
- □ 能合理规划与选择拣货路径
- □ 能正确、迅速地集合客户所订购的商品
- □ 能设计拣货作业教学内容

任务一　拣货准备

任务描述

每个人都有“拣货”的生活经历，如到超市选购商品等。在订单处理作业结束后，任

务就转移到了本单元的拣货作业上。在拣货指令发出之前，作业员首先要做好拣货准备：准备好拣货所需的资料、物品及设备等，以确保拣货作业顺利有效地开展。

任务分析

（1）准备拣货所需的物品和设备，例如客户原始订单、传票、纸张、笔和电脑系统等（见图5－1至图5－4）。

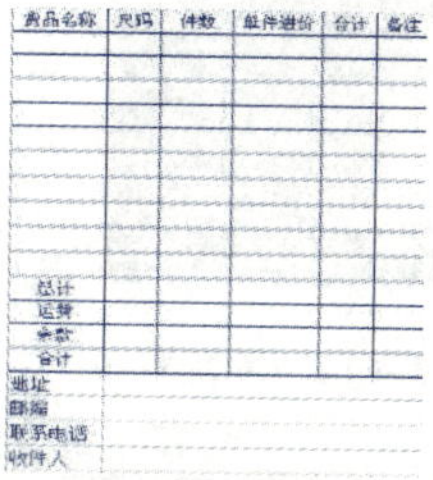

商品名称	尺码	件数	单件进价	合计	备注
总计					
运费					
余款					
合计					
地址					
邮编					
联系电话					
收件人					

图5－1 订单

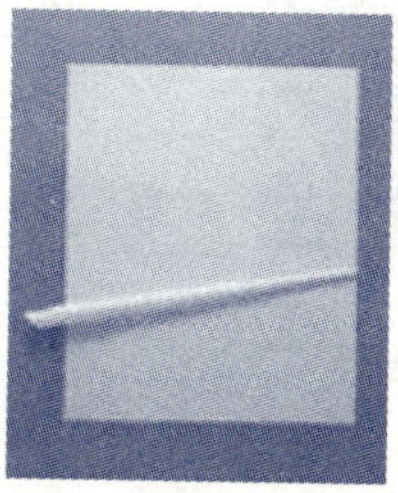

图5－2 纸张

图5－3 笔

图5－4 电脑

（2）准备存储所需的各种设备，例如托盘、箱和货架等（见图5－5至图5－7）。

图5－5 托盘

图5－6 箱

图5－7 货架

（3）准备拣货作业员所需的各项用品，例如手套、分拣箱、扫描器和各种搬运设备等（见图5－8至图5－11）。

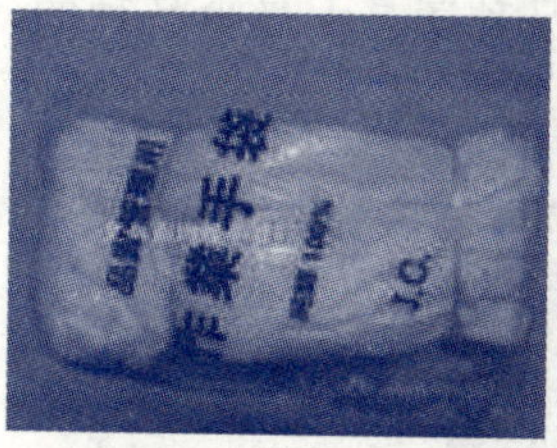

图5－8 作业手套

图5－9 分拣箱

图5－10 扫描器

图5－11 搬运车

相关知识

1．拣货设备

拣货设备大概可以分为以下三大类：

（1）人至物的拣货设备：托盘货架、轻型货架、动力（无动力）台车、堆垛机、拣送机、搭乘式存取机、动力（无动力）输送机、电脑辅助台车等（见图 5－12 至图 5－15）。

（2）物至人的拣货设备：单元负载自动仓库、轻负载自动仓库、水平（垂直）旋转自动仓库、梭车式自动仓库、无人搬运车等（见图 5－16、图 5－17）。

图 5－12　轻型货架

图 5－13　台车

图 5－14　堆垛机

图 5－15　输送机

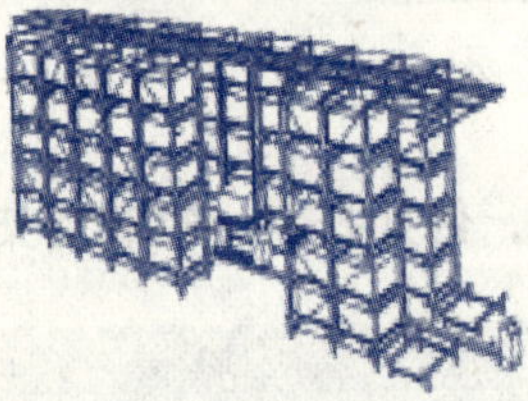

图 5－16　单元负载自动仓库

图 5－17　水平旋转自动仓库

（3）自动拣货设备：由箱装自动拣货设备、单件自动拣货设备等完全由自动的机械负责，而无需人力介入的设备。

2. 电子标签拣货系统

（1）电子标签拣货系统的原理。电子标签拣货系统（Computer Assisted Picking System，CAPs）的工作原理是通过固定在货架上的电子标签来分拣货物，然后由后台计算机系统控制的电子标签自动显示货物数量，分拣员只需按照数量提取货物并且触动确认按钮就可完成分拣工作，这是一种具有广泛用途的数字化分拣设备，无论是少量多品种还是大量少品种的货物，都可以实现分拣的自动提示和自动记录（见图 5－18）。

图 5－18　电子标签

（2）电子标签拣货系统的工作方式。电子标签在实际使用中主要有两种工作方式：摘取式（DPS）和播种式（DAS）。

①摘取式电子标签拣货系统（Digital Picking System，DPS）方式是利用电子标签实现拣货出库。首先，要在仓库管理中实现库位、品种与电子标签相对应。在出库时，出库信息通过系统处理并且传到相应库位的电子标签上，显示出该库位存放货品需出库的数量，同时发出光、声音信号，来指示拣货员完成作业。DPS 使拣货人员无需费时地去寻找库位和核对商品，只需核对拣货数量，因此在提高拣货速度和准确率的同时降低了人员劳动强度。采用 DPS 时可设置多个拣货区，以进一步提高拣货速度，如图 5－19 所示。

图 5－19　摘取式拣货

②播种式电子标签拣货系统（Digital Assorting System，DAS）方式是指每一个电子标签代表一个订单客户或者代表一个配送对象，也就是一个电子标签代表一张订单，拣货人员先将货品的总数取出，系统就会将有订购此项货品的客户所代表的电子标签点亮，拣货人员只要依据电子标签的灯号与数字显示将货品配给客户，便可完成拣货过程（见图 5－20）。

图 5－20　播种式拣货

3. 自动分拣系统

自动分拣系统是先进配送中心所必需的设施之一，有很高的分拣效率，通常每小时大约可分拣商品 6000～12000 箱。自动分拣机是提高物流配送效率的关键因素之一。

（1）自动分拣系统的作业过程。自动分拣系统目前已成为发达国家大中型物流中心所不可缺少的设施。该系统的作业过程可以简单地描述如下：物流中心每天接收成百上千家供应商或者货主通过各种运输工具送来的成千上万种商品，在最短的时间内将这些商品卸下并按照商品品种、货主、储位或者发送地点进行快速准确的分类，将这些商品运送到指定的地点（如指定的货架、加工区域、出货站台等），同时，当供应商或者货主通知物流中心按配送指示发货时，自动分拣系统在最短的时间内从庞大的高层货架存储系统中准确地找到要出库的商品所在位置，并按照所需数量出库，将从不同储位上取出的不同数量的商品按照配送地点的不同运送到不同的理货区域或者配送站台集中，以便装车配送（见图 5－21）。

图 5－21　自动分拣系统

（2）自动分拣系统的主要特点。

①能够连续、大批量地分拣货物。由于采用大生产中使用的流水线自动作业方式，所以自动分拣系统不受气候、时间和人的体力等的限制，可以连续运行，同时由于自动分拣系统

单位时间分拣件数较多，因此每小时可以分拣 7000 件包装商品，如果用人工则每小时只能分拣 150 件左右，同时分拣人员也不可能在这种劳动强度下连续工作 8 小时。

②分拣误差率极低。自动分拣系统的分拣误差率大小主要取决于所输入分拣信息的准确性大小，而这又取决于分拣信息的输入机制，如果采用人工键盘或者语音识别的方式输入，则误差率在 3% 以上，如果采用条形码扫描输入，除非条形码的印刷本身有差错，否则不会出错。因此，目前自动分拣系统主要采用条形码技术来识别货物。

③分拣作业基本实现无人化。国外建立自动分拣系统的主要目的之一就是为了减少人员的使用，减轻员工的劳动强度。分拣作业本身并不需要使用人员，人员的使用仅局限于以下的工作：送货车辆抵达自动分拣线的进货端时，需要由人工接货、由人工控制分拣系统的运行；分拣线末端由人工将分拣出来的货物进行集载、装车，自动分拣系统的经营、管理与维护。

（3）自动分拣系统的组成。自动分拣系统主要由控制装置、分类装置、输送装置及分拣道口组成。

控制装置的作用是用来识别、接收和处理分拣信号，根据分拣信号的要求指示分类装置，按照商品品种、商品送达地点或者按照货主的类别对商品进行自动分类。这些分拣需求可以通过不同方式，如可通过条形码扫描、色码扫描、键盘输入、重量检测、语音识别、高度检测以及形状识别等方式，输入到分拣控制系统中去，依据对这些分拣信号的判断，来决定某一种商品应该进入哪一个分拣道口。

分类装置的作用是依据控制装置发出的分拣指示，当具有相同分拣信号的商品经过该装置时，该装置运行，改变在输送装置上的运行方向进入其他输送机或者进入分拣道口。分类装置的种类很多，一般有推出式、浮出式、倾斜式和分支式几种，不同的装置对分拣货物的包装材料、包装重量和包装物底面的平滑程度等有不同的要求。

输送装置的主要组成部分是传送带或者输送机，其主要作用是使待分拣商品鱼贯通过控制装置、分类装置。在输送装置的两侧一般需要连接若干分拣道口，使分好类的商品滑下主输送机（或者主传送带），进行后续作业。

分拣道口是已分拣商品脱离主输送机（或者主传送带）进入集货区域的通道，一般滑道由钢带、皮带、滚筒等组成，使商品从主输送装置滑向集货站台，在那里再由工作人员将该道口的所有商品集中后，或是入库储存，或是组配装车，同时进行配送作业。

以上四部分装置要通过计算机网络联结在一起，配合人工控制及相应的人工处理环节，构成来一个完整的自动分拣系统。

（4）自动分拣系统的适用条件。在引进和建设自动分拣系统时，要考虑以下条件：

①一次性投资巨大。自动分拣系统本身需要建设机械传输线，短则 40 ~ 50 米，长则 150 ~ 200 米，还有配套的机电一体化控制系统、计算机网络以及通讯系统等。这一系统不仅占地面积大（2 万平方米以上），而且通常自动分拣系统都建在自动主体仓库中，这样就需要建 3 ~ 4 层楼高的立体仓库，库内又需要配备各种自动化搬运设施，而这丝毫不亚于建设一个现代化工厂所需要的硬件投资。这种巨额的先期投入需要用 10 ~ 20 年才可能收回成本，如果没有可靠的货源作保证，回收期可能会更长。此系统大都由大型生产企业或者大型专业物流公司投资，小企业无力进行此项投资。

②对商品外包装要求较高。自动分拣机只适于分拣底部平坦且具有刚性的包装规则的商

品。袋装商品和包装底部柔软且凹凸不平、包装容易变形、易破损、超长、超薄、超重、超高、不能倾覆的商品则不能使用普通的自动分拣机进行分拣。因此，为了使大部分商品都能够用机械进行自动分拣，可以采取两条措施：一是推行标准化包装，使大部分商品的包装都符合国家标准；二是根据所分拣的大部分商品的统一的包装特性定制特定的分拣机。但是要让所有商品的供应商都来执行国家的包装标准很困难，定制特定的分拣机又会使硬件成本上升，并且越是特别的，其通用性也就越差。因此，公司要依据经营商品的包装情况来确定是否建或者建什么样的自动分拣系统。

4. 无线手持终端

（1）手持终端的基本原理。手持终端是指集激光扫描、汉字显示、数据采集、数据处理以及数据通讯等功能于一体的高科技产品。它相当于一台小型计算机，有独立的 CPU、内存和通讯接口。它是将条码扫描装置与数据终端一体化，并带有电池可离线操作或者实时操作的终端电脑设备（见图 5－22）。

图 5－22 无线手持终端

手持终端的运行程序是由计算机编制之后下载到手持终端中，可按使用要求完成相应的功能。手持终端中的基本数据信息必须要通过 PC 数据库获得，而存储的操作结果也必须及时导入到数据库之中，这就需要一种高效的传输设备来连接手持终端和 PC，红外通讯座就是这种配套设备。它可与手持终端之间通过非接触式的红外通讯传输数据，通讯速率高达 115200b/s，而另一端直接连接 PC 的串口，从而达到手持终端与 PC 进行数据交换的目的。

手持终端能够有效地解决商品在流通过程中唯一数据标识和数量确认的问题，是保证整个物流系统的信息能够快速、准确进行处理的有效手段。

（2）手持终端的程序功能。手持终端的应用程序是依据用户的实际需要进行特定编制开发的，充分考虑了用户操作使用的方便性、灵活性、高效性以及通用性。

手持终端的基本功能主要有：

①数据采集功能。数据采集功能其实包含众多操作流程，主要包括盘点、进货、出库、移库等。将商品的条码通过扫描装置读入，查询商品信息库之后，将商品的名称、规格和单价等信息显示在屏幕上，然后对商品的数量直接进行确认或者通过键盘录入，再将数据以文本格式存储在内存当中。

②数据传输。数据传输主要包括将数据上传至 PC 和从 PC 下传数据。数据下传是将需要手持终端进行查询的商品信息和其他信息，例如订货单、出货单和验收单等单据信息，从 PC 中传送到手持终端中，而数据上传则是将手持终端中的操作结果传送到 PC 上，然后再由 PC 将数据导入数据库中。

③数据删除。数据删除是指将已经成功传输到 PC 中的操作结果删除，避免重复操作所造成的数据错误。

④系统管理。系统管理主要是为了让用户检查剩余的内存空间和调整系统时间而设立的模块。

（3）手持终端程序的优势。手持终端程序的最大优势是减少了人工操作中的差错和提高了操作人员的工作效率，使原先需人工输入和人工校验的过程转化为自动识别输入和自动数据核对、校验的过程。

①单据校验。由于在实际的使用中一次从 PC 中下传的单据信息不止一个，这就需要在操作中输入单据号来加以区分。以订单收货为例，当所订商品到货时，要求操作员要先输入订单号，然后再进行商品条码的扫描以及数量的核对，从而避免了多个订单同时收货而带来的差错。

②商品重复校验。在数据采集过程中，可能会遇到同一种商品重复读入的情况，例如，收货时同一商品重复收货，商品盘点时不同货架中会有相同的商品，这就需要在重复读入的时候能够给予提示，使操作人员确认当前的操作是否正确。对于重复收货，可采取数量覆盖形式；对于盘点，可提示已盘点的数量，并可以将同一商品的盘点数量自动累加之后保存。其他方式的物流可采用相应的处理方法。

③数量校验。在数据采集的过程中，数量输入的正确性很重要，这就需要手持终端在第一时间校验输入数量的正确性。以收货操作为例，收货人员要在货物到达后清点数量并输入到手持终端中，这时手持终端就将该数量与订单数量进行比较，如果有差错，立刻提示收货人员进行核对，从而避免由于收货人员点数错误或者是送货人员送货数的错误而引起的收货数量错误的情况。另外一层意义的数量校验是收货品种数的校验，由于收货人员必须将订单中的所有商品收入库，可能就会发生收货时漏收或者多收的情况，这时手持终端会将订单中的商品品种数和实际情况作比较并及时地将信息反映给操作员，从而保证了收货的准确性。

④清晰的操作界面提示。屏幕显示菜单式操作，每一环节都要有明确的操作提示，操作人员只需简单的培训就可以轻松地掌握操作原理。

完成任务

配送中心作业人员准备好拣货所需的各种资料、物品及设备后，即完成拣货准备任务。

技能训练

技能训练活动一：电子标签辅助拣货系统练习

【技能训练人员】

每 3 ~4 个人为一组，其中 1 ~2 个人负责输入拣货信息资料，1 ~2 个人负责操作电子标签拣货系统的软件部分。

【技能训练准备】

电脑、电子标签辅助拣货系统硬件和软件、拣货用的器具。

【技能训练目标】

通过实训，使学生认识电子标签辅助拣货系统的结构，同时了解电子标签辅助拣货系统在实际企业中的运用，感受它的优点。

【技能训练步骤】

（1）老师进行演示操作。

（2）依据老师给的订单输入到电子标签辅助拣货系统的软件中。

(3) 用电子标签辅助拣货系统的软件操作将拣货信息传递到电子标签拣货系统的硬件中。

【技能训练作业】

讨论：电子标签拣货系统在实际企业的运用中有什么好处？

【技能训练评价】

实训评价如表 5－1 所示。

表 5－1　　实训评价

班级		学号		姓名	
实训地点					
实训内容	电子标签辅助拣货系统练习实训				
评价标准	内　　容			分值/分	实际得分
	观看老师演示的认真程度			20	
	分工清楚程度			30	
	操作熟练程度			30	
	讨论时认真程度			20	
合　　计				100	

注：考评满分为 100 分，60 分以下为不合格；60 ~ 70 分为合格；71 ~ 80 分为中；81 ~ 90 分为良好；90 分以上为优秀。

技能训练活动二：无线手持终端拣货练习

【技能训练人员】

每 3 ~4 个人为一组，其中 1 ~2 个人输入拣货资料，1 ~2 个人拿无线手持终端拣货。

【技能训练准备】

电脑、无线手持终端。

【技能训练目标】

通过实训，让学生掌握无线手持终端的操作，并了解它的基本结构以及它在拣货过程中的作用。

【技能训练步骤】

(1) 老师演示手持终端拣货。

(2) 由资料输入员将拣货资料客户的情况输入到软件上。

(3) 通过无线扫描仪将拣货信息传输到计算机系统中。

【技能训练作业】

写技能训练报告。

【技能训练评价】

实训评价如表 5－2 所示。

表 5－2　实训评价

班级		学号		姓名	
实训地点					
实训内容	无线手持终端拣货练习实训				
评价标准	内　容			分值/分	实际得分
	观看老师演示的认真程度			20	
	分工清楚程度			30	
	操作熟练程度			30	
	写实训报告认真程度			20	
合　计				100	

注：考评满分为 100 分，60 分以下为不合格；60～70 分为合格；71～80 分为中；81～90 分为良好；90 分以上为优秀。

教学研讨

（1）拣货设备分为哪几类？探讨各类设备如何使用？

（2）拣货系统中的一些新技术，包括电子标签拣货系统、自动分拣系统以及无线手持终端，如何正确认识这些技术的原理、作业过程？通过学习，学生对拣货系统和拣货设备的认识能获得哪些发展？

（3）如何组织拣货准备作业任务的教学？在拣货准备作业任务教学中需要注意哪些问题？

任务二　拣货安排

任务描述

做好充分的拣货准备后，此时客户订单已经下达，为了有效地完成货物拣选，作业员开始对拣货进行具体安排。本任务主要是完成以下作业：整理客户订单资料，确定分拣的方法、分拣的手段以及合理规划拣选的路径等。

任务分析

1. 整理客户订单，确定分拣信息传送方式

对客户订单进行整理分析，确定分拣信息传送方式，主要是为了给分拣作业提供指示。

分拣信息是分拣作业的原动力，其主要的目的是指示分拣的进行，而分拣资料的源头来自于客户的订单。为了使分拣人员在既定的分拣方式下正确、迅速地完成分拣作业，分拣信

息便成为分拣作业中重要的一环。为此，在分拣开始之前，需要对顾客订单进行整理分析，根据订单的情况确定分拣信息传送方式，为分拣提供作业指示。常见的分拣信息传送方式有以下几种：

（1）传票分拣。传票分拣是最原始的分拣方式，直接利用客户的订单或者公司的交货单作为分拣指示。

根据客户的订货单分拣，分拣员一面要看着订货单的品名，一面要寻找客户订单的品名，这种分拣方式通常没有按照货位编号再加以重新排序，分拣员需要来回多趟才可拣足一张订单。这一分拣方式的优点是无须利用计算机等设备来处理分拣信息，适用于订购品项数少或者订单量少的情况。缺点则是此类传票容易在分拣过程中受到污损，或因存货不足、缺货等注释直接写在传票上，而导致作业过程中发生错误或者无法判别确认；传票上未标示产品的货位，必须靠分拣人员的记忆在货架中寻找存货位置，不能引导分拣人员缩短分拣路径，也无法运用分拣策略来提高分拣效率。

（2）分拣单分拣。分拣单分拣是目前最常用的分拣方式，将原始的客户订单输入到计算机后进行分拣信息处理，打印分拣单（见表5－3），分拣单的品名按货位编号重新编号，让分拣员来回一趟就能拣足一张订单；分拣单上印有货位编号，分拣员可按其地址寻找货物，即使不认识货物的新手也能够分拣。

表5－3　　分拣单示例

订单号	分拣员		序号：	
客户代号：	客户名称：		日期：	
NO.	货位号码	品名	数量	备注

分拣单一般依据货位的分拣顺序进行打印，分拣人员根据分拣单的顺序分拣；分拣时将货物放于搬运器具内，同时在分拣单上做好记号，然后再执行一下货位的分拣。

一般而言，分拣单是依据分拣的作业区和分拣单位分别打印的。例如，按整盘分拣（P→P）、整箱分拣（P→C）、拆箱分拣（C→B）等的分拣单分别打印和分别分拣，然后在出货暂存区集货等待出货。这是一种最经济的分拣方式，但是必须配合货位管理才能发挥其效益。其分拣精度可达0.5%左右。

各种分拣模式及其设备组合如表5－4所示。

分拣单分拣的优点：一是避免了传票在分拣过程中受到污损，在检验过程中使用原始传票查对，可修正分拣作业中发生的错误；二是产品的货位显示在分拣单上，同时可按到达先后的次序排列货位编号，引导分拣人员按最短路径分拣；三是可充分配合分区、订单分割和订单分批等分拣策略提升分拣效率。

分拣单分拣的缺点：一是分拣单的处理打印工作耗费人力、时间；二是分拣完成后仍要经过货物检验过程，以确保其正确无误。

表 5－4　　各种分拣模式及其设备组合一览表

编号	记号	模型说明	可用的设备组合
1－1	P→P SOP/MP	托盘储存/托盘取出 订单分拣/人至物分拣设备	地板直接放置/拖板车 地板直接放置 托盘货架 托盘流动架 驶入式货架 驶出式货架 后推式货架 托盘移动货架
1－2	P→P SOP/PM	托盘储存/托盘取出 订单分拣/物至人分拣设备	立体自动仓库
2－1	P→P＋C SOP/MP	托盘储存/托盘、箱取出 订单分拣/人至物分拣设备	地板直接放置/拖板车 地板直接放置/堆垛机 托盘货架/堆垛机 托盘移动货架/堆垛机 托盘货架/分拣堆垛机 立体高层货架/搭乘式存取器
2－2	P→P＋C SOP/PM	托盘储存/托盘、箱取出 订单分拣/人至物分拣设备	立体自动仓储系统
3－1	P→C SOP/MP	托盘储存/托盘、箱取出 订单分拣/人至物分拣设备	地板直接放置/台车 托盘货架/台车 托盘货架/堆垛机 立体高层货架/分拣式堆垛机
3－2	P→C SOP/PM	托盘储存/箱取出 订单分拣/物至人分拣设备	立体自动仓储系统
3－3	P→C SOP/AP	托盘储存/箱取出 订单分拣/自动分拣设备	立体自动仓储系统/层别分拣机 单箱分拣机器人
4－1	P→C SWP/MP	托盘储存/箱取出 批量分拣/人至物分拣设备	地板直接放置/笼车、牵引车 托盘货架/笼车、牵引车 托盘货架/计算机、拣台车、牵引车
4－2	P→C SW/PM	托盘储存/箱取出 批量分拣/物至人分拣设备	立体自动仓储系统
4－3	P→C SAP/MP→＋C－sort	托盘储存/箱取出 批量分拣后分类/人至物分拣设备/箱分类	托盘货架/堆垛机/箱装分类系统 托盘货架/输送机/箱装分类系统
4－4	P→C SAP/PM＋C－sort	托盘储存/箱取出 批量分拣后分类/物至人分拣设备	立体自动仓储系统/箱装分类系统

（3）标签分拣。在标签分拣方式之中，分拣标签取代了分拣单。分拣标签的数量与分拣量相等。在分拣的同时将标签贴在物品上以便确认其数量。其原理为接单之后经过计算机

处理，依据货位的分拣顺序排列打印分拣标签，订购几箱（件）货物就打印几张标签，标签张数与订购数一样，分拣人员依据分拣标签上的顺序分拣。分拣时将货物贴标之后放入分拣容器中，标签贴完了则表示该项货物也已分拣完成。

标签分拣是一种简单的分拣方式，主要应用于高单价的货物分拣；可以应用在商店类别分拣以及货物类别分拣上，但货物类别分拣的应用较多，因为可以利用标签上的条码来自动分类，其效率非常高。

这种分拣大部分应用于整箱分拣及单品分拣。整箱分拣的标签（见表 5－5）与单品分拣的标签（见表 5－6）内容不相同。整箱分拣的标签除了单品分拣标签上的内容外，还要包括客户地址及配送路线等，因此可以直接当做出货标签使用，必要时也可增加条码的打印来提高作业效率。而单品分拣之后大部分都必须装入纸箱或者塑料箱内，因此必须增加出货标签。将客户地址及配送路线的资料在出货标签（见表 5－7）上打印，但单品分拣的标签就可以省略这部分的内容了。

表 5－5　　整箱分拣标签

货位号码：A0643 数量：6 箱 品号：00055568 品名：××××××××	
品号：00055568 品名：×××××××× 订单号码：8761 客户名称：××××× 客户地址：×××××××××× 配送路线： 订单箱数一箱号：6/1	品号：00055568 品名：×××××××× 订单号码：8761 客户名称：××××× 客户地址：×××××××××× 配送路线： 订单箱数一箱号：6/1

表 5－6　　单品分拣标签

货位号码：b2068 数量：8 件 品号：000598541	
品号：000598541 品名：××××××× 订单号码：665 客户名称：××××××× 订单箱数一箱号：5/1	品号：000598541 品名：××××××× 订单号码：665 客户名称：××××××× 订单箱数一箱号：5/1

表 5－7　　出　货　标　签

订单号码：846239 客户名称：××××××××××× 客户地址：×××××××××××××××××××××× 配送路线：18 订单箱数一箱号：6/1

对于客户订单量较小的，可采用传票分拣方式，直接地利用客户的订单作为分拣指示。

作业人员可依据具体情况选择合适的分拣信息传送方式。

2. 选择分拣作业方法

分拣作业通常有以下几种方法：

（1）按单分拣。按单分拣的作业原理为：分拣人员或者分拣工具巡回于各个储存点，按照订单所要求的物品完成货物的配货。这种方式类似人们进入果园，在一棵树上摘下已成熟的果子后，再转到另一棵树上去摘其他果子，所以又形象地称之为“摘果式”。按单分拣作业的工作流程如图 5－23 所示。

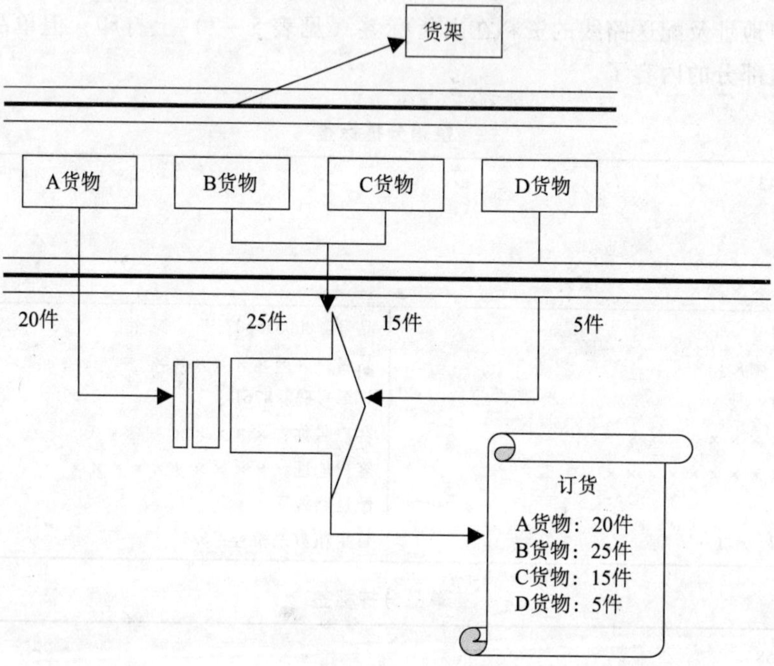

图 5－23　按单分拣作业流程示意图

按单分拣作业方法有如下特点：

①按订单分拣，容易实施，配货的准确度较高，不易出错。

②对各客户的分拣相互没有约束，可根据客户需求的紧急程度，调整配货的先后次序。

③分拣完一个货单，货物便配齐，因此货物可不再落地暂存，直接装上配送车辆。这样有利于简化工序，以提高作业效率。

④客户数量不受限制，可以在很大范围内波动。分拣作业人员的数量也可随时调节，在作业高峰时，可临时增加作业人员，有利于开展即时配送，以提高服务水平。

⑤对机械化、自动化没有严格的要求，不受设备水平的限制。

（2）批量分拣 。批量分拣作业是由分货人员或者分货工具从储存点集中取出各个客户共同需要的某种货物，然后巡回于各个客户的货位之间，按照每个客户的需要量分放后，再集中取出共同需要的第二种货物，如此反复进行，直至客户需要的所有货物全都分放完毕，便完成了各个客户的配货工作。这种作业方式类似于农民在土地上播种，一次取出几亩地所需的种子，在地上巡回播撒，所以又可形象地称为“播种式”或者“播撒式”。批量分拣作业的工作流程如图 5－24 所示。

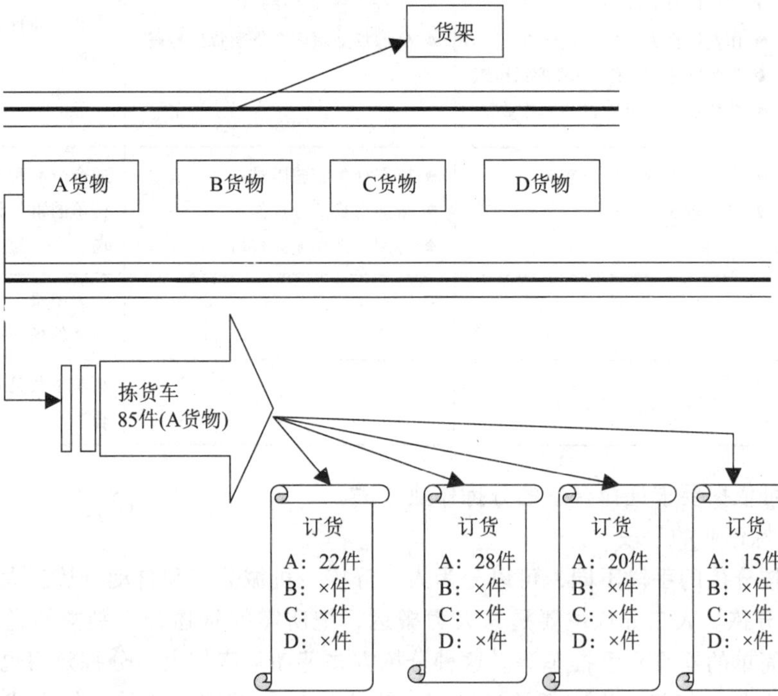

图 5－24　批量分拣作业流程示意图

批量分拣作业方式有如下的特点：

①由于是集中取出共同需要的货物，再按照货物货位分放，这就需要在收到一定数量的订单后进行统计分析，安排好各客户的分货货位后，才能反复地进行分货作业。因此，这种工艺难度较高，计划性也较强，与按单分拣相比错误率较高。

②由于是各客户的配送请求同时完成，可以同时开始对各客户所需要的货物进行配送，因此有利于车辆的合理调配、规划配送路线，与按单分拣相比，能够更好地利用规模效益。

③对到来的订单无法作出及时反应，必须等订单达到一定的数量时才能进行一次处理，可能会有停滞时间。只有根据订单到达的状况作等候分析，决定出适当的批量大小，才能够将停滞的时间减至最低。

（3）整合按单分拣。这种分拣方式主要应用于一天中每一订单只有一种品项的场合。为了达到提高输配送效率的目的，将某一地区的订单整合成一张分拣单，做一次分拣之后，集中捆包出库。它属于按单分拣的一种变形的形式。

（4）复合分拣。复合分拣是按单分拣与批量分拣的组合运用，按订单品项、数量和出库频率来决定哪些订单适合按单分拣，哪些订单适合于批量分拣。

以上四种分拣方式各有优缺点及使用的场合，如表 5－8 所示。

表 5－8　分拣方式的比较

分拣方式	优点	缺点	适用场合
按单分拣	◆ 作业方式简单 ◆ 订单前置时间短 ◆ 作业弹性大 ◆ 作业员责任明确，作业容易组织 ◆ 分拣后不必再进行分类作业	◆ 货物品种多时，分拣行走路径加长，分拣效率降低 ◆ 分拣货必须配合货架货位号码	适合多品种、小批量订单的场合
批量分拣	◆ 合计后拣货，效率较高 ◆ 盘亏较少	◆ 所有种类实施困难 ◆ 增加出货的分拣作业 ◆ 必须全部作业完成后才能发货	适合少品种批量出货，且订单的重复订购率较高的场合
整合按单分拣			一天中每一订单只有一种品项的场合
复合分拣			订单密集且订单最大的场合

作业人员可依据要求选择合适的分拣作业方法。

3. 选择分拣作业的手段

分拣作业按分拣的手段不同，可以分为人工分拣、机械分拣和自动分拣三大类。

（1）人工分拣。人工分拣主要是靠人力搬运，把所需的货物分门别类地送到指定的地点，可利用最简单的器具和手推车等。这种分拣方式劳动强度较大，分拣效率也最低。

（2）机械分拣。以机械为主要输送工具，由人工进行拣选。此种分拣方式用得最多的是输送机，有链条式输送机、传送带和辊道输送机等，有的也叫“输送机分拣”。这种方法是用设置在地面上的输送机传送货物，在各个分拣位置配备的作业人员看到标签、色标和编号等分拣的标志，便进行拣选（把货物取出），再放到手边的简易传送带或者场地上。也有用“箱式托盘分拣”的，也就是在箱式托盘中装入分拣的货物，用叉车等机械移动箱式托盘，用人力把货物放到分拣的位置，或者再利用箱式托盘进行分配。使用较多的是在箱式托盘下面装车轮的滚轮箱式托盘。这种分拣方式投资较少，可以减轻劳动强度、提高分拣效率。

（3）自动分拣。这种分拣方式主要是指分拣的动作由自动机械负责，电子信息输入后自动完成分拣作业，而无需人手介入。

自动分拣方式有 A 型分拣系统、旋转仓储系统和立体式自动仓储系统等多种。

A 型自动分拣系统类似自动售货机，有一长排的 A 型货架。货架的两侧有多个货位，每个货位储放一种货物，每个货位下方都有一分拣机械。A 型货架的中间有输送带，输送带末端连接装货的容器。当联机电脑将分拣信息传入时，欲拣货物的货位分拣机械就被启动，推出所需数量的货物至输送带。输送带的货物被送至末端，掉落至装货容器。目前 A 型自动分拣系统在国内尚无人采用。

旋转仓储系统中有多个货位，每个货位放置一种货物。当联机计算机将分拣信息传入时，欲拣货物的货位就会被旋转至前端的窗口，方便分拣员拣取。旋转仓储系统可省去货物的寻找与搬运，但是仍需要拣取动作；加上旋转整个货架，动力消耗大，故障率高，只适合于货品较轻巧的零配件仓库。

立体式自动仓储系统有多排并列的储存货架。因为货架不需旋转，所以可向上立体化，增加储存空间。货物的存取端可设多台自动存取机。当联机计算机将分拣信息传入时，自动存取机移至指定货位，拿取或者存放货物。立体式自动仓储系统通常采用单位负载的存取方式，适于“以托盘或容器为拣取单位”的拣取方式。

自动分拣方式由于是无人分拣，因此设备成本很高，这种分拣方式一般被用在高价值、出货量大且频繁的A类货物上。自动分拣生产效率非常高，分拣错误率也非常低。

除了上述三种主要的分拣手段外，还有三种辅助的手段。

（1）电子标签辅助分拣。电子标签辅助分拣是一种计算机辅助的无纸化的分拣系统，其主要原理是在每一个货位上安装数字显示器，利用计算机控制将订单信息传输到数字显示器上，分拣人员根据数字显示器所显示的数字分拣，拣完货后按确认钮，完成分拣工作，也可称做电子标签分拣。

电子标签辅助分拣的优点如下：一是沿特定的分拣路径，看电子标签灯亮就停下来，并按照显示数字分拣，不容易拣错货，其错误率可少到0.01%左右。二是可以省去来回寻找待拣货物的时间，分拣速度可提高30%～50%。三是只要寻找到电子标签灯亮的货位，并按照显示数字分拣即可，即使不熟悉货物的新手也能够分拣。

电子标签根据其功能可分为传统电子标签和智慧型电子标签。传统电子标签只能显示分拣数量，而智慧型电子标签则可显示价格、标签编号、货位编号、分拣数量、台车车号和台车格位等分拣信息。智慧型电子标签是在传统电子标签的基础上发展起来的，其功能更加完善。其主要的功能特点包括以下几个方面：

- 一个电子标签可对应一个货位或者多个货位；
- 指示一个分拣员进行单一订单的分拣；
- 指示一个分拣员进行多张订单的分拣；
- 指示多个分拣员进行单一订单的分拣；
- 指示多个分拣员进行多张订单的分拣；
- 指示分拣的路径；
- 立即更正分拣错误；
- 指示库存盘点。

（2）RF辅助分拣。RF是分拣作业的人（分拣员）机（计算机）界面，主要是让计算机负责繁杂的分拣顺序规划与记忆，来减少“寻找货物”的时间。RF通过无线式终端机显示出所有分拣信息，比电子标签更具作业弹性，不过，其价格要高于电子标签。另外，因RF的显示不如电子标签简单，致使分拣员的直觉反应较差。RF适合的分拣方式主要以托盘为分拣单位，并采用叉车进行辅助分拣。

这种分拣方式可利用在按单分拣和批量分拣方式中，因为成本低且作业弹性大，尤其适用于货物品项很多的场合，所以常被用在多品种少量订单的分拣上，与分拣台车搭配使用最为常见。RF分拣的分拣生产力每小时约为300件左右，而分拣错误率在0.01%左右，拣货的前置时间大约为1小时左右。

（3）IC卡分拣。IC卡分拣是一种计算机辅助的分拣方式，其主要原理是利用计算机及条码扫描器的组合，将订单资料由计算机主机复制到IC卡上，分拣人员将IC卡插入到计算机中，根据计算机上所指示的货位，刷取货位上的条码，若与计算机的分拣资料不一致，掌上终端就会发出警告声，直到找到正确货物货位为止，若与计算机的分拣资料一致，掌上终端就会显示分拣数量，分拣员可依据所显示的分拣数量分拣，分拣完成后按确认钮，便完成拣货工作；分拣信息利用IC卡传回到计算机主机，同时将料账扣除。IC卡分拣也是一种无纸化的分拣系统，但不是即时的处理系统，而是批次处理系统。

作业人员可依据要求选择合适的分拣手段并结合辅助分拣方式来进行分拣。

4. 选择拣货路径

不同层次的单品（小件商品、箱装商品、托盘装商品等）要采用不同的拣货路径。通常有以下两种类型的路径可供选择：

(1) 无顺序的拣货路径。无顺序的拣货路径是指由拣货人员自行决定在配送中心内各通道拣货顺序的方式。由于拣货员完成一批订单可能会在同一条路径上行走两次，增加行走里程和手的拣货动作，易使拣货员产生疲劳，另外拣货员要花大量的时间来寻找商品所在的位置。因此，这种拣货路径工作效率比较低。

(2) 顺序的拣货路径。顺序拣货路径是指按照产品所在货位号的大小从储存区域的入口到出口顺序来确定拣货路径，这是一种较为常用的拣货路径。按照这种拣货路径，拣货人员先拣取储存区域内某一通道上所需的产品，从通道的一端向另一端行进时，下一个要拣出的产品的货位离上一个最近，这样走完全程就一次性地把所有的商品拣出。按照这种拣货路径拣货的优点是缩短拣货员拣货的时间和拣货里程，减少拣货员疲劳和拣货误差，提高拣货的效率。

无论采用何种拣货路径，均需要考虑如何准确、快速和低成本地将货物拣出，同时还要考虑操作方便和缩短行走路径等问题。

作业人员可依据拣选商品在库位置自行设计拣货路径。

相关知识

拣 货 单 位

拣货单位通常可分为单品（Bulk）、箱（Case）和托盘（Pallet）三种。一般而言，托盘是体积及重量最大的拣货单位，其次为箱，最小的为单品。

(1) 单品（B）：也称做“单件”或“散货”。单件商品包装成独立单元，以该单元为拣取单位，是拣货的最小单位。

(2) 箱（C）：单件装箱而成，拣货过程以箱为拣取单位。

(3) 托盘（P）：也称做“栈板”。由箱堆码在托盘上集合而成，经托盘装载之后加固，每只托盘堆码数量固定，拣货时以整只托盘为拣取单位。

除此之外，有些特殊的物品（体积过大、形状特殊或者必须在特殊情况下作业的货物），如桶装液体、散装颗粒或者冷冻食品等，拣货时以特定的包装形式和包装单位为标准。

完成任务

配送中心作业人员依次做好整理客户订单资料，确定分拣方法及手段，合理规划拣选的路径后，即完成拣货安排任务。

技能训练

技能训练活动一：拣货资料的形成

【技能训练人员】

分组，每组1~3个人。

【技能训练步骤】

（1）建立小组，选择拣货对象。

（2）小组中每个人选择一种形成拣货资料的方式。

（3）小组中每人利用选择的方式形成拣货资料。

（4）形成拣货资料后，就拣货资料的形成时间、内容的详细程度以及对今后拣货作业的实施帮助等方面进行比较。

（5）经过对拣货资料形成过程的体验，及对各种形成方式的优缺点进行比较，对不同性质的订单和企业各适合用哪种方式形成拣货资料得出结论。

【技能训练注意事项】

（1）各组各自选择的形成拣货资料的方式，针对拣货对象，其数量和发生拣货作业的频率应该相一致。

（2）各组之间所选择的拣货对象也应该是相一致或类似的，这样得出的结论才更有可比性。

【技能训练作业】

撰写训练报告，在组内及各组之间进行讨论：每个人就自己选择的形成拣货资料的方式适合什么性质的订单和企业进行阐述，并就组内所有方式产生的不同效果进行讨论并得出一致的结论；之后在各组之间进行总结。

【技能训练评价】

形成拣货资料训练考评（见表5-9）。

表5-9　　形成拣货资料训练考评表

考评人		被考评人	
考评地点			
考评内容	形成拣货资料		
考评标准	内　　容	分值/分	实际得分/分
	拣货资料形成的完整性	30	
	对所选用的拣货资料形成方式的理解和分析	30	
	能否为不同性质的订单和企业选择正确的拣货资料形成的方式	40	
合　计		100	

注：考评满分为100分，60~74分为良好；86分以上（含85分）为优秀。

技能训练活动二：拣货作业单的形成

【技能训练人员】

分组，每组 3 ~ 6 个人。

【技能训练步骤】

(1) 建立小组。

(2) 发放拣货资料：资料发放员要选择一种认为最适合的拣货资料的形成方式，并将形成的拣货资料传到拣货作业员处。

(3) 形成拣货作业单：拣货作业员依据收到的拣货资料，形成以下三种拣货作业单，如表 5 – 10 至表 5 – 12 所示。

表 5 – 10　　　　　按订单拣货单

<table>
<tr><td colspan="3">拣货单号：</td><td colspan="3">客户订单号：</td><td colspan="5">拣货时间：起　　讫</td></tr>
<tr><td colspan="6">客户名称：</td><td colspan="5">复核时间：起　　讫</td></tr>
<tr><td colspan="6">拣取储位：</td><td colspan="5">拣货员签名：</td></tr>
<tr><td colspan="6">出货日期：</td><td colspan="5">复核员签名：</td></tr>
<tr><td rowspan="2">序号</td><td rowspan="2">储位号码</td><td rowspan="2">商品名称</td><td rowspan="2">商品编号</td><td colspan="4">包装单位</td><td rowspan="2">拣货转换</td><td rowspan="2">拣取数量</td><td rowspan="2">备注</td></tr>
<tr><td>箱</td><td>盒</td><td>散品</td><td>零散总数</td></tr>
<tr><td></td><td></td><td></td><td></td><td></td><td></td><td></td><td></td><td></td><td></td><td></td></tr>
<tr><td></td><td></td><td></td><td></td><td></td><td></td><td></td><td></td><td></td><td></td><td></td></tr>
<tr><td></td><td></td><td></td><td></td><td></td><td></td><td></td><td></td><td></td><td></td><td></td></tr>
<tr><td></td><td></td><td></td><td></td><td></td><td></td><td></td><td></td><td></td><td></td><td></td></tr>
<tr><td></td><td></td><td></td><td></td><td></td><td></td><td></td><td></td><td></td><td></td><td></td></tr>
<tr><td colspan="2">合　计</td><td></td><td></td><td></td><td></td><td></td><td></td><td></td><td></td><td></td></tr>
</table>

表 5 – 11　　　　　按批量拣货单

<table>
<tr><td colspan="2">拣货单号：</td><td colspan="3"></td><td></td><td></td><td></td><td rowspan="2">储位编号</td></tr>
<tr><td colspan="2">用户名称：</td><td colspan="2"></td><td rowspan="4"></td><td>箱</td><td>整托盘</td><td>单件</td></tr>
<tr><td colspan="2">规格型号</td><td colspan="2"></td><td></td><td></td><td></td><td></td></tr>
<tr><td colspan="2">商品编号</td><td colspan="2"></td><td></td><td></td><td></td><td></td></tr>
<tr><td colspan="2">生产厂家</td><td colspan="2"></td><td></td><td></td><td></td><td></td></tr>
<tr><td colspan="2">拣货时间</td><td colspan="3"></td><td>拣货人</td><td colspan="3"></td></tr>
<tr><td colspan="2">核查时间</td><td colspan="3"></td><td>核查人</td><td colspan="3"></td></tr>
<tr><td rowspan="2">序号</td><td rowspan="2">订单编码</td><td rowspan="2">用户名称</td><td colspan="3">包装单位</td><td rowspan="2">数量</td><td rowspan="2">出货货位</td><td rowspan="2">备注</td></tr>
<tr><td>箱</td><td>整托盘</td><td>单件</td></tr>
<tr><td></td><td></td><td></td><td></td><td></td><td></td><td></td><td></td><td></td></tr>
<tr><td></td><td></td><td></td><td></td><td></td><td></td><td></td><td></td><td></td></tr>
<tr><td></td><td></td><td></td><td></td><td></td><td></td><td></td><td></td><td></td></tr>
<tr><td></td><td></td><td></td><td></td><td></td><td></td><td></td><td></td><td></td></tr>
<tr><td></td><td></td><td></td><td></td><td></td><td></td><td></td><td></td><td></td></tr>
</table>

表 5-12　　按客户拣货单

拣货单号:				用户订单编号					
用户名称:									
出货日期:				出货货位号					
拣货时间:	年 月 日至 年 月 日			拣货人					
核查时间:	年 月 日至 年 月 日			核查人					
序号	储位号码	商品名称	规格型号	商品编号	包装单位			数量	备注
					箱	整托盘	单件		

【技能训练作业】

(1) 讨论分析：各个小组分析在特定的拣货资料条件下按照订单拣货模式的优缺点，对何种性质订单和企业可选择此拣货作业模式得出结论。

(2) 撰写技能训练报告，并对此次技能训练进行评价。

【技能训练评价】

形成拣货单训练考评（见表 5-13）。

表 5-13　　形成拣货单训练考评表

考评人		被考评人	
考评地点			
考评内容	按订单拣货模式		
考评标准	内　容	分值/分	实际得分/分
	拣货资料形成方法的选定	20	
	拣货作业单的完成情况	30	
	对各种拣货模式的分析	20	
	何种性质的订单和企业适合选择此模式的结论	30	
合　计		100	

注：考评满分为 100 分，60～74 分为良好；86 分以上（含 85 分）为优秀。

教学研讨

(1) 常见的分拣信息传送方式有哪几种？分别用于什么情况？

(2) 分拣作业的方法包括哪些？各有何特点？各类分拣方法分别适用于什么情况？

(3) 常见的辅助分拣手段有哪几种？辅助分拣手段在实际应用中需注意哪些问题？通过学习，使学生对辅助分拣手段的认识获得哪些发展？

(4) 如何组织拣货安排作业任务的教学？在拣货安排作业任务教学中需要注意哪些问题？

任务三　货物拣选

任务描述

完成拣货安排之后，拣货人员要开始进行货物的拣选，货物的拣选从寻找待拣储位开始，经过确认储位以及货物储量、拣取货物等一系列过程后，最终将货物运送到集货区进行储存。

任务分析

1. 寻找待拣储位

依据拣货单信息，拣货员首先要寻找拣取货物的储位，确定该货物所属的库房号、作业区见图 5－25、货架号见图 5－26、货架层和列信息。

图 5－25　作业区

图 5－26　货架

2. 确定拣货储位及应拣货物的储量

找到待拣储位之后，拣货员首先要确认被拣货物的品名、规格和数量等内容是否与拣货信息传递指示（拣货单或者电子拣货屏的指示）一致。这种确认既可通过人工目视读取信息，也可利用无线传输终端机读取条码由电脑进行对比，后一种方式通常可以大幅度降低拣货的错误率（见图 5－27 至图 5－29）。

图 5－27　按电子拣货屏指示作业

图 5－28　人工读取信息

图 5－29　无线传输终端机读取条码

拣货员核对确定应拣货物目前的储量是否大于此次拣取数量；若大于，则可以进行拣货；若储量小于此次拣取数量的话，需记录下储量信息并组织订货。

3. 根据拣货作业规范拣取商品

拣货信息确认之后，拣取的过程可以由人工或自动化设备来完成（见图5－30、图5－31）。

图5－30 人工拣货

图5－31 自动拣货设备拣货

4. 更新货物信息标示卡

拣取完货物之后，拣货员需要更新货物信息标示卡（见图5－32），更改货物储存数量等信息。

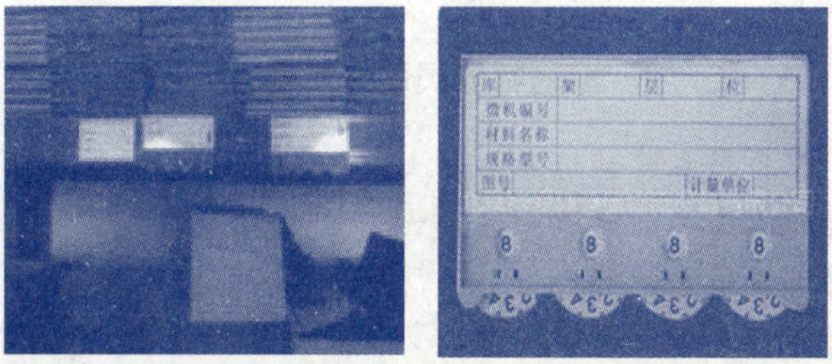

图5－32 货物信息标示卡

知识链接

储位标示管理功能：

☐ 确定储位资料正确性
☐ 提供位置记录
☐ 提供存取货品的位置依据
☐ 提高调仓、移仓的效率
☐ 利用电脑处理分析
☐ 迅速依序存储或拣货
☐ 方便盘点
☐ 易于掌握存储空间
☐ 避免货物乱放堆置

5. 将完成拣货的商品送至待验区

拣货员可以步行或者搭乘运载工具（如叉车等）到达待验区，也可由自动储存配货系统完成。拣货人员应该尽量缩短行走和货物搬运距离，来提高拣货作业效率。

6. 对待验区货物进行检验

送入待验区的货物，待验区检验员要对拣取的货物进行检验，核查货物品名和数量等与拣货单是否一致、质量是否符合标准等。

7. 将货物从待验区送至集货区

将检验合格的货物送到集货区并分类集中。当货物体积小、重量轻时，可采用人力将拣取出的货物分类集中，也可采用机械辅助作业，或者利用自动分货机自动将拣取出来的货物进行分类集中。

相关知识

1. 拣货员的职责范围

（1）按订单的要求，将商品拣出来，放到指定位置。

（2）熟练拣货，认真地完成拣货任务。

（3）做好拣货出库实际总结和报告。

（4）做好拣货设备的定期检查，若发现问题应及时向保养人员报告。

知识链接

配送物流员职业道德

（1）勤恳敬业即工作勤奋、钻研业务。

（2）廉洁奉公即一心为公、廉洁无私。

（3）尊重顾客即礼貌待客、客户为上。

（4）爱护货物即视同已物、文明操作。

（5）遵章守纪即令行禁止、照章办事。

（6）顾全大局即团结协作、密切配合。

（7）优质服务即主动热情、细心周到。

（8）诚实守信即坦诚相见、恪守信用。

2. 拣货作业的检查要点

拣货作业除了少数自动化设备逐渐被开发应用之外，大多数仍靠人工完成，因此在拣货系统的建构中，正逐渐使用自动化拣货设备来代替人工拣货。这样可使劳动力效率得到有效的提高。在进行拣货时，必须掌握以下八个要点：

（1）不要等待——零闲置（ZeroIdle）时间：依据动作时间分析和人机时间分析方式改善。

（2）不要拿取——零搬运：多使用输送带和无人搬运车（AGV），减少人力负荷。

（3）不要走动——路线的缩短：拣货工作分区，采用物至人拣取方式或者导入自动仓库等自动化设备。

（4）不要思考——零判断业务：简化作业，不依赖熟练工，使用条码自动识别装置以及自动化设备。

(5) 不要寻找——做好储位管理：随时整理和整顿货物，确定储位编排正确，拣取时以电子标志灯即时指示。

(6) 不要书写——零事务作业：用电脑传输指示拣货，实现免纸张作业（Paper - less），避免笔误造成作业错误。

(7) 不要检查——降低拣错率，缩短覆点时间：用条码读取由电脑辅助检查（如 RFDC）或者实施“无验货系统”。

(8) 无缺货——做好商品管理、储位管理、库存管理和拣货管理：用电脑随时掌握安全库存量、订购时机和补货频率等状况。

完成任务

配送中心作业人员依次做好寻找待检储位，进行储位及货物储量的确认，根据拣货作业规范拣取商品，更新货物信息标示卡，将完成拣货的商品送至待验区，对待验区货物进行检验，将货物从待验区送至集货区后，即完成货物拣选任务。

技能训练

技能训练活动一：组织拣货

【技能训练人员】

分组，每组 3 ~ 6 个人。

【技能训练步骤】

(1) 建立小组。

(2) 各小组选择一种类型的拣货单，分工协作，分别分析客户所订商品的品种和规格型号等。

(3) 根据任务分析中所述步骤完成货物的拣取。

【技能训练作业】

(1) 各小组分析在拣货过程中出现的问题及应对措施。

(2) 撰写技能训练报告，对此次技能训练进行评价。

【技能训练评价】

对组织拣货完成情况进行评价（见表 5 - 14）。

技能训练活动二：拣货作业综合训练

【技能训练人员】

分组，每组 5 ~ 10 个人。

【技能训练步骤】

(1) 建立小组。

(2) 分工：组员可分别担任拣货系统中的拣货资料发放员、拣货系统管理员、拣货作业员以及拣货系统检验员等职务。

表 5-14　　组织拣货考评表

考评人		被考评人	
考评地点			
考评内容	组织拣货		
考评标准	内　容	分值/分	实际得分/分
	寻找待检储位的速度和正确性	20	
	拣取货物方法的正确性	30	
	货物运送的操作情况	20	
	对货物检验的完成情况	20	
	各组员的协作情况	10	
合　计		100	

注：考评满分为 100 分，60～74 分为及格；75～84 分为良好；85 分以上（含 85 分）为优秀。

（3）形成拣货资料：拣货系统管理员可通过对客户订单的研究，制订出最适合此订单的拣货资料形成方式。由拣货资料发放员运用管理员制订的资料形成方式，根据客户订单形成拣货资料，发放给拣货作业员。

（4）制订拣货作业方法：拣货系统管理员根据客户的订单以及拣货资料，选用适当的拣货策略，制订适合此单的拣货方法。

（5）拣货作业：拣货员依据拣货资料和拣货作业方法，运用拣货策略，进行拣货作业。

（6）检验：检验员依据拣货作业的相应指标，对拣货作业的结果进行检验。

【技能训练作业】

（1）组内展开讨论，分析本组拣货作业方法的优与劣；各组之间进行讨论，分析各组所确定的拣货策略和拣货作业方法是否最适合该客户的订单。

（2）撰写技能训练报告，对此次技能训练进行评价。

【技能训练评价】

形成拣货综合训练考评（见表 5-15）。

表 5-15　　拣货作业综合训练考评表

考评人		被考评人	
考评地点			
考评内容	拣货作业综合训练		
考评标准	内　容	分值/分	实际得分/分
	组内各岗位之间的协作关系	10	
	拣货作业方法的制订	25	
	拣货策略的制订	25	
	分析所选用的作业方法和拣货策略	30	
	拣货作业过程和检验过程	10	
合　计		100	

注：考评满分为 100 分，60～74 分为良好；86 分以上（含 85 分）为优秀。

教学研讨

（1）如何组织货物拣选作业任务的教学？在拣货准备作业任务教学中需要注意哪些问题？

（2）如何组织一次有效率的货物拣选实训？

单元六

补货作业

配送中心的一般作业流程中，补货实际上是拣货的一种辅助活动，其目的主要是确保货物保质保量、按时送到指定的拣货区，所以不作为一个独立的作业环节；但由于拣货是配送流程中的关键环节，而与之息息相关的补货，其经常性特征得以凸显，为此在这里作为单元内容加以阐释。

在不同范围内，补货的含义是有区别的。广义的补货是指需求企业库存量低于最低库存时，向供应商或者配送中心发出订货补货信息，采用批量连续供货等形式以保证货物的不断货和降低缺货率。狭义的补货是指在配送作业的流程中，从储存区把货物运到拣货区的工作，这也是本单元所说的补货。无论是广义还是狭义的补货，都需要建立准确预测和高效的补货计划，依据动态需求及时补足货物，减少运营费用和调整滞后带来的高成本。高效的库存管理可以使物流配送企业在高水平服务的同时降低库存。本单元包括存货检查与补货两项任务。

学习目标

- □ 明确补货的目的和作用以及业务流程
- □ 根据存货水平填写补货单
- □ 区分保管储区和动管拣货区
- □ 确定补货的方式和时机
- □ 设计组织补货作业任务的教学

任务一　存货检查

任务描述

当拣货区的存货低于设定标准时，工作人员就需要将货物从仓库保管区域搬运到拣货区。搬运前，要先对存货进行检查，确定目前的存货量及待补货物的品名和数量等。

任务分析

1. 检查动管拣货区存货水平

对现有拣货区存货水平的检测是补货系统工作的起点。只有准确地知道现有存货的水平，才能够确定需要补充多少存货。

对现有存货的检测主要有两种方法：定期和连续的检测方法。定期检测是按一定的周期对存货进行检查的方法，周期的具体确定可依据实际情况而定，可以是几天、一周或者一个月检测一次。连续检测要求存货管理者连续记录存货的进出，每次存货处理之后都要检测各产品的数量。

2. 确定补货货物品名、数量等信息

检查动管拣货区存货量后，补货系统就要决定补货货物的品名和数量等信息，填制补货单（见表6－1）。

表6－1　　补　货　单

类别		补货日期/时间				本单编号	
项次	存放储位	品名	货品编号	货源储位	单位	需要数量	实发数量

相关知识

1. 保管储区与动管拣货区区别

保管储区是指对货物进行储存的区域，而动管拣货区（储区）是指在拣货作业时所使用的拣货区域，此区域的货品在短时期内即将被拣取出货，其货品在储位上流动频率较高，所以称为动管储区。

由于动管拣货区的功能是满足拣货的需求，为了减少拣货时间、缩短距离并降低拣错率，就必须在拣取时能够很方便迅速地找到欲拣取货品所在位置，因此储存标示与位置指示非常重要。要使拣货顺利进行、降低拣错率，除了需要设计合理的拣选策略外，还需要依赖一些拣货设备，如电子标签等辅助拣货系统。动管拣货区的管理方法就是这些位置指示以及拣货设备的合理应用。

以目前配送中心少量、多样、高频率出货的需求而言，一般仓库的基本作业功能并不能满足物流中心的作业需求。因此，发挥动管拣货区的作用，进行动管效率的评估与提升，越来越受到配送中心的重视。

2. 动管拣货区设立需求分析

在传统的仓储系统中，是否设立动管拣货区一直没有明确的标准，将保管与动管分开主要基于以下几个方面的考虑：

（1）从物料管理的角度来看，储位分为保管储区与动管拣货区在推行上有困难。目前配送中心的库存管理大多以计算机进行处理，再加以各种设备，如无线电通讯传输，对库存信息的掌握已相当迅速和准确，所以在推行技术上已不再困难。

当保管储区与动管拣货区分开时，保管储区通常是以托盘为单位，没有零散箱数；而动管拣货区每一货品仅有一储位，虽有零散箱数，但数量少，因此管理及盘点均相当明确。对于仅有一个保管储区的配送中心而言，更能有效地掌握货品动向。

（2）若由保管储区中直接拣取，也就是一次拣货，但若分成保管储区与动管拣货区则需要二次拣货。事实上，虽然二次拣货似乎花费的时间与人力均较一次高，但是保管储区补货至动管拣货区是以托盘为单位，作业比较简单，且由保管储区到动管拣货区的补货作业仅发给被拣取完的品项或者不足的品项，次数并不频繁，所以并未增加多少负担，相反缩短了行走距离和寻找货品的时间。

（3）虽然保管储区、动管拣货区分开似乎增加了许多空间负担，但由于储存的数量相同，储存货架区域实际上差异很少。为了拣货方便，动管场所的通道必须宽敞，从而降低了保管效能[21]，但是综合作业时间与效率两者同时考虑，两区域并存有其必要性。

案例分析

例如，在单位长度1米的货架上堆积10种商品，每一种商品在5个托盘上以箱为单位进行商品的储放保管，所以每一种商品占用货架的总长度为50米，为了取出这10种以箱为单位的商品，必须走50米。若每一种商品只用一个托盘来保管，则只需走10米，这就表示步行距离变成只有原来步行距离的1/5。因此，在拣货区域每种商品只放1个托盘，作为动管拣货区，其他的4个托盘则放在其他保管储区上，在拣货时就可避免重复无用的行走距离，这就是动管拣货区与保管储区分开安置的理由。

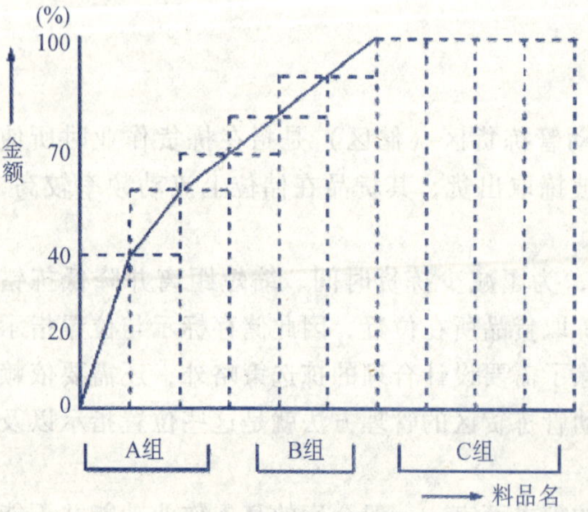

图6－1 ABC分析法

（4）对商品种类作ABC分析（见图6－1）。A类商品种类占所有商品种类的10%，而出货量占总出货量的70%。在策略方面，可以考虑将A类放在动管拣货区，而B、C类放在保管储区。在设备方面，动管拣货区使用流动棚架，保管储区使用一般货架，或者是动管拣货区放置在一般货架的底层，保管储区放置在货架的上层，可以发挥储位管理的最佳功能。

3. 动管拣货区的整理工作

配送中心若能够进行必要的整理工作，可有效地减少寻找货品的时间，缩短行走的距离，使效率提升20% ~30%。一般配送中心拣货作业，在拣取时所花费的时间很短，但是花费在寻找货品和行走上的时间特别多，若能进行有效整理，并将货架编号、货品编号和货品名称简明地标示，再利用灯光管制、颜色区分，不但可以提升拣货效率，也可降低拣错率。特别要强调的是，商品的移动以及储位的变更一定要及时和准确地更新记录，以掌握最准确的信息。

完成任务

配送中心作业人员做好动管拣货区存货水平检查工作，确定目前的存货量及待补货物的品名和数量后，即完成存货检查任务。

技能训练

技能训练活动：组织存货检查

【技能训练人员】

分组，每组3 ~6个人。

【技能训练步骤】

（1）建立小组。

（2）组织存货检查：资料发放员给每个小组发放一部分订单，各小组根据订单资料对存货进行检查，并记录补货货物的信息。

（3）形成补货单：补货作业员依据补货货物信息形成补货单（见表6 -1）。

【技能训练作业】

（1）各小组分析存货检查中出现的问题并提出解决的方法。

（2）撰写技能训练报告，对此次技能训练进行评价。

【技能训练评价】

存货检查训练考评表（见表6 -2）。

表6 -2 存货检查训练考评表

考评人		被考评人	
考评地点			
考评内容	存货检查		
考评标准	内　　容	分值/分	实际得分/分
	检查存货方法的选定	20	
	拣货单的完成情况	30	
	对存货检查问题解决方案的讨论	30	
	技能训练报告完成情况	20	
合　　计		100	

注：考评满分为100分，60 ~74分为良好；86分以上（含85分）为优秀。

教学研讨

（1）如何组织存货检查作业任务的教学？在存货检查作业任务教学中需要注意哪些问题？

（2）探讨保管储区与动管拣货区的主要区别？为什么要设立动管拣货区？通过学习，使学生对动管拣货区的认识获得哪些发展？

任务二　补　　货

任务描述

补货员手持补货单，知道需补货物的品名和数量等信息后，进行补货作业。补货作业首先要确定补货时机和补货的方式，然后将货物从保管区域移到动管拣货区域，并将此迁移作业作库存信息处理。

任务分析

1. 选择补货时机

补货作业的发生与否主要是看动管拣货区的货物存量是否符合要求，因此究竟何时补货要看动管拣货区的存量，避免出现在拣货中途才发觉动管区的货量不够，还要临时补货，最终影响整个出货时间的情形。

（1）批次补货。批次补货是在每天或者每一批次拣取前，经由电脑计算所需货品的总拣取量，再查看动管拣货区的货品量，计算差额，并且在拣取前一特定时点补足货品。此为一次补足的补货原则，较适合一日内作业量变化不大、紧急追加订货不多，或者是每批次拣取量大、作业量能够事先掌握的情况。

（2）定时补货。定时补货就是将每天划分为数个时点，补货人员在时段内检查动管拣货区货架上货品存量，若不足马上将货架补满。此为定时补足的补货原则，比较适合分批拣货时间固定且处理紧急追加订货的时间也固定的情形。

（3）随机补货。随机补货指定专门的补货人员，随时巡视动管拣货区的货品存量，若有不足随时补货。此为不定时补足的补货原则，较适合每批次拣取量不大且紧急追加订货较多，以至于一日内作业量不易事前掌握的情况。

2. 选择补货方式

掌握补货时机之后，应用合理的补货方式不但可以提高补货的效率，还可以降低补货操作人员的劳动强度，以保证拣货作业的顺利进行。在实际操作中，可通过多种方式来进行补货。主要的补货方式如下：

(1) 按照每次补货量区分。

①整箱补货（见图6-2）：由料架保管区补货至流动棚架的动管区。此种补货方式保管区为料架储放，动管拣货区为两面开放式的流动棚架，拣货时，拣货员于流动棚架拣取区拣取单品并放入浅箱（篮）中，然后放至输送机运至出货区。当拣取后发觉动管区的存货已低于水准之下则要进行补货，补货方式为作业员至料架保管区取货箱，以手推车载箱至拣货区，由流动棚架后方（非拣取面）补货。此保管、动管区储放形态的补货方式比较适合体积较小且少批量多品种出货的货品。

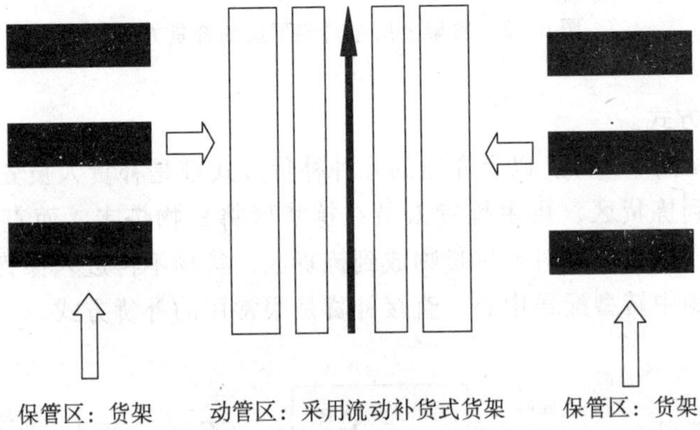

图6-2 整箱补货方式

②整托盘补货A：由地板堆叠保管区补货至地板堆叠动管区。此种补货方式，保管区为以托盘为单位地板平置堆叠储放，动管区也为以托盘为单位地板平置堆叠储放，所不同的地方在于保管区面积较大，储放货品量较多；动管区面积较小，储放货品量较少。拣取时，拣货员于拣取区拣取托盘上的货箱，放至中央输送机出货；或者可以使用堆垛机将托盘整个送至出货区（当拣取大量品项时）。当拣取之后发觉动管拣取区的存货低于水准之下，就要进行补货。其补货方式为：作业员以堆垛机由托盘平置堆叠的保管区搬运至同样是托盘平置堆叠的拣货动管区。此保管、动管区储放形态的补货方式比较适合体积大或者出货量多的货品。

③整托盘补货B：由地板堆叠保管区补货至托盘料架动管区。此种补货方式，保管区为以托盘为单位地板平置堆叠储放，而动管区则为托盘料架储放。拣取时，拣货员在拣取区搭乘牵引车拉着推车移动拣货，拣取之后再将推车送至输送机轨道出货。一旦发觉拣取后动管区库存太低，就要进行补货。其补货方式为作业员使用堆垛机很快到地板平置堆叠的保管区搬回托盘，送到动管区托盘料架上储放。此保管、动管区储放形态的补货方式比较适合体积中等或者中量（以箱为单位）出货的货品。

④料架上层至料架下层的补货（见图6-3）。此种补货方式为保管区与动管区在同一料架，是将一料架上的两手方便取之处（中下层）作为动管区，不容易取之处（上层）作为保管区。进货时，将动管区放不下的多余货箱放到上层保管区。在动管拣取区进行拣货，当动管区的存货低于水准之下就可利用堆垛机将上层保管区的货品搬至下层动管区补货。此保管、动管区储放形态的补货方式，比较适合体积不大、每品项存货量不高，并且出货多属中小量（以箱为单位）的货品。

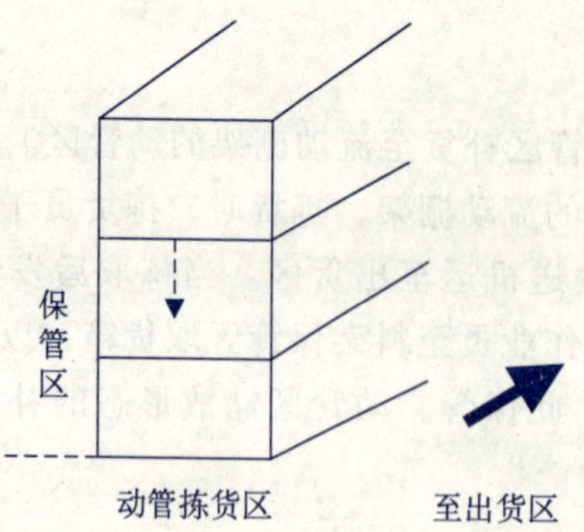

图 6-3　料架上层至料架下层的补货方式

(2) 其他补货方式。

①直接补货（见图 6-4）。以上介绍的几种补货方式都是补货人员先到补货区将货物取出，然后将货物移到拣货区，再由拣货人员在拣货区将货物拣走。而直接补货方式与此不同，它是补货人员直接在进货时就将货物放到拣货区，货物不再进入保管区的拣货方式。对于一些周转非常快的中转型配送中心，直接补货是很常用的补货方式。

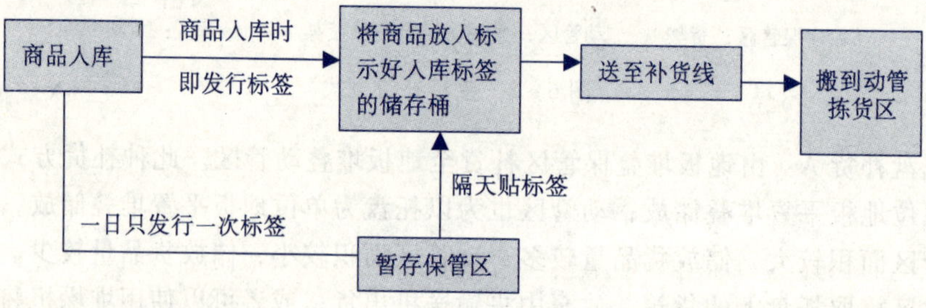

图 6-4　直接补货方式

②复合式补货（见图 6-5）。在复合式补货情况下，拣货区的货物采取同类货物相邻放置的方式，而保管区则采用两阶段的补货方式。

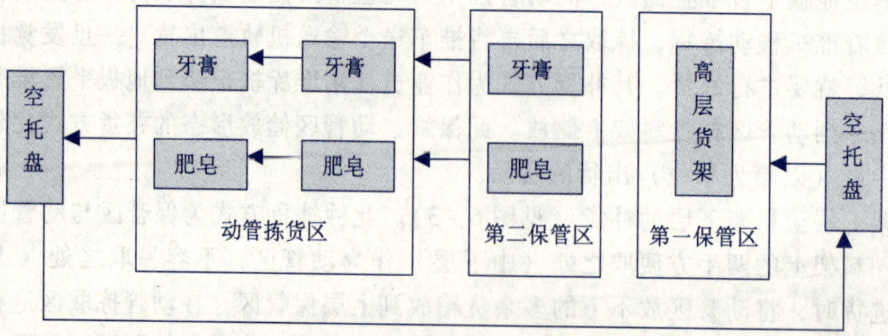

图 6-5　复合式补货方式

③自动补货（见图6－6）。自动补货是指由自动仓库将商品送至旋转货架的补货方式。

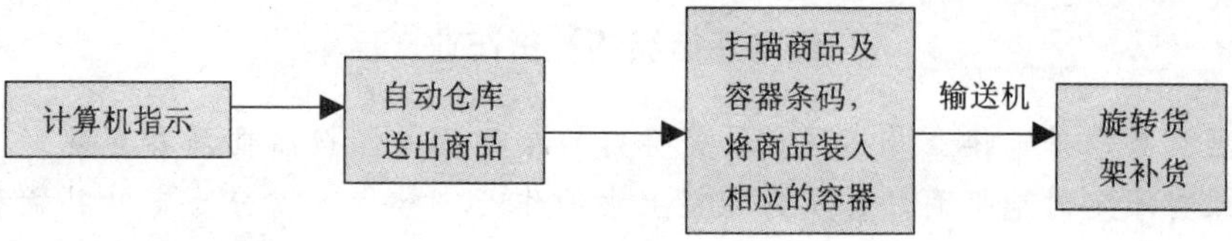

图6－6　自动仓库补货方式

3. 开始补货

确定好补货时机和方式之后，补货员从仓库中拣取货物并将货物由保管区域搬到动管拣货区域，并摆放整齐、整理干净。

从保管区把货物搬到拣货区需要使用手推车、叉车和堆垛机等装卸搬运工具，货物可使用箱、托盘等集装方式。

4. 更新货物信息

管理人员要在企业的信息系统中对补货完毕的货物进行信息更新，以便了解货物当前状态。

相关知识

补货作业注意事项

（1）已经变质、受损、破包、受污染、过期和条形码错误的商品严禁出售。

（2）需要补货时，必须先整理排面，维持好陈列柜的清洁。

（3）补货时要利用工具（平板车（见图6－7）、五段车和周转箱（见图6－8）等）进行补货，以减少体力支出，提高工作效率。

图6－7　平板车

图6－8　周转箱

（4）叠放在托盘上的货品，应注意重量及体积大的放在下层，体积小和易坏的要在上层，摆放整齐。

（5）补货完毕之后，速将工具、纸箱等整理干净。

（6）补货完毕之后需检查价格是否与商品对应。

（7）补货时商品要轻拿轻放，避免因重摔而影响商品的质量。

知识链接

超市理货员的补货作业

超市理货员的补货作业是指理货员将标好价格的商品，按照商品各自既定的陈列位置，定时或者不定时地将商品补充到货架上去的作业。补货可以分为定时补货和不定时补货。

定时补货指在非营业高峰时对货架商品进行补充，而不定时补货指只要货架上商品即将售完，就立即补货。

由于零售店铺实行的是低价格的策略，商品价格水平略低于其他零售形式，会吸引大量的顾客；又由于零售店铺出售的是日常生活必需品，单位价格较低，购买频率较高，每一种商品的陈列货架面积有限，不可能满足所有顾客的需要。为此，能否及时地补货直接影响到零售店铺的销售额，并关系着企业的经济效益。

理货员在巡视零售店铺卖场时，其工作的内容可分为两类：整理商品和补充陈列架上的商品。

1. 整理商品

若商品陈列架上的商品不需要补充，理货员就要进行整理商品的工作。具体可包括以下几个方面工作。

（1）将货架上的商品前移。在零售店铺中，顾客一般会先购买货架上前排商品，也就是直接面对消费者的商品，当前排商品出现空缺时，理货员就要及时将后排商品前移，填补空缺处，以体现零售店铺商品的丰富感。

（2）清洁商品。理货员要随身携带抹布，一发现商品或者货架不干净，就要立即擦拭。因为不干净的商品很容易使顾客产生不新鲜的感觉，使顾客对商品的质量产生怀疑。检查标签，检查商品的质量。在整理商品时，要注意商品的保质期，商品的包装是否破损，商品是否已发生变质，一旦发现要及时处理。若已被销售出去，要立即告诉卖场经理，采取必要的补救措施，而将损失控制在最低的限度上。

2. 补货上架

在营业高峰前和结束营业前易缺货，店长应要求店员及时发现商品缺货的情况，并进行补货。补货以补满货架、端架或者促销区为原则，尽量不堵塞通道，不妨碍顾客的自由购物，补货时要注意保持卖场的清洁。

在补货前要先对系统的库存数据进行确认，属于缺货时，将暂时缺货标签放置在货架上。补货品项依促销品项、主力品项、一般品项的重要等级依次地补货上架。有保质期限的商品和食品必须要遵循“先进先出”的原则。

补货时注意检查商品的质量、外包装及条形码是否完好和价格标签是否正确。理货员在货架补货时，首先要检查商品上的售价标签是否与陈列架上的价格卡的具体内容相同，按照区域依货架的顺序进行。店员可以在不改变陈列位置和方法的前提下进行补货。

在补货时，先将该档商品取下，擦拭货架，然后按“先进先出”的原则将原来剩下的商品摆放在前排，新补的商品摆放在后面，确保在商品保质期内将商品销售出去。对生鲜食品和冷冻食品的补货应注意不同时段的投放量控制。在早晨开门前，应将所有种类的生鲜食品和冷冻食品补充到既定货架上，但是数量不宜超过全天销售总量的40%，中午再补充30%，到下午营业高峰前再补充30%。这样既确保了这类食品的新鲜度，也分散了理货员一次补货的工作量。

在货架补齐后，要及时清理通道的垃圾和存货，垃圾送到指定点，而存货送回库存区。

完成任务

配送中心作业人员确定好补货时机和补货方式，然后将货物从保管区域移到动管拣货区域，更新货物状态信息后，即完成补货任务。

技能训练

技能训练活动：货物补货

【技能训练人员】

分组，每组3~6个人。

【技能训练步骤】

（1）建立小组。

（2）确定补货时机和方式：资料发放员给每个小组发放一部分订单和补货单，各个小组根据补货单和订单资料确定补货时机和方式。

（3）进行补货：补货员从仓库中拣取货物并且将货物由保管区域搬运到动管拣货区域。

【技能训练作业】

（1）讨论分析：各个小组分析进行补货中出现的问题并提出解决的方法。

（2）撰写技能训练报告，对此次技能训练进行评价。

【技能训练评价】

补货训练考评（见表6－3）。

表6－3　　补货训练考评表

考评人		被考评人	
考评地点			
考评内容	补　　货		
考评标准	内　　容	分值/分	实际得分/分
	补货时机和方式的选定	20	
	货物拣取和搬运的完成情况	20	
	对补货问题解决方案的讨论	30	
	技能训练报告完成情况	30	
合　　计		100	

注：考评满分为100分，60~74分为良好；86分以上（含85分）为优秀。

教学研讨

（1）如何组织补货作业任务的教学？在补货作业任务教学中需要注意哪些问题？

（2）如何组织一次有效率的补货作业实训？

单元七

配货作业

配货作业是指把拣取分类完成的货物经配货检查过程后，装入容器，做好标志，再运到配货准备区，待装车后发送。配送是很复杂、工作量很大的活动，特别是在用户多、所配品种规格多、需求批量少、需求频度又很高的时候，这就要求必须在很短时间内完成配货工作。所以，如何选择配货方法及如何高效率完成配货作业，在某种程度上决定着配送企业的服务质量和经济效益。本单元包括配货准备、配货检查、货物包装及发货单的生成四项任务。

学习目标

- □ 能明确配货作业的内容及流程
- □ 会使用配货设备和相关物品
- □ 能开展配货检查
- □ 能进行货物包装
- □ 能缮制发货单
- □ 能设计配货作业的教学内容

任务一　配货准备

任务描述

为了有效地完成配货作业，作业人员需要进行配货的准备工作。配货准备工作是指要完成配货设备及物品准备工作，并把拣货完毕的货物按照用户或者配送路线进行分类。

任务分析

1. 准备配货设备及物品

配货员需要准备好必要的配货设备，如手推车、笼车等，检查自动分拣系统正常运作情况，备齐一些常用的物品，如笔、纸和单据等。

2. 分货

分货是把拣货完毕的货物，按照用户或者配送路线进行分类的工作。分类方式一般有以下几种：

(1) 人工分类。人工分类也就是“人到货”的配货方式，是由人工根据订单或者其他信息将各用户的货品进行分类。具体的有“播种式”和“摘果式”两种方式。先将需要配送的商品集中搬运到理货区，再分配到各指定的用户区或者容器中的方式称为“播种式”。而根据用户订单，按照订单类别拣取货物，然后按照订单直接将商品集中起来的方式称为“摘果式”。例如，便利店的配送作业，就是服务业中摘果式配货作业的典范。

(2) 旋转货架（见图 7－1）分类。旋转货架分类也就是“货到人”的配货方式，是将旋转货架的每一格位当成客户的出货筐，分类时要在电脑中输入各客户的代号，放置架就会自动将货架转至作业员面前。

图 7－1　旋转货架

为节省成本，也可采用旋转架分类的方式。这种方式将旋转架的每一格当成客户的出货筐，分类时只要在电脑中输入各客户的代号，旋转架就会自动将货架转至作业员面前。同样，即使采用没有安装动力设置的小型旋转架，也可以作为人工目视处理的货筐，只不过作业员要按照每格位上的客户标签自行旋转寻找，以便将货物放入正确位置。

(3) 自动分类机分类。自动分类机分类是指利用电脑和自动识别系统进行自动化分货配货工作。这种系统具有准确、快捷和高效的特点，特别适合于品种多、业务繁忙的配送中心。这种自动化分拣系统的分拣作业与上面介绍的传统分拣系统有着很大差别，可以分为三大类：自动分拣机分拣、机器人分拣和自动分类输送机分拣（见图 7－2 至图 7－4）。

图 7－2　自动分拣机

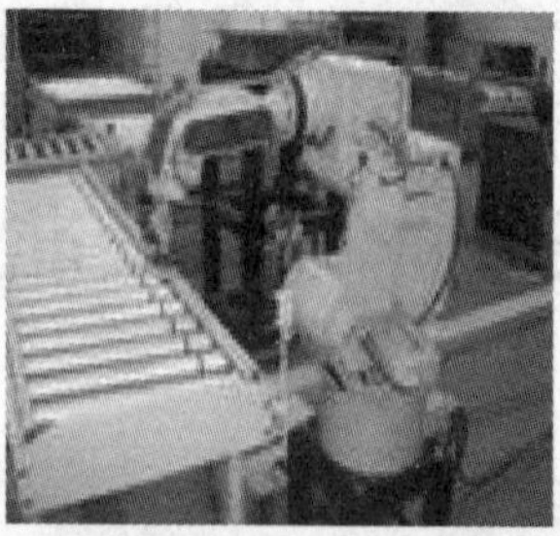

图 7－3　机器人分拣系统

图 7－4　自动分类输送机

①自动分拣机。通常称为盒装货物分拣机，是药品配送中心常用的一种自动化分拣设备。此种分拣机有两排倾斜的放置盒状货物的货架，架上的货物用人工按照品种、规格分别

分列堆码；货架的下方是皮带输送机；依据集货容器上条码的扫描信息控制货架上每列货物的投放；投放的货物直接装进集货容器，或者落在皮带上后，再由皮带输送进入集货容器。

②机器人分拣系统与装备，和自动分拣机分拣相比，机器人分拣具有很高的柔性。

③自动分拣系统。当供应商或者货主通知配送中心按订单发货时，自动分拣系统在最短的时间内可以从庞大的存储系统中准确找到要出库的商品所在的位置，并按照所需数量、品种、规格出库。自动分拣系统一般由识别装置、控制装置、分类装置和输送装置（见图7-5）组成，并需要自动存取系统（AS/RS）（见图7-6）支持。

图7-5 输送装置

图7-6 自动存取系统

知识链接

自动分类机的配置与功能

自动分类机的配置不同，其功能也就不同且各具特色。按照其滑出形式不同，可分为将载物部分倾斜滑落的倾斜式和水平分出处理式两种。在选用自动分类机时，通常从以下五个主要方面来考虑：物品数量、物品形状、重量分析、容器尺寸分析及易损坏物分析。

相关知识

配货设备按照其自动化程度的不同可以分为两大类：人工分拣设备和自动化分拣设备。

1. 人工分拣设备。在配送中心的分拣工作中，手推车由于轻便灵活的特性而被广泛使用。由于一般手推车没有提升能力，所以一般承载能力在500千克以下。根据其用途以及负荷能力的不同，可以将手推车主要分为二轮手推车、多轮手推车和物流笼车三类。

（1）二轮手推车。二轮手推车基本上可分为东方型和西方型两类。东方型结构架具有弧状或者平行的横板，轮子在外侧，用来搬运混装的货物非常有用，如桶、袋、箱或者其他等重的货物。西方型结构架的横板平行，轮子在内侧，手把呈弧状，可以配合货车搬运及用于火车站。

（2）多轮手推车。根据用途以及负荷不同，多轮手推车有不同的尺寸和设计方式，可以分为木制或者金属制。按照脚轮布置及用途不同，可分为以下几种类型：

①按脚轮布置不同分类。

- 脚轮平置式。脚轮平置式手推车一端有两个固定脚轮，另一端有两个活动脚轮或者有刹车的活动脚轮，台车高度较低，适合于轻度或者中度负荷。

- 脚轮平衡式。脚轮平衡式手推车的四轮均为活动脚轮，灵活度很高，适于轻度负荷。
- 六轮平衡式。六轮平衡式手推车的中间有两个固定脚轮，两端各有两个活动脚轮，一般适于中重负荷的要求。

②按用途不同分类。

- 立体多层式。立体多层式手推车是将传统的单板台面改成了多层台面设计，增加了物品的盛放空间及存取的方便性。
- 折叠式。折叠式手推车是将推杆设计成可折叠的方式，方便携带，容易收藏，并被广泛使用。
- 升降式。升降式手推车装有升降台面来供承载物升降，其轮子多采用耐压并附有刹车定位的车轮以供准确定位。多用于搬运体积较小及重量较重的金属制品。
- 附梯式。附梯式手推车在其旁边附有梯子，方便由货架高处拣货。

（3）物流笼车。物流笼车大多高于1450毫米，通常通过高强度的焊接架构，利用向上延伸的空间，来加大放置物品的空间，并且可折叠收藏。

2. 自动化分拣设备。自动化分拣系统类型众多，但主要组成部分基本相同，大体上是由收货输送机、喂料输送机、分拣指令设定装置、合流装置、分拣输送机、分拣卸货道门及计算机控制器七部分组成。

常见的自动分拣设备有如下几种：

（1）钢带推出式分拣机。这种分拣机的主体是整条的钢带输送机，钢带（见图7－7）厚为0.8～1.2毫米，宽为750～950毫米，由一个大直径的飞轮驱动，单机的长度可由分拣道口的数量决定。钢带的一侧或者两侧设有分拣道口，被拣货物通过定位器，被分成左右两行，当到设定的道口时，则由推出机构推入分拣道口。

图7－7　钢带推出式分拣机

钢带行走的速度为60～120米/分钟，分拣能力因带速以及被拣货物的长度不同而有所不同，一般为2000～4000件/小时，最大可以达6000件/小时，分拣货物的重量为1～70千克，包装尺寸最大可为2000毫米×1000毫米×1000毫米，最小则为150毫米×150毫米×150毫米。

钢带推出式分拣机适用范围广，除易磨损钢带的包装外都能适用，并可在上下两层同时分拣，机械强度较高，耐用性好，维修费用较低。而缺点是分拣能力较低，分拣道口间距较大，在同一个位置只能单侧设置分拣道口，造价也相对比较高。

（2）胶带浮出式分拣机。胶带浮出式分拣机主体是分段的胶带输送机。在分拣道口处设置一排可向两侧转向并可上下浮动的橡胶斜轮。当货物抵达设定的分拣道口时，斜轮上浮，把货物斜移转弯，进入拣道口。

胶带宽度为600～750毫米，每一个分拣道口有一排斜轮，间距为3米左右，分拣输送机的带速通常在100米/分钟以上，分拣能力为6 000～8 000件/小时，分拣货物的重量为1～50千克，包装尺寸最大为1 200毫米×700毫米×900毫米，而最小为200毫米×200毫米×100毫米。被拣货物包装的底面需要平整硬实。

胶带浮出式分拣机的优点主要包括：对商品冲击小，可以分拣易碎商品，机身较低，噪声小，营运费用低，并便于扩充，分拣道口较多，分拣能力高。其缺点是对包装形状和质量要求高。

（3）翻盘式和翻板式分拣机。翻盘式分拣机传送装置是一排由链条拖行的翻盘，翻盘到设定的分拣道口，向左侧倾斜，被拣货物在重力的作用下滑入分拣道口。翻板式分拣机与翻盘式（见图7－8）类似，皆属于倾翻型，它的传送部分是由并列的窄状翻板所组成。

图7－8　翻板式分拣机

翻盘式和翻板式分拣机具有布置灵活，能够从多处送入分拣货物，分拣道口可布置在分拣线的两侧，可置较多的道口，位置灵活、经济，能够分拣极小的货物等优点。其缺点是噪声大，营运成本较高，不适宜较大、较重及较高的货物。

（4）滑块式分拣机。滑块式分拣机（见图7－9）的传送装置是一条特殊的板式输送机，板面用金属板或者金属管组成，每块金属板或者金属管上各有一枚导向块，能作横向滑动。导向块靠在输送机一侧，当被分拣货物到达指定道口时，控制器使导向块有顺序地向道口方向滑动，并把货物推入分拣道口。

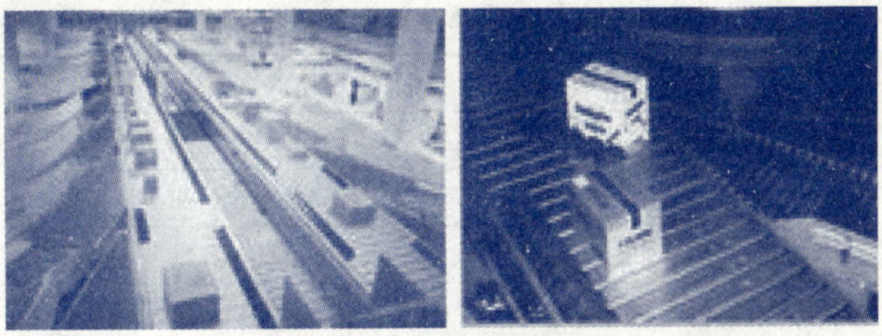

图7－9　滑块式分拣机

这种分拣机能在计算机的控制下，自动识别、采集数据和操纵导向块，因此又称为“智能型输送机”，其振动小，不损货物，适宜于各种形状及体积，重量在1～90千克的货物。最高可达12 000件/小时的分拣能力，而准确率达到99.9%，是目前最新型的分拣机。

完成任务

配送中心作业人员准备好配货设备及物品并对货物分类后，即完成货物配货准备任务。

技能训练

技能训练活动：拣货单位向配货单位转变

【技能训练人员】

分组，每组2~4个人。

【技能训练步骤】

（1）建立小组，制作一些写有拣货单位和配货单位的卡片。

（2）分工：组内的成员分别抽取一种拣货单位和一种配货单位。

（3）完成配货单位与拣货单位的配合：组内成员可根据自己抽到的拣货单位和配货单位的组合，来完成由拣货单位到配货单位的变化。

（4）检查商品出货形式：检查人员依据作业者抽取到的拣货单位和配货单位的组合，针对这一组合所做的作业内容来进行检查。

【技能训练注意事项】

（1）作业人员在完成作业内容时，需要注意不同的拣货模式对配货单位的影响。

（2）检查人员在检查时也要考虑作业人员所选择的拣货模式，以及货物是否属于同一客户所有。

【技能训练作业】

撰写训练报告，并且讨论作业者所完成的作业内容是否完整无误、快捷迅速。

【技能训练评价】

对技能训练进行评价，完成拣货单位向配货单位转变训练考评（见表7-1）。

表7-1　　拣货单位向配货单位转变训练考评表

考评人		被考评人	
考评地点			
考评内容	不同拣货单位向配送货单位转变		
考评标准	内　容	分值/分	实际得分/分
	对于等待进行出货形式作业商品的选定	40	
	完成拣货单位向配货单位转变的过程	40	
	对于完成内容的检查	20	
合　计		100	

注：考评满分为100分，60~74分为及格；75~84分为良好；85分以上（含85分）为优秀。

教学研讨

（1）如何组织配货准备作业任务的教学？在配货准备作业任务教学中需要注意哪些问题？

（2）常见的配货设备都有哪些？各类配货设备使用时的注意事项是什么？

任务二　配货检查

任务描述

接到已经分类完毕的出货货物，配货员接下来要做的是进行配货检查。配货检查作业是指根据用户信息、发货指示书等信息检查产品的状态和品质，核对拣送物品的商品号码和数量，并确认不同货物的配货要求，保证发运前的货物品种、数量和质量无误。

任务分析

1. 检查发货信息

配货员对发货信息进行检查，主要是检查货物的商品品质、数量，对货物商品号码和状态进行核对，如图 7－10 所示。

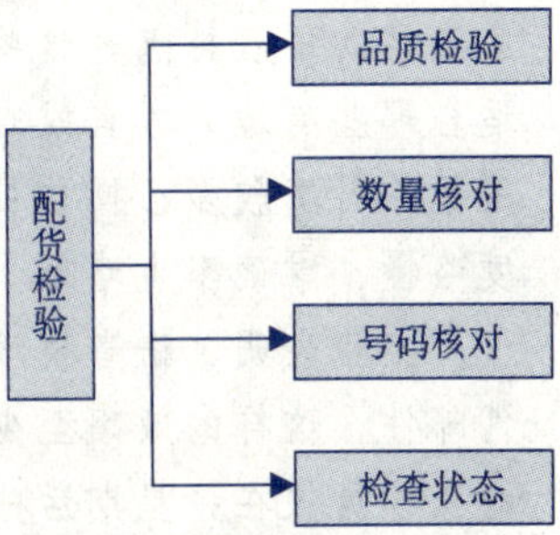

图 7－10　配货检查作业内容

2. 确认货物配货要求

对货物信息检查后，还要进一步确认不同货物的配货要求，为下一步作业服务。配货要求的具体内容如表 7－2 所示。

表 7－2　配货要求确认表

出货对象	出货数量	出货时间	出货形式	货捆包数	备　注

相关知识

配货检查的方式

1. 人工检查

人工检查是指将货品一个个点数并逐一核对出货单，进而检查配货的品质和状态。这是一种比较原始的方法，为了提高人工检查的效率，可将货物有规律地放置，如进行“五五化堆码”等，以便于点数；或采用称重办法，先称出货物的总重量，再对照货物的单位重量，计算并核对出配货数量；还可采用抽查的技术。

知识链接

“五五化”堆码是以五为基本计算单位，堆码成各种总数为五的倍数的货垛，以五或者五的倍数在固定区域内堆放，使得货物“五五成行、五五成方、五五成包、五五成堆、五五成层”，堆放整齐，上下垂直，过目知数，便于货物的数量控制、清点盘存。

2. 声音输入检查法

声音输入检查法由作业员发声读出商品名称、代码和数量之后，语音识别系统接收声音并自动识别，转换成资料信息与发货单进行对比，从而判断出是否有差误。此方法的优点是作业人员只需用嘴读取资料，解放了手脚，自由度较高；缺点是发声要准确且每次发音字数有限，否则电脑辨识困难，可能会产生错误。

知识链接

MailCode 公司开发的语音识别设备有两种：口音适应型和非口音适应型。口音适应型设备需操作员在生产前进行口音适应训练，操作员需要花半小时左右的时间让设备适应自己的语音特点，这些特点作为文件保存到系统之中，以备将来使用。这种设备尤其适合那些有地方方言或者口音的操作员。非口音适应型设备基本上不需要语音训练，适用于临时工较多、操作员不固定的场所。而非口音适应型设备比起口音适应型设备来速度略慢，准确率也略低。

实验表明，语音技术提高了生产率。一个熟练的手工分拣员平均每小时可分拣 700 件邮件，这样的效率至少需要 3 个月的训练。而使用语音识别技术，一个没有经过训练的操作员仅在一星期后分拣速度就可以达到每小时 550 件，4 周之后分拣速度就可达到每小时 700 件。另外，手工分拣每小时查找邮件 150 件，而利用语音技术，邮件查找量每小时可达到 600 件，随着操作员对设备越来越熟练，分拣的精确度也会进一步提高。

3. 商品条形码检查法

这种方法需要导入条形码，条形码是要随货物移动的，检查时用条形码扫描器阅读条形码内容，电脑会再一次把扫描信息与发货单进行自动对比，进而检查商品数量与号码上的差异。

知识链接

商品条形码是指由一组规则排列的条、空及其对应字符组成的标志，用以表示一定的商品信息的符号。其中条为深色，而空为浅色，用于条形码识读设备的扫描识读。其对应字符由一组阿拉伯数字组成，供人们直接识读或者通过键盘向计算机输入数据使用。而这一组条空和相应的字符所表示的信息是相同的。

4. 重量计算检查法

重量计算检查法是要先加总出货单上的货品重量，后将拣出货品以计重器称出总重量，再将两者互相比对的检查方式，此种方法特别适用于大量小件货品的检查。实际上在拣货过程中，如果能利用装有重量检核系统的拣货台车拣货，则在拣取过程中就能利用此种方法来作检查，拣货员每拣取一样货品，台车上的计重器就会自动显示其重量并进行查对，如此可完全省去事后的检查工作，在效率及正确性上的效果会更佳。

完成任务

配送中心作业人员做好发货信息的检查工作，并确认配货符合要求后，即完成配货检查任务。

技能训练

技能训练活动：配货检查

【技能训练人员】

分组，每组3~6个人。

【技能训练步骤】

(1) 建立小组，制作一单或者几单客户信息及出库商品信息。

(2) 分工：组内成员分别担任配货检查员。

(3) 进行配货检查作业：组内成员对要出库产品和客户信息进行比对，从而对配货作业进行检查。

(4) 评价所检查的配货作业：经配货作业人员的检查，判断此批配货商品是否正确及可否出库进入配送准备区。

(5) 填写配货检验检测记录（见表7－3）。

表7－3　配货检验检测记录

供货厂	发货地	发货日期	发运形式	运票号	提货提单	批次号	检验日期	
序号	货物名称	货物编号	包装种类	包装情况	毛重/kg	净重/kg	体积	车皮号/汽车号
监装人：			接货人：		交货人：		年　月　日	

【技能训练注意事项】

(1) 客户信息制作人员和配货检查人员应区分开，以检验配货检查人员是否真正掌握了检查环节。

(2) 在配货检查作业过程中，注意配货检查的要点，有条件的可自己制作一些电脑可识别的条码，以进行自动化配货检查作业。

(3) 组内人员可互相交换角色，制定不同的客户信息和出货商品，分别进行强化配货检查训练。

【技能训练作业】

(1) 讨论配货检查人员在检查环节中的失误，并探讨完善配货检查方法。

(2) 完成技能训练报告。

【技能训练评价】

填写配货检查训练考评表（见表7－4）。

表 7－4　　配货检查训练考评表

考评人		被考评人	
考评地点			
考评内容	配货检查		
考评标准	内　　容	分值/分	实际得分/分
	客户信息的制作	15	
	出货商品信息的制作	15	
	配货检查作业过程	40	
	对配货检查过程中存在问题的分析	30	
合　　计		100	

注：考评满分为 100 分，60～74 分为及格；75～84 分为良好；85 分以上（含 85 分）为优秀。

教学研讨

（1）如何组织配货检查作业任务的教学？在配货检查作业任务教学中需要注意哪些问题？

（2）配货检查的方式有哪些？分别适用于什么情况？

任务三　货物包装

任务描述

对于物流企业，包装作为进入物流配送的第一个环节，其重要性会影响到配送的每一个环节。举一个简单的例子，一个物流配送人员应该根据商品本身的物理属性选择包装材料，如易碎的瓷器应该采用全面防震技术，在纸箱或者木箱中用防震材料填充满，并在包装箱加贴“易碎”标志。包装过程中任何一个疏忽都会导致送到收货人手中的物品遭到损坏。

配货员完成配货检查任务后，要对配送货物进行重新包装、打捆等，以保护货物，提高运输效率，利于配送到户时客户识别各自的货物。本任务主要是完成包装的准备工作、包装和捆包以及加标和检重工作。

任务分析

1. 包装工作的准备

【第一步】 准备若干类包装材料

根据货物需要，准备下列若干类包装材料。

（1）金属包装材料（见图 7-11 至图 7-14）。

- 金属包装材料
  - 黑色金属材料
    - 板材：薄钢板、马口铁、镀锌钢板等
    - 带材：打包钢带、圆钉、铁丝等
  - 有色金属材料
    - 板材：合金板、铝板等
    - 箔：铝箔、合金箔等

图 7-11

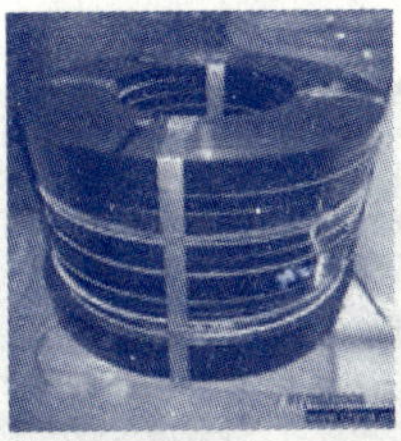

图 7-12 打包钢带

图 7-13 铝板

图 7-14 铝箔

（2）玻璃包装材料（见图 7-15 至图 7-17）。

- 包装用玻璃
  - 普通玻璃
  - 特种玻璃

图 7-15

图 7-16 普通玻璃

图 7-17 钢化玻璃

（3）木制包装材料（见图 7-18 至图 7-20）。

- 包装用木材
  - 天然木材（红然木材）：马尾松、冷杉、杨木、桦木、柞木等
  - 人造木材
    - 纤维板：木丝板、刨花板等
    - 胶合板：三夹板、五夹板等

图 7-18

图 7-19 纤维板

图 7-20 胶合板

(4) 纸和纸板（见图 7 - 21 至图 7 - 26）。

- 包装用纸及纸板
  - 纸
    - 普通包装纸：牛皮纸、纸袋纸、包裹纸等
    - 特殊包装纸：邮封纸、羊皮纸、石蜡纸、透明纸、油纸等
    - 包装装潢纸：书写纸、胶版纸、压花纸、表面涂层纸等
  - 纸板
    - 纸板：箱纸板、黄纸板、白纸板、卡片纸等
    - 瓦楞纸：瓦楞原纸、瓦楞纸板等

图 7 - 21

图 7 - 22　牛皮纸

图 7 - 23　石蜡纸

图 7 - 24　胶版纸

图 7 - 25　箱纸板

图 7 - 26　瓦楞纸

(5) 塑料包装材料（见图 7 - 27 至图 7 - 31）。

- 包装用塑料
  - 塑料
    - 热塑性塑料：聚乙烯、聚氯乙烯、聚苯乙烯等
    - 热固性塑料：酚醛塑料、脲醛塑料等
  - 复合塑料
    - 塑料与塑料复合
    - 塑料与其他材料复合：与纸复合、与金属复合等

图 7 - 27

图 7 - 28　热塑性塑料

图 7 - 29　热固性塑料

图 7 - 30　塑料复合包装袋

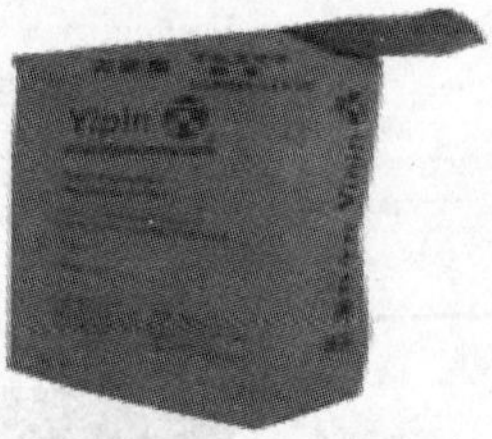

图 7 - 31　塑料与纸复合

【第二步】结合相关知识，辨识各种不同包装用材料并能说明其主要的用途及优点

【第三步】识别包装储运图示标志的名称和图形（见表 7 - 5）

表 7－5　　　　包装储运图标志

序号	标志名称	标志图形	含义	备注/示例
1	易碎物品		运输包装件内装易碎品，因此搬运时应小心轻放	使用示例：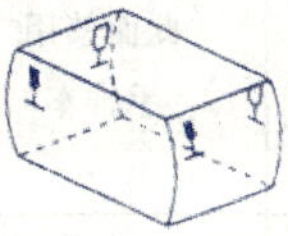
2	禁用手钩		搬运运输包装件时禁用手钩	
3	向上		表明运输包装件的正确位置是竖直向上	使用示例：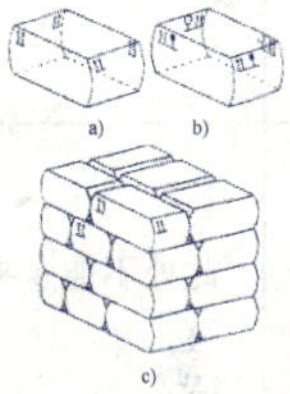
4	怕晒		表明运输包装件不能直接照晒	
5	怕辐射		包装物品一旦受辐射便会完全变质或损坏	
6	怕雨		包装件怕雨淋	
7	重心		表明一个单元货物的重心	使用示例：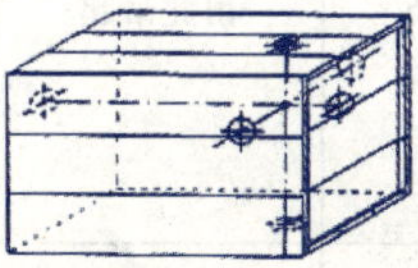本标志应标在实际的重心位置上
8	禁止翻滚		不能翻滚运输包装	

续表

序号	标志名称	标志图形	含义	备注/示例
9	此面禁用手推车		搬运货物时此面禁止放手推车	
10	禁用叉车		不能用升降叉车搬运的包装件	
11	由此夹起		表明装运货物时夹钳放置的位置	
12	此处不能卡夹		表明装卸货物时此处不能用夹钳夹持	
13	堆码重量极限		表明该运输包装件所能承受的最大重量极限	
14	堆码层数极限		相同包装的最大堆码层数 n 表示层数极限	
15	禁止堆码		该包装件不能堆码并且其上也不能放置其他负载	
16	由此吊起		起吊货物时挂链条的位置	使用示例：本标志应标在实际的起吊位置上。
17	温度极限		表明运输包装件应该保持的温度极限	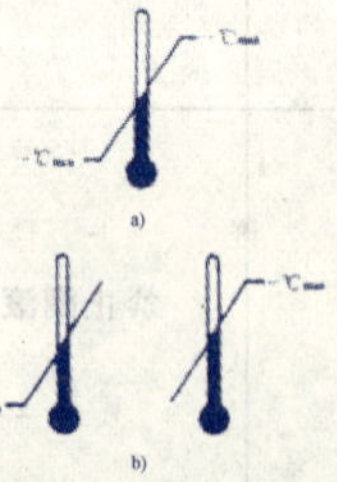

【第四步】了解包装储运标志的尺寸（见表 7－6）

表 7－6　包装储运标志尺寸

序号 \ 尺寸	长（厘米）	宽（厘米）
1	70	50
2	140	100
3	210	150
4	280	200

【第五步】确定标志颜色

标志颜色应为黑色。若包装的颜色使得黑色标志显得不清晰，则应该在印刷面上用适当的对比色，最好以白色作为图示标志的底色。

避免应用易于同危险品标志相混淆的颜色。除非另有规定，通常应避免采用红色、橙色或者黄色。

【第六步】了解标志的使用方法

标志的打印可以采用印刷、粘贴、拴挂、钉附及喷涂等方法打印标志。印刷时，外框线及标志名称都要印上；喷涂时，外框线及标志名称可省略。

一个包装件上使用相同标志的数目应该根据包装件的尺寸和形状来确定。标志在各种包装上的位置如表 7－7 所示。

表 7－7　标志在各种包装上的粘贴位置

包装种类	标志在各种包装件上的粘贴位置
箱类包装	位于包装端面或侧面
袋类包装	位于包装明显处
桶类包装	位于桶身或桶盖
集装单元货物	位于四个侧面

下列标志的使用应按照如下规定：

（1）标志“易碎物品”应该标在包装件所有四个侧面的左上角处（如表 7－5 中序号 1 的使用示例）。

（2）标志“向上”应该标在与“易碎物品”标志相同的位置上（如表 7－5 中序号 3 示例 b 所示）。

（3）标志“重心”应尽可能标在包装件所有六个面的重心位置上，否则至少应该标在包装件四个侧、端面的重心位置上（如表 7－5 中序号 7 的使用示例）。

（4）标志“由此夹起”只能用在可夹持的包装件上。标志应标在包装件的两个相对面上，以确保作业时标志在叉车司机的视线范围之内。

（5）标志“由此吊起”至少贴在包装件的两个相对面上（如表 7－5 中序号 16 的使用示例）。

【第七步】识别运输包装收发货标志

收发货标志是指外包装件上的商品分类图示标志及其他标志和其他的文字说明排列格式的总称。

（1）运输包装标志内容（见表 7－8）。

表 7－8　　运输包装标志内容

序号	代号	中文	英文	含　义
	项　目			
1	FL	商品分类图示标志	CLASSIFICATIONMARKS	表明商品类别的特定符号
2	GH	供货号	CONTRACT No.	供应该批货物的供货清单号码（出口商品用合同号码）
3	HH	货号	ART No.	商品顺序编号，以便出入库、收发货登记和核定商品价格
4	PG	品名规格	SPECIFICATIONS	商品名称或代号；标明单一商品的规格、型号、尺寸、花色等
5	SL	数量	QUANTITY	包装容器内含商品的数量
6	ZL	重量（毛重）（净重）	CROSS WT NET WT	包装件的重量（kg），包括毛重和净重
7	CQ	生产日期	DATE OF PRODUCTION	产品生产的年、月、日
8	CC	生产工厂	MANUFACTURER	生产该产品的工厂名称
9	TJ	体 积	VOLUME	包装件的外径尺寸长×宽×高
10	XQ	有效期限	TERM OF VALIDITY	商品有效期至×年×月
11	SH	收货地点和单位	PLACE OF DESTINATION AND CO-NSIGNEE	收货地点和单位货物到达站、港和某单位（人）收（可用贴标签和涂写）
12	FH	发货单位	CONSIGNOR	发货单位（人）
13	YH	运输号码	SHIPPING No	运输单号码
14	IS	发运件数	SHIPPING PIECES	发运的件数
说明	①分类标志一定要有，其他的各项则合理选用。 ②外贸出口商品要根据国外客户要求，以中外文对照，印制相应的标志和附加标志。 ③国内销售的商品包装上不必填英文项目。			

（2）商品分类图示标志。

①标志尺寸如表 7－9 所示。

表 7－9　　商品分类图标志尺寸

包装件高度（袋按长度）（厘米）	分类图案尺寸（厘米）	图形具体参数		备　注
		外框线宽	内框线宽	
500 及以下	50×50	1	2	平视距离 5 米，包装标志清晰可见
500～1000	80×80	1	2	
1000 以上	100×100	1	2	平视距离 10 米，包装标志清晰可见

②标志图形如图7－32所示。

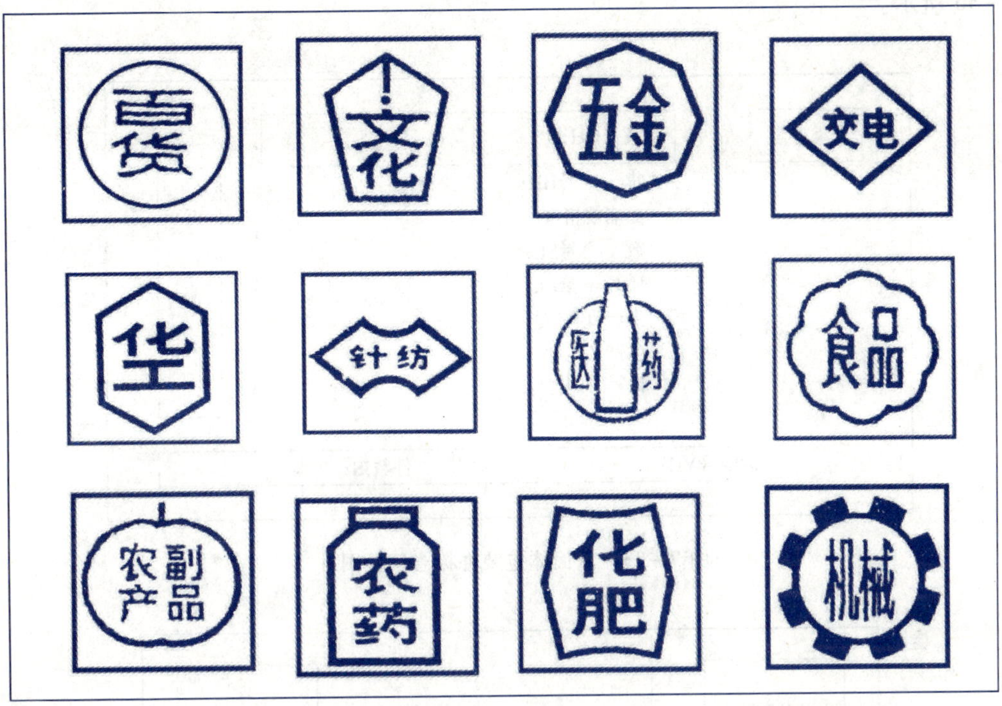

图7－32 商品分类图示标志

(3) 收发货标志的字体。标志的全部内容当中，中文都用仿宋体字；代号则用汉语拼音大写字母；数码要用阿拉伯数码；英文用大写的拉丁文字母。标志必须要清晰、醒目，不脱落、不退色。

(4) 收发货标志的颜色（见表7－10）。

①纸箱、纸袋和塑料袋、钙塑箱按照商品类别以表7－10规定的颜色用单色印刷。

②麻袋、布袋用绿色或者黑色印刷；木箱和木桶不分类别，一律需用黑色印刷；铁桶则黑、红、绿、蓝底印白字，灰底印黑字；表内未包括的其他商品，包装标志的颜色按照其属性归类。

表7－10 收发货标志的颜色

商品类别	颜色	商品类别	颜色
百货类	红色	医药类	红色
文化用品类	红色	食品类	绿色
五金类	黑色	农副产品类	绿色
交电类	黑色	农药	黑色
化工类	黑色	化肥	黑色
针纺类	绿色	机械	黑色

(5) 熟悉标志的位置。

①六面体包装件的分类图示标志位置，按照国家规定的《运输包装件各部位的标示方

法》标示部位，并放在包装件5、6两面的左上角。收发货标志的其他各项，如图7－33至图7－36所示。

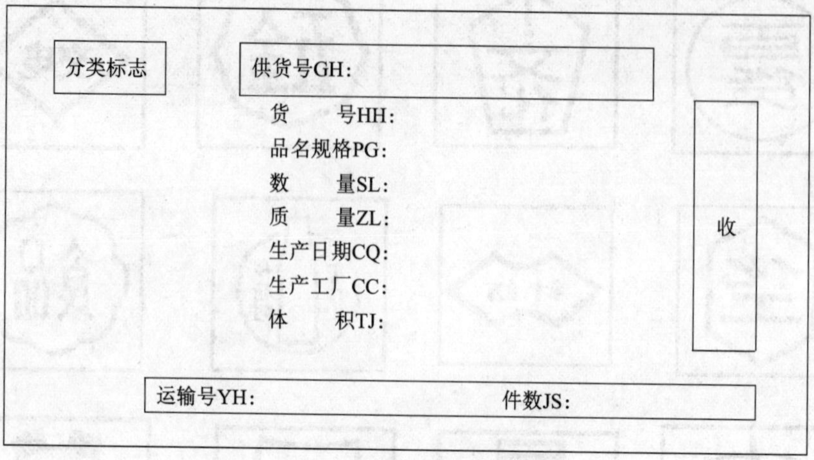

图7－33　六面体包装件标志位置图一

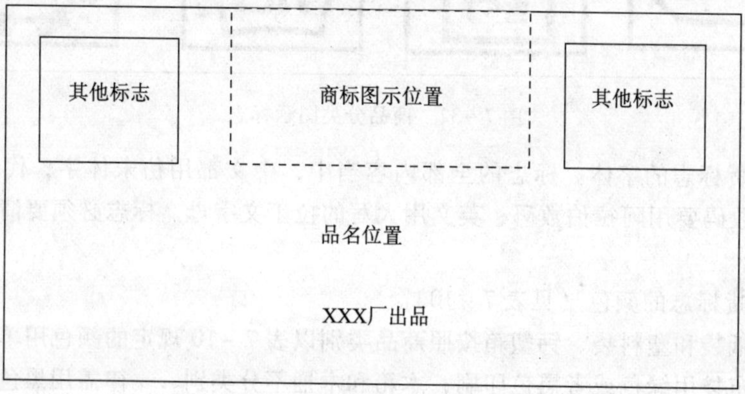

图7－34　六面体包装件标志位置图二

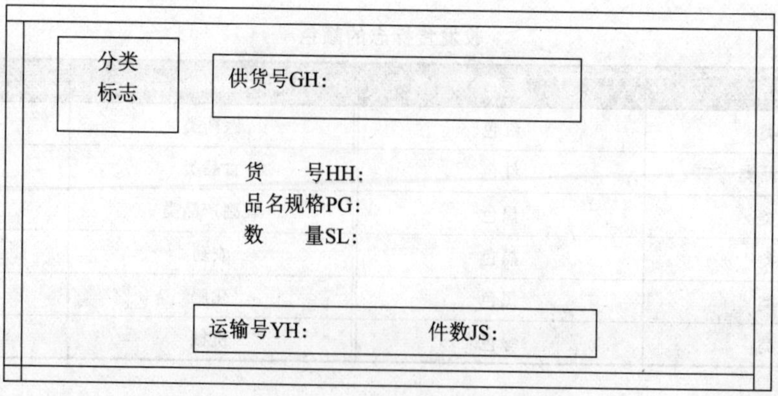

图7－35　六面体包装件标志位置图三

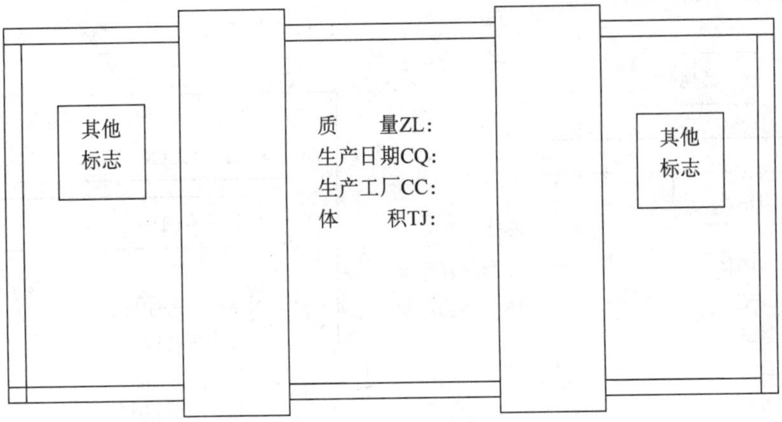

图 7－36　六面体包装件标志位置图四

②袋类包装件的分类图示标志应放在两大面的左上角，收发货标志的其他各项如图7－37所示。

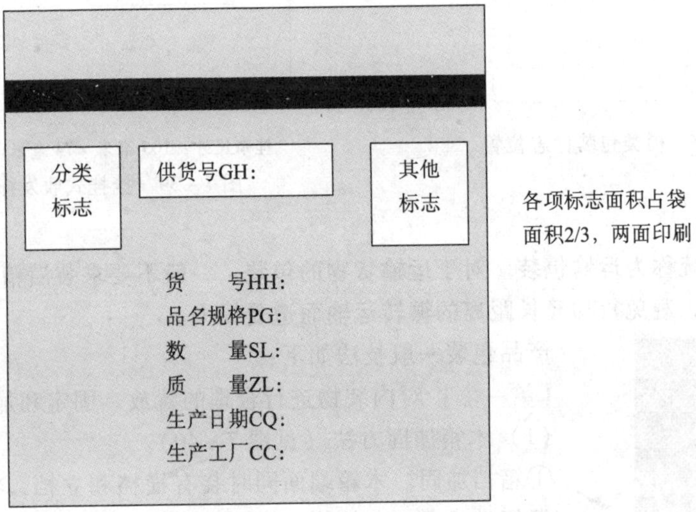

图 7－37　袋类包装件标志位置

③桶类包装的分类图示标志放在左上方，收发货标志的其他各项如图 7－38 所示。

④筐、篓及捆扎件等拴挂式收发货标志，应拴挂在包装件的两端；草包、麻袋拴挂在包装件的两上角，如图 7－39 所示。

⑤粘贴标志应该贴在包装件的 5、6 两面的有关栏目内。

⑥其他的标志按照国家规定的《危险货物包装标志》和《包装储运图示标志》等的规定执行。

2. 包装与捆包

包装是配货作业当中重要的一项，它起到保护商品，便于搬运、储存，提高用户购买欲望及易于辨认的作用。包装分为个装、内装及外装三种。

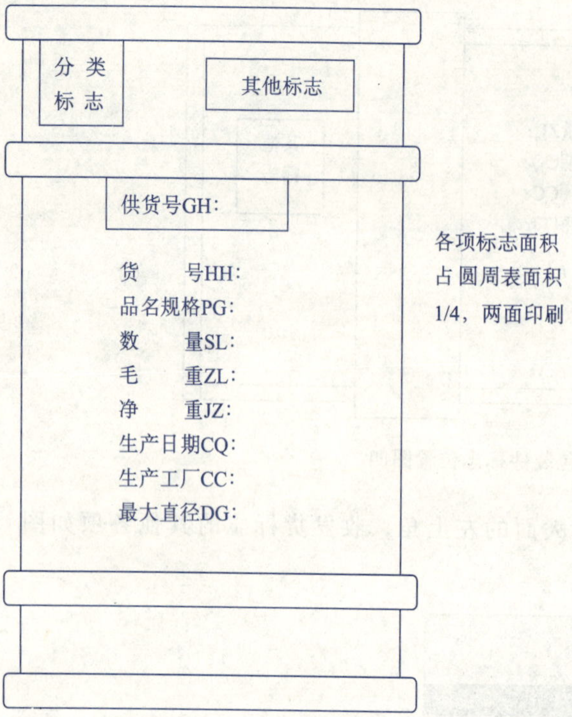

图 7－38　桶类包装标志位置

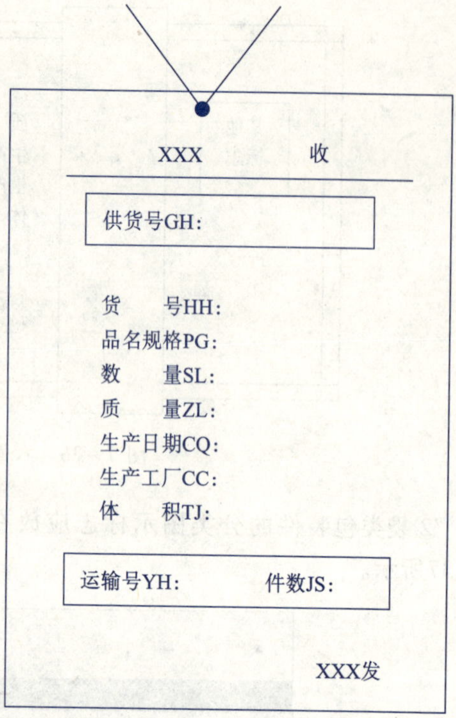

挂牵尺寸：105 毫米 ×74 毫米印刷面积占 2/3

图 7－39　拴挂式收发标志的位置

内装和外装统称为运输包装。对于运输货物的包装，一般不要求装潢精美，只要求坚固耐用且便于装卸，避免货物经长距离的辗转运输而遭受损失。

图 7－40　仪器木箱加固

产品包装一般技法如下：

【第一步】 对内装物进行合理的置放、固定和加固

（1）木箱加固方法（见图 7－40）。

①箱档加固。木箱端面同时装有横档和立档，在箱档之间可装设一根钢带或者一条箱档。侧面最外侧箱档距端面的距离不应小于 150 毫米。

②钢带加固。木箱不用箱档加固时，可以用钢带加固，钢带的间隔应在 450 毫米以内，两端钢带距箱子端部的距离不应超过 150 毫米。钢带捆成“井”字形。钢带应用捆扎机紧紧捆扎在木箱上或者将钢带两端搭接后用钢钉钉在木箱上。钢带的宽度为 15 ~ 19 毫米，钢带厚度为 0.3 ~ 0.5 毫米。依据需要也可用薄钢板和护边、包角加固。组装木箱用钉钉距不应大于 50 毫米。包角用钉不应少于 4 只。

③装运质量超过 100 千克的机器、仪器的木箱应有底盘、底座或者加厚底带，保证搬运、装卸作业的安全。

④箱内货物必须用螺栓与底座固定牢靠，不摇晃、不滚动。装运精密仪器等货物，须装有必要的防震装置。

（2）纸箱加固方法。纸箱上下口盖全部密封粘合。可以采用封口胶带进行粘贴封口，也可以根据纸箱结构设计封口处，来进行啮合封口。

纸箱外用塑料打包带或者钢带捆成“井”字形。

【第二步】对松泡产品进行压缩

【第三步】合理选择外包装的形状尺寸

【第四步】合理选择内包装（盒）的形状尺寸

【第五步】包装外部的捆扎

包装外部的捆扎可利用手持打包机或者电动打包机使用打包带进行捆扎，通常捆成“井”字形。具体操作过程如下所示：

（1）充填。充填是将商品装入包装容器的操作，主要有装放、填充与灌装三种形式。在充填商品时若包装箱内有空余空间可用充填物填满，来达到稳固包装箱内物品的作用。

小型气袋（见图7－41）可用于填充包装箱内的多余空间，以防止物品在运输途中因箱内的碰撞而造成破损。

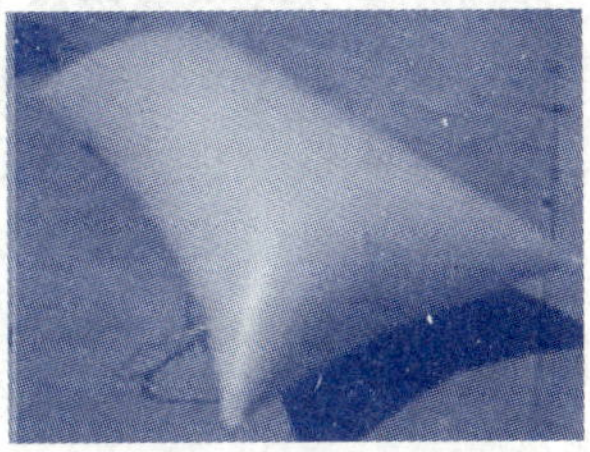

图7－41　小型气袋

（2）封口和捆扎。包装封口时可以采用封口胶带手工封口，也可采用专业封口机进行封口。

（3）裹包。裹包指用一层挠性材料包覆商品或者包装件的操作，如图7－42、图7－43所示。

图7－42　缠绕膜

图7－43　裹包

3. 加标和检重

在外包装上粘贴书写有产品名称、重量、生产日期、原料成分、生产厂家、产品条形代码、收货单位及地址、储运说明等的标签，有利于客户和配送人员识别产品，进行货物的装运。通过扫描条形码还可进行货物的跟踪，配货人员可根据包装上的装卸搬运说明对货物进行正确的操作。

加标是将标粘贴或拴挂在商品或包装件之上，标签是货物的包装装潢和标志，为此加标也是很重要的工作。检重是指检查包装内容物的重量，目前大多采用电子检重机来进行检测。

知识链接

货物包装制度

第 1 章　总则

第 1 条　为了在货物装车前对货物包装进行规范化管理，保证货物包装质量，特制定本制度。

第 2 章　相关职责

第 2 条　现场包装人员根据要求对选定的物品进行包装；填写清单，贴标签。

第 3 条　包装检验员根据订货合同、订货标准以及相关规定，对配送货物的外包装和内包装以及包装标志等进行检验。

第 3 章　现场包装规定

第 4 条　接受包装任务。

现场包装人员接受到配送部主管下达的包装任务后，应明确包装要求，详细了解是要进行防腐包装、防湿包装、防虫害包装还是防震包装。

第 5 条　包装物品领用。在明确包装要求后，包装人员根据要求到仓储部门领取包装材料，如打包机、包装纸、包装袋、发货单等。

第 6 条　包装作业。包装人员根据货物的特点进行包装材料的选择，按照包装要求进行包装作业。

第 7 条　放清单。包装完毕后，认真填写包装清单，将其连同包装件一起放在相应的包装容器中。

第 8 条　封装。把包装件及包装清单放入包装容器后，使用相应的工具或设备将包装容器封起来，以确保货物在以后流通过程中的安全性和方便性。

第 9 条　贴标签。封装完毕后，还需在外包装容器上贴上带有文字或图像说明的标签，以便于相关工作人员辨认、识别货物，并利于交接、装卸、分票、清点、查核，避免错发、错卸、错收。

第 4 章　包装检验

第 10 条　选择检验方式。对配送货物的包装检验，采用一般抽检或当场检验，在进行具体检验前，应根据货物的品种、性质以及有关规定作出适当的选择。

第 11 条　核对包装标志（标记、号码等）。核对货物外包装上的商品包装标志（标记、号码等）是否与订货合同及配送要求相等。

第 12 条　检验。检验配送货物的外包装是否完好无损，包装材料、包装方式和衬垫物等是否符合配送要求。

第 13 条　验残。对于外包装破损的货物，应配合相关部门做好验残工作，查明货损责任方以及货损的程度。对于发生破损的货物，要查明其损坏是否由于包装不良引起。

第 14 条　安全性检验。检验货物的内外包装是否牢固、安全、完整，是否适于长途运输，是否符合货物包装习惯。

第 5 章　附则

第 15 条　本制度由仓储部与运输配送部共同制定并负责解释。

第 16 条　制度的修改结果经总经理批准后，方可实施。

第 17 条　本制度从××××年×月×日起开始执行。

相关知识

1. 包装的概念与功能

包装是将货物用一些材料包起来，是为了更方便地运输，保护货物在运输过程中不被损坏；并通过包装将不同的货物拼装在一起，方便搬运；同时在包装材料上印刷一些物流企业的标志、电话及被包装物的特性，如易碎、小心轻放、防潮等，以方便运输人员操作。

包装的主要功能就是像上面提到的，有保护功能、定量功能、标识功能及跟踪功能等[28]。

（1）保护功能。这是包装的最基本功能。货物在运输过程中要承受风吹日晒、雨淋、碰撞及细菌污染等风险，而包装就是为了避免货物受到损害，而让货物尽量完好无损地到达目的地。

（2）定量功能。指为了方便搬运、运输、装卸及吊装等作业，通过包装将小件的货物集中包装成大件，来减轻劳动强度，提高机械化作业的效率。

（3）标识功能。通过包装上的文字和标签等表明货物的一些基本的信息。

（4）跟踪功能。良好的货物包装一般都贴有条码，企业可以通过条码跟踪每一件商品的去向，以便和生产企业、运输企业交换信息，提高管理效率。

2. 包装的分类

根据不同的标准和用途，包装可以分为很多种。

（1）根据其在物流过程中的作用，可以分为商业包装和运输包装：商业包装的主要目的就是促销，该包装外形美观，有必要的装潢，采用适宜顾客购买的包装单位。流通过程中，商品越接近顾客，越要求包装有促进销售的效果。而运输包装是为了在运输过程当中方便运输，以保护商品为目的的包装。该包装要求在能够满足运输要求的基础上包装费用越低越好。

知识链接

中性包装是指商品和内外包装上均无生产国别和生产厂商名称。这种中性包装是国际贸易中常见的方式之一，在买方要求下，可酌情采用。对于我国和其他国家订有出口配额协定的商品，则应该从严掌握，因为万一发生进口商将商品转运至有关配额国，将会对我国产生不利影响。出口商不应图一己之利而损害国家的声誉和利益。

订牌包装是指卖方按照买方的要求在其出售的商品或者包装上标明买方指定的商标和牌号。在国际或国内贸易中，有许多大百货商店、超级市场及专业商店，在其经营商品中，有一部分商品使用该店专有的商标和牌名，这部分商品是由商店要求有关厂商订牌生产的。

（2）按包装的大小，可以分为单件运输包装和集合运输包装：单件运输包装是指在物流过程中作为一个计件单位的包装，如纸箱、木箱或条板箱等。集合运输包装是指将若干单件运输包装组成一件大包装，常见的有集装袋或集装包、托盘及集装箱等。

（3）按包装在国际贸易中有无特殊要求，可以分为一般包装、中性包装及订牌包装。

（4）按对包装的保护技术不同，可以分为防锈、防潮、防虫、防腐、防震及危险品包装等。

（5）按包装物可否重复使用，可以分为一次性包装和重复使用包装。

（6）按耐压程度，可以分为硬质包装、半硬质包装及软质包装。硬质包装能承受较大的挤压，如木箱铁箱；半硬质包装如纸箱；软质包装如麻袋、编织袋及纸袋等。

3. 常见的包装容器

（1）包装袋。包装袋是柔性包装的重要技术之一，包装袋是挠性材料，具有较高的韧性、抗拉强度和耐磨性。

包装袋通常先封住一端，从而形成一个桶状，在装满货物后再封口，常见的有以下三种类型：

①集装袋是一种顶部装有金属挂钩或者吊环的大容积运输包装袋，承重达 1 吨以上。

②一般运输包装袋。这种包装袋一般由植物纤维或者合成树脂纤维编织而成或者由多层挠性材料构成，承重在 0.5～1 吨，常见有草袋和水泥袋，主要用于包装粉状、粒状及个体小的货物。

③小型包装袋。也称为普通包装袋。这类包装袋盛装重量较轻，通常用单层材料或者双层材料制成。对某些具有特殊要求的包装袋，也有用多层不同材料复合而成的。其包装范围较广，液状、粉状、块状及异形物等可采用这种包装。

（2）包装盒。包装盒比包装袋较硬一些，有少量刚性，是介于硬包装（刚性材料）和软包装（柔性材料）之间的包装技术。包装材料不易变形，较抗压；一般是几何形状，如立方体、圆筒状或者尖角状。包装盒容量小，有开闭装置，包装时采用码入或者装填方式，然后闭合。包装盒强度不大，包装量也不大，不适合运输包装，适合作为商业包装或者内包装，也适合包装块状物品或者异形物品。

（3）包装箱。包装箱是刚性包装技术中的重要一类，应用广泛，主要用于包装固体，适合运输包装或者外包装。

①瓦楞纸箱：用瓦楞纸板制成的箱形容器。按照瓦楞纸箱的外形结构分，有折叠式瓦楞纸箱、固定式瓦楞纸箱及异形瓦楞纸箱三种。按照构成瓦楞纸箱体的材料分类，有瓦楞纸箱和钙塑瓦楞箱两种，如图 7－44、图 7－45 所示。

图 7－44　瓦楞纸箱

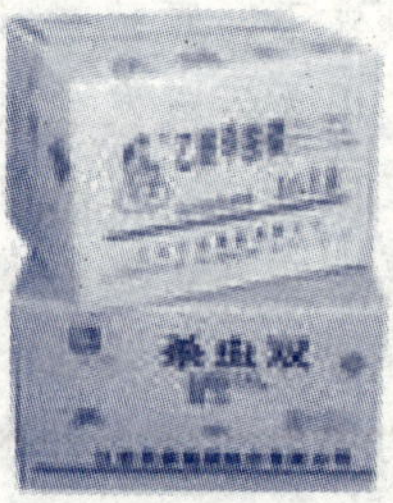

图 7－45　钙塑瓦楞箱

图 7－46　木板箱

②木箱：木箱是流通领域中非常常用的一种包装容器，其用量仅次于瓦楞纸箱。木箱主要有木板箱、框板箱及框架箱三种。

木板箱（见图 7－46）一般用于小型运输包装容器，能够装载多种性质不同的物品。木板箱作为运输包装容器具有很多的优点，如具有抗拒碰裂、溃散和戳穿的性能，有较大的耐压强度，能承受较大负荷，制作方便等。但是木板箱的箱体较重，体积也较大，并且其本身没有防水性。

框板箱是先由条木与人造材板制成箱框板，然后经钉合装配而成。

框架箱（见图 7－47）是由一定截面的条木构成箱体的骨架，依据需要也可在骨架外面加木板覆盖。框架箱由于有坚固的骨架结构，为此具有较好的抗震性和抗扭力，也有较大的耐压能力，而且装载量大。

图 7－47　框架箱

图 7－48　塑料箱

③塑料箱（见图 7－48）：一般用作小型运输包装容器，自重轻，耐腐蚀性好，可以装载多种商品，整体性强，强度和耐用性能够满足反复使用的要求。

④集装箱（见图 7－49）：由钢材或者铝材制成的大容积物流装运设备，从包装的角度看，也属于一种大型包装箱，在运输包装的类别中属于大型可以反复使用的周转型包装。

图 7－49　集装箱

（4）包装瓶。包装瓶是瓶颈尺寸有较大差别的小型包装容器，是一种刚性包装，包装材料具有较高的抗变形能力，对刚性和韧性要求也较高，个别包装瓶介于刚性与柔性材料之间。瓶的形状受外力时虽然可发生一定程度变形，但是外力一旦撤除，仍可恢复原来瓶形。包装瓶包装量一般不大，适合美化装潢，主要作商业包装及内包装使用，主要包装液体和粉状的货物，如图 7－50 所示。

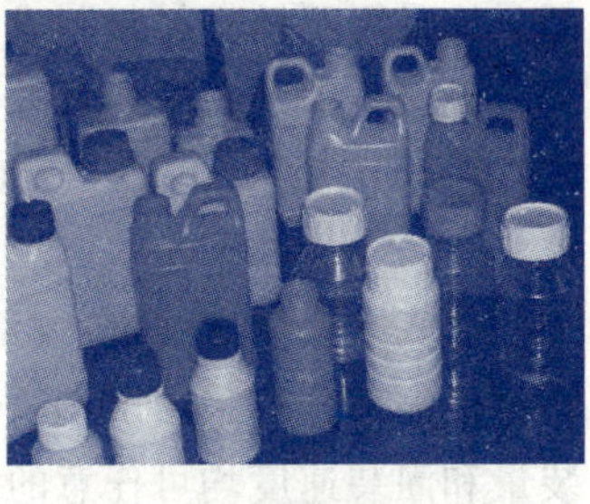

图 7－50　包装瓶

（5）包装罐。包装罐是罐身各处横截面形状大致相同，罐颈短，罐颈内径比罐身内径稍小或者无罐颈的一种包装容器，是一种刚性包装。包装材料强度较高，罐体抗变形能力强。包装罐主要有三种：小型包装罐、中型包装罐及集装罐，如图 7－51 所示。

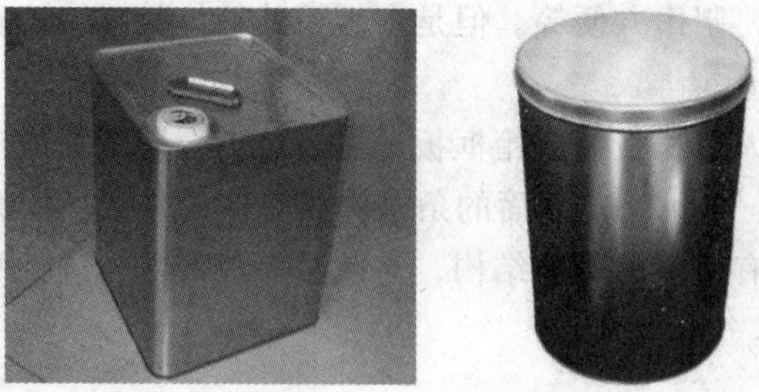

图 7-51　包装罐

4. 包装设备

应用包装设备可对粉末、颗粒、液体等状态的大包装物料进行拆分、填充和灌装成小包装（袋、瓶、罐等），也可以用于封口和贴标等，然后再进行装箱，以便于运输和销售。

（1）填充机械。

①颗粒包装机：如图 7-52 所示为 B388 颗粒包装机，采用自动填充四边封口包装。适用于制药、食品及日化等行业，可以对片剂、胶囊、粘稠体、液体、颗粒及粉剂等物料进行自动填充上料包装。

图 7-52　颗粒包装机图

图 7-53　粉剂定量包装机

②粉剂定量包装机：如图 7-53 所示为 ZX—F 粉剂定量包装机。该设备采用单片机控制，有自动定量、自动填充及自动调整计量误差等功能，采用螺旋下料、光控技术以及电子称量技术。适用于有一定流动性的粉剂状、颗粒状物料，及袋类、罐类、瓶类等各种包装容器的定量包装。它采用了光电开关控制，但是需人工套袋，袋口要干净、易封口，与物料接触部位均采用了不锈钢制作，清洗方便，避免交叉污染。

（2）灌装机械。

①直线型灌装机：RGY2I-1G 直线型灌装机（见图 7-54），适合于灌装液体类产品。它有两个同步灌装头，灌装量调节方便；采用了气动组件和电控部件，性能稳定；物料接触部分均采用不锈钢材料制成；采用了光眼装置，PLC、接触屏、变频器及电器元件；调节便利，无瓶不灌装，灌装量准确并且具有计数功能。有不同的型号来满足 5~60 毫升、10~125 毫升、25~250 毫升、50~500 毫升、100~1000 毫升、250~2500 毫升等规格的灌装要求。

②真空液体灌装机：ZKY 真空液体灌装机（见图 7-55），为半自动活塞液体灌装机，物料接触部分均采用了不锈钢材料制成，采用抽真空技术，将容器内空气抽净后再灌装，灌装量和灌装速度均可任意的调节。

③双头膏体灌装机：SVF 双头膏体灌装机（见图 7-56）。适用于灌装中等黏度至高黏度的产品。整机由储料斗和电控两个部分组成，气动部分均采用了气动元件，气缸的活塞和缸体均由聚四氟乙烯和不锈钢材料制成，灌装量和灌装速度均可任意调节，灌装闷头采用防滴漏、防拉丝灌装置，可以根据客户的需求改装成防爆式灌装系统。

图 7-54 直线型灌装机

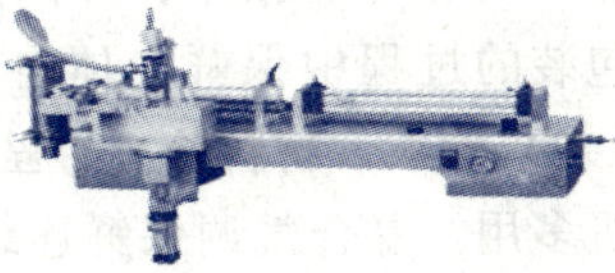

图 7-55 真空液体灌装机

图 7-56 双头膏体灌装机

(3) 封口机械。

①软管封口机：RG 型软管封口机（见图 7-57）利用热熔技术对塑料软管的封口表面进行加热，从而将软管口两边高压熔合在一起，是适用于医药、日化、食品以及特殊行业的理想塑料软管、复合管封口的机械。

②铝箔封口机：GL 1200 型铝箔封口机（见图 7-58）利用电磁感应的原理，使瓶口上的铝箔片瞬间产生高热，然后熔合在瓶口上，实现封口的功能，主要用于医药、农药、食品、化妆品及润滑油等行业。

③手持式气动旋盖机：RG—I 型手持式气动旋盖机（见图 7-59）便于随身携带，能方便地用于拧紧或者放松各种瓶盖。其可调的离合器可以有效避免瓶盖的损坏，并且减少内塞的磨损。一旦瓶盖旋紧，卡头即自动停止旋转，表明可进行下一个瓶盖的操作。

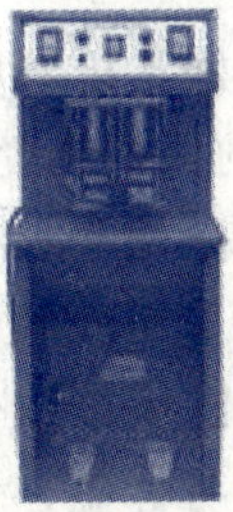

图 7-57 软管封口机

图 7-58 铝箔封口机

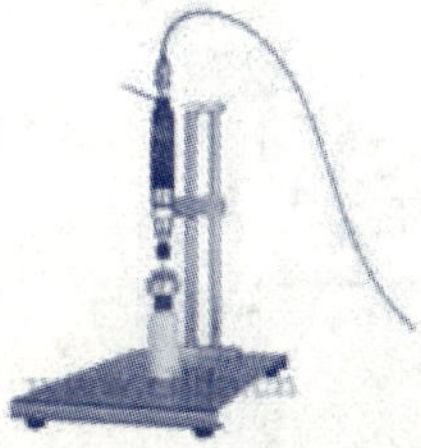

图 7-59 手持式气动旋盖机

(4) 真空包装机。DZ 系列为真空包装机（见图 7-60），DZQ 系列则为真空充气包装机（见图 7-61）。该机适合对肉类、酱制品、果脯、调味剂、化学品、粮食、药材的颗粒、粉状及液体等进行真空包装或者冲入惰性气体包装，可防止产品氧化、霉变、腐烂、受潮，延长产品的储存或者保鲜期限。使用时依据包装袋的材料调整封口温度及封口时间。把物品包装袋均匀地排列在封口条上，并且置于压袋条下。合上一真空室，稍微加上压力，整个包装过程从抽真空、封口、印字至回气由电气自动程序控制一次来完成。在一真空室工作的同时，另一真空室便可以安放包装袋。待这一真空室回气至零之后，即可以启动另一真空室，使其左右两室交替工作。

图 7-60 真空包装机

图 7-61 真空充气包装机

图 7－62 复合气调保鲜连续式包装机

(5) 复合气调保鲜连续式包装机。复合气调保鲜连续式包装机（见图 7－62）采用了微机程控、气动真空、光磁感应、气体自动混合和活化专有技术，并采用人机界面的自动化操作模式，在食品包装的过程中保鲜气体自动混合、气体置换、热封裁切、封膜、(袋) 收放、物料转换的程序自动控制，并且通过附件切换实现一机多用。复合气调保鲜连续式包装机适用于：①熟食制品类，例如中西式畜禽熟制品、卤菜、炒菜及快餐等产品的保鲜。②生鲜畜禽类，例如新鲜猪、牛、羊、禽等产品的保鲜。③新鲜果蔬类，例如草莓、菌菇、荔枝及各种蔬菜瓜果（包括净菜等）的保鲜。④烘焙蒸煮食品，例如馒头、面包、月饼及面条等各种糕点食品的保鲜。⑤腌腊酱制食品，例如泡菜、酱菜、腌腊畜禽鱼类等产品的保鲜。⑥新鲜水产类，例如淡水、海水各种鱼类产品的保鲜。⑦其他，例如需要保鲜的各种农副产品。

图 7－63 半自动贴标机

(6) 贴标机。①半自动贴标机：如图 7－63 所示，它是在吸收了德国同类型的机器先进技术基础上研制成功的新一代产品。该机器主要适用于在小批量多品种生产情况下的圆柱形容器上贴纸标签。在改变容器与标签的尺寸时，不必更换机器部件，只需要几分钟调整就可进入工作状态。操作人员只要将容器放到机器上并取下便可。送标、上胶、贴标的工作由机器自动完成。

该机器以热熔胶为粘合剂，经济且贴标效果好。机器内置自动控温加热器，并且装有胶不溶化、电动机不起动的保护装置。

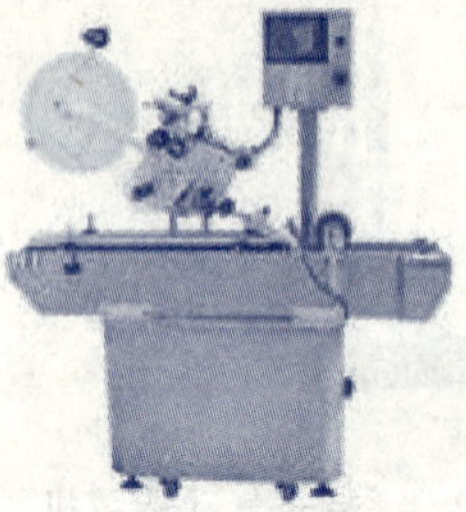

图 7－64 全自动贴标机

②全自动贴标机：如图 7－64 所示，它主要适用于在圆柱形容器上贴纸标签，标签胶可用酪索胶或者合成胶。采用变频调速，运行速度连续可调；该机的电器、气动件、轴承和链板全部采用进口原配件，并配有气动供胶泵。对尺寸相近的容器与标签，该机不用更换部件，只要稍作调整便可进行生产。

(7) 捆扎、封箱机械。

①打包机：打包机可以分为全自动打包机、半自动打包机、高台打包机、低台打包机、手动打包机及液压打包机等，主要用于纸箱打包、木箱打包及纸张打包等各种大小货物的打包捆扎。

图 7－65 自动折盖封箱机

②自动折盖封箱机：如图 7－65 所示，为轻巧型设计，采用了上下两条传送带驱动箱体，常用规格纸箱均可以使用，是一种经济适用的普及型机种。先进的带头防倾倒技术，使机器在性能上更加的稳定，封箱更为可靠。它适用于方便面、乳品等行业的一系列变形品种，可以选择长带头、短带头、窄带等。

知识链接

打包机的保养使用

打包机是使用捆扎带缠绕产品或者包装件，然后收紧并将两端通过热效应熔融或者使用包扣等材料连接的包装设备。打包机的功用是使塑料带能紧贴于被捆扎包件表面，以保证包件在运输、储存中不因捆扎不牢而散落，同时还要捆扎整齐美观，是进行物品包装的一个常用的重要设备。打包机分为全自动打包机、半自动打包机和手动打包机。自动或者半自动打包机通过自动插带或者人工插带后，能自动完成聚带、切断、热合、出带的捆扎过程，具有工作效率高、劳动强度低的特点，被广泛地用于食品、化工、五金、医药、服装及邮政等行业，主要用于纸箱打包、包裹信函打包、轻工业产品打包、陶瓷制品打包、五金工具打包、汽车配件打包、日化用品打包及器材打包等各种大小货物的自动打包捆扎。

打包机有一定的技术含量，也是一个很容易出故障的设备，生产过程中使用的熟练程度和维修好坏，直接地影响包装效率和包装质量的好坏。所以必须要做好打包机的日常保养与维护，在操作打包机过程中，必须学会怎样使用好打包机，并能快速地排除打包机出现的一般性故障。

1. 打包机的保养与维护

(1) 打包机使用之前必须检查捆扎机部件光电管是否完好，反光板是否对正和上面是否有灰尘，若未对正，需要把它对在正确的位置，并除去上面的灰尘。

(2) 各部件的螺丝、螺帽是否有松脱现象，若有应及时上紧。若有缺钉少帽现象，必须及时地进行处理。

(3) 检查送带轨内有无杂物堵塞，如果有则必须清除，再用压缩空气吹出送带轨内的灰尘。检查曲轴部分是否缺油，如果缺油，则必须对曲轴用蘸滴式方法进行加油，一般是用一小棍蘸油，慢慢滴在轴上，而不能用倒的方式流到送带轨中；否则在打带时打滑，不会收带，也打不紧带子。

(4) 开机过程中若发现有异常现象，如声音大、振动大或有异味等，如果自己处理不了，应该停止自动打包机请修理人员来处理，避免造成内部零件损坏。

2. 自动打包机的使用方法

自动打包机属于裹包机械的一种，在配送中心的出口处都装有一台大型的自动打包机。发往同一供货对象的商品，由自动化程度较高的轨道输送机送到打包平台之上，自动打包机就将小型分散的不同商品箱组合打包成一个标准箱，然后送上卡车，运往订货单位。

自动打包机的使用方法与步骤如下：

(1) 待机状态。机后油泵电机起动，抽烟机同时工作。在开机时，机器处于卸荷状态，卸荷电磁阀吸合，使油泵出油口直通油箱以减轻电机的负担，此时无油压，油泵无负荷运转。

(2) 穿带。若打包带是第一次安装，则应在关机状态下手工把带子穿过送带轮。开机后按下捆扎按钮。卸荷电磁阀断电，油压上升，指示灯亮，则表示处于送带状态，送带电磁阀吸合，油泵电机作送带旋转。带子若在设定时间内到位，则中止送带状态后，机器便处于捆扎待机状态。

(3) 捆扎。再次按下捆扎按钮，指示灯灭，则表示处于退带状态，退带电磁阀动作，油泵电机作退带旋转。机械手在收缩拉紧带子的同时并把机械手开关压开。调节拉力电位器可改变机械手向下退带拉紧的时间，从而改变捆扎松紧程度。

3. 捆扎带质量的鉴别与使用

捆扎带在生产过程中，由于生产来料的稠密度、设备故障或人为因素等的影响，使得捆扎带在制造出来之后，带子规格不稳定，常出现厚薄不均、宽窄不均或表面粗糙的情况。这使得在打包过程中出现打不上带、打不紧带、卡带等现象，直接影响生产的进度和打包组的停机率。一般的处理方法是，先检查是设备还是带子原因，如发现厚薄不均、宽窄不均等，就是捆扎带有质量问题，就应剪去不合格的那一小段，再进行试打。如打得上带而打不紧带时，则应对打包机上的松紧钮进行调整，调到打上的带子符合工艺标准为止。带子质量不稳定还会造成进带困难或直接进不去带，甚至可能造成卡带的现象。若一卷带子大部分都不符合质量标准，就应换一捆新的进行试打。

4. 打包机常见故障的排除

(1) 生产中包裹直接跑过去不打带，或其中的某一根不打。则应该检查光电管和反光板是否对正，若未对正应把它对正；若有损坏则应通知电工更换。

(2) 包裹到了该打带的位置而不打带。处理的方法是，检查电烙铁温度调节器是否在符合要求的温度位置，一般温度是300℃，可依据环境温度的高低适当地在正负10℃间调节。温度过高会造成烫薄后易断裂，温度过低粘不上带。检查送带轨是否松脱，一般情况若松脱都是螺帽脱落，送带轨松脱会造成带子向旁边滑出，无法到达标准的位置，致使打不上带。卡带也是很常见的问题，在开机过程中，由于操作不当或带子不合规格，都会造成带子卡在送带轨当中。这就要把送带轨旁的挡带板拆下来，把卡在里面的带子掏出来，然后再用压缩空气把残留在里面的捆扎带残余部分和灰尘吹出。

5. 更换捆扎带

换捆扎带应该做到不慌不乱，沉着稳定。在捆扎带还够打2~3包时就应把捆扎带从捆扎带架子上取下来，摆在旁边，以利于有一定的时间把新换的捆扎带换上去而不影响正常的生产。换好后按顺序穿好带，并把剩余的前一卷带子打完，通常是打到最后一根为准，再把新换的捆扎带穿上，完成一次换带过程。换上的新带有时会有松紧不匀现象，应该及时调整松紧钮，直到调到符合工艺标准为准。调捆扎带要调得适中，太紧容易打不上带，而过松又不符合工艺要求，必须调在既符合工艺标准又能够保证打带成功为好。

(8) 热收缩包装机。

①QJ瓶口热收缩机：专为各种大瓶饮用水、矿泉水、酱油及葡萄酒等瓶口进行热收缩封口包装。性能特点为：采用远红外管加热，收缩温度和电动机传动速度稳定可控，调节范围较广，并有仪表显示，有独创的滚筒自转装置，可以连续工作，操作和维修方便。

②PE膜热收缩机：收缩机主要用于矿泉水等PE膜的收缩包装，输送带速度可调，前后上下发热管控制旋钮调节温度，并采用风机进行外冷却时收缩效果可达到最佳。

5. 常用包装技术。

常用包装技术包括裹包技术、填充技术、装箱技术、封口技术及捆扎技术等，主要包括所用的容器、材料、辅助物及操作技术方法。

（1）裹包技术：裹包指用一层或者几层柔性材料包覆产品或包装件的操作，例如用收缩、拉伸薄膜将托盘与货物裹包在一起，可以采用裹包机完成。

（2）填充技术：将内容物按照要求的数量放入包装容器的操作称为填充。内容物按照形态可分为固态和液态两种。固态内容物可分为粉末、颗粒和块状；按其粘度可分为非粘性、半粘性和粘性等三类。固态内容物的充填必须要有针对性地选择包装材料（容器）及包装机。液体的填充称为灌装，灌装的方法主要有重力灌装、等压灌装、真空灌装及压力灌装，可选择相应的灌装机械来完成（见图 7－66）。

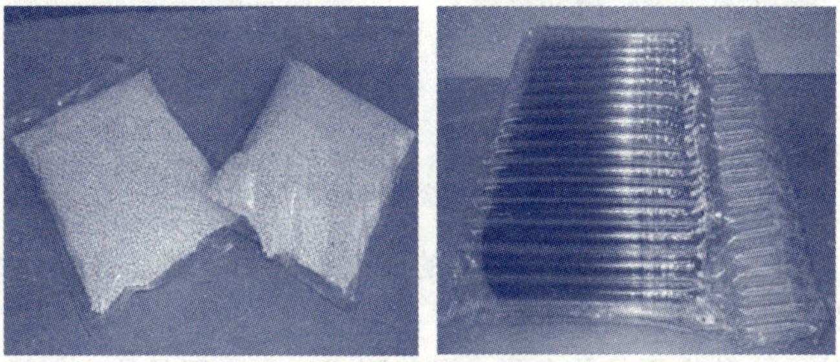

图 7－66 填充技术

（3）装箱技术：装箱可以采用手工、半自动、全自动机械操作的方式进行。大件物品可采用套入式装箱，也就是将物品置于浅盘上，再将高的纸箱从上部套入，最后进行捆扎。装入式装箱是将物品沿铅垂方向或者水平方向装入预先敞开的箱坯内，然后再合盖、封口（见图 7－67）。

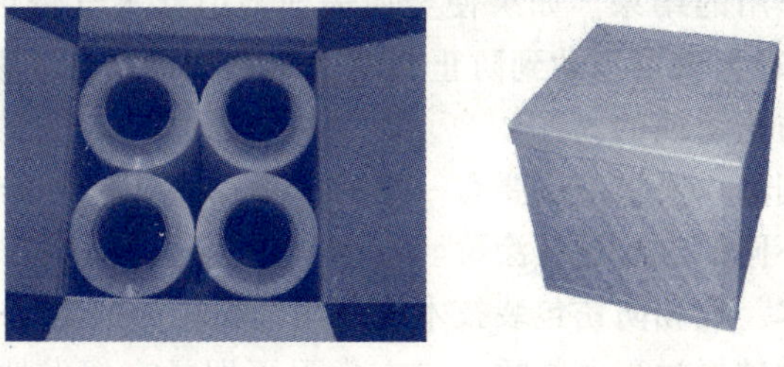

A 装箱　　B 封口

图 7－67 装箱技术

（4）防震保护技术：防震包装也称缓冲包装，在包装方法中占有重要的地位。产品从生产出来到开始使用需要经过一系列的运输、保管、堆码和装卸过程，置于一定的环境中。在任何环境中都会有力作用在产品上，使产品发生机械性损坏。为防止产品遭受损坏，就要设法减小外力的影响。

所谓防震包装，是指为了减缓内装物受到冲击和震动，保护其免受损坏所采取的一定防护措施的包装。防震包装主要有下三种：

①全面防震包装方法。全面防震包装方法指内装物和外包装之间全部用防震材料（见

图 7－68）填满而进行防震的包装方法。

②部分防震包装方法。对于整体性好的产品和有内装容器的产品，仅在产品或者内包装的拐角或局部地方使用防震材料进行衬垫便可。所用包装材料主要有泡沫塑料防震垫、充气型塑料薄膜防震垫及橡胶、弹簧等。

③悬浮式防震包装方法。对于某些贵重易损的物品，为有效地保证在流通过程当中不被损坏，外包装容器比较坚固，然后用绳、带、弹簧等将被装物悬吊在包装容器中。在物流中，无论是何种操作环节，内装物都被稳定悬吊而不与包装容器发生碰撞，进而减少损失。

图 7－68　缓冲包装材料

（5）防破损保护技术。缓冲包装有较强的防破损能力，是防破损包装技术中有效的一类。此外还可采取以下几种防破损技术：

①捆扎机裹紧技术。其作用是使杂货、散货形成一个牢固整体，以增加整体性，便于处理及防止散堆以减少破损。

②采集技术。利用集装，减少与货体接触，防止破损。

③选择高强度的保护材料通过外包装材料的高强度来防止内装物受到外力作用破损。

（6）防锈包装技术。

①防锈油防锈蚀包装技术。大气防蚀是空气中的氧、水蒸气及其他的有害气体等作用于金属表面而引起电化学作用的结果。如果使金属表面与引起大气锈蚀的各种因素隔绝（也就是将金属表面保护起来），就可以达到防止金属大气锈蚀的目的。防锈油包装技术就是根据这个原理将金属涂封防止锈蚀的。

用防锈油封装金属制品，要求油层要有一定的厚度，油层的连续性较好，涂层完整。不同类型的防锈油应采用不同的方法进行涂覆。

②气相防锈包装技术。气相防锈包装技术就是用气相缓蚀剂，是一种能减慢或者完全停止金属在侵蚀性介质中的破损过程的物质，它在常温下即具有挥发性，在密封包装容器中，很短的时间内挥发或者升华出的缓蚀气体就能充满整个包装容器内的每个角落和缝隙，并吸附在金属制品的表面上，从而起到抑制大气对金属的锈蚀。

（7）防霉腐包装技术。在运输包装内装运食品和其他有机碳水化合物货物时，货物表面可能会生长霉菌，在流通过程中若遇潮湿，霉菌生长繁殖极快，甚至延伸至货物内部，使其腐烂、发霉、变质，因此要采取特别的保护措施。

包装防霉烂变质的措施，通常采用冷冻包装、真空包装或者高温灭菌方法。冷冻包装的原理是减慢细菌活动和化学变化的过程，以延长储存期，但是不能完全消除食品的变质；高温杀菌法可以消灭引起食品腐烂的微生物，可在包装过程中用高温处理防霉。有些经干燥处理的食品包装，应该防止水汽侵入以防霉腐，可以选择防水汽和气密性好的包装材料，采取真空和充气包装。

防止运输包装内货物发霉，还可以使用防霉剂。防霉剂的种类很多，用于食品的必须选用无毒防霉剂。机电产品的大型封闭箱，可以酌情开设通风孔或者通风窗等相应的防霉措施。

（8）防虫包装技术。防虫包装技术，使用的是驱虫剂，也就是在包装中放入有一定毒性和嗅味的药物，利用药物在包装中挥发气体来杀灭和驱除各种害虫。常用驱虫剂有对二氯化苯、樟脑精等。也可采用真空包装、重启包装及脱氧包装等技术，使害虫无生存环境，防止虫害。

（9）危险品包装技术。危险品有上千种，按其危害的性质，交通运输及公安消防部门规定分为 10 大类，分别为爆炸性物品、氧化剂、压缩气体和液化气体、自燃物品、遇水燃烧物品、腐蚀性物品、易燃液体、易燃固体、毒害品及放射性物品，有些物品同时具有两种以上的危险性能。

对有毒商品的包装要有明显表明有毒的标志（见图 7－69）。防毒的主要措施是包装严密不漏、不透气。如用塑料袋或者沥青纸袋包装的，外面应再用麻袋或者布袋包装，使其与外界隔绝。

图 7－69　危险品标志

对有腐蚀性的商品，要注意商品和包装容器的材质是否会发生化学变化。金属类的包装容器，要在容器壁上涂上涂料，以防止腐蚀性商品对容器的腐蚀。

对易自燃商品的包装，应将其装入壁厚不少于1毫米的铁桶中，桶内壁须有耐酸保护层，桶内盛水，使水面浸没商品，桶口要严密封闭。如遇水容易引起燃烧的物品应用坚固的铁桶包装，桶内冲入氮气。若桶内不充氮气，则应装置放气活塞。

对于易燃、易爆商品，如有强烈氧化性的，遇有微量不纯物或者受热急剧分解引起爆炸的物品，防爆炸包装的有效方法是采用塑料桶包装，然后再将塑料桶装入铁桶或者木桶中，并应有自动放气的安全阀，当桶内达到一定气体压力时，能够自动放气。

图7-70　充气包装

(10) 特种包装技术。

①充气包装。充气包装是采用二氧化碳气体或氮气等不活泼气体置换包装容器中空气的一种包装技术方法，因此也可称为气体置换包装。这种包装方法是依据好氧性微生物需氧代谢的特性，在密封的包装容器中改变气体的组成成分，以降低氧气的浓度，抑制微生物的生理活动、酶的活性和现货商品的呼吸强度，从而达到防霉、防腐和保鲜的目的(见图7-70)。

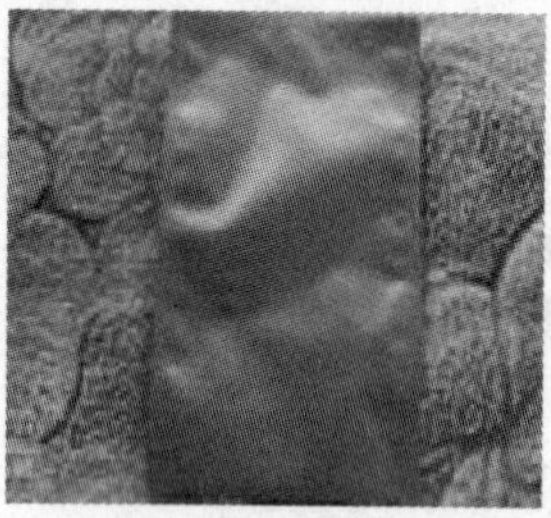
图7-71　真空包装

②真空包装。真空包装是将物品装入密封容器之后，在密封容器封口前抽真空，使密封之后的容器内基本没有空气的一种包装方法。一般的肉类商品、谷物加工商品及某些容易氧化变质的商品都可采用真空包装。真空包装不但可以避免或减少脂肪氧化，而且可以抑制某些霉菌和细菌的生长。同时，在对其进行加热杀菌时，由于容器内部气体被排除，因而加速了热量传导，提高了高温杀菌效率，也避免了在加热杀菌时由于气体的膨胀而使包装容器破裂(见图7-71)。

③收缩包装。收缩包装是用收缩薄膜包裹物品（或者内包装件），然后对薄膜进行适当加热处理，使薄膜收缩而紧贴于物品（或者内包装件）的包装技术方法。

收缩薄膜是一种经特殊拉伸和冷却处理的聚乙烯薄膜，由于薄膜在定向拉伸时产生参与收缩应力，这种应力受到一定的热量后便会消失，从而使其横向和纵向均发生急剧收缩，同时使薄膜的厚度增加，收缩率一般为30%~70%，收缩力在冷却阶段达到最大值，并且能长期保持。

图7-72　拉伸收缩包装

④拉伸包装。拉伸包装是20世纪70年代开始采用的一种新的包装技术，它是由收缩包装发展而来的。拉伸包装主要是依靠机械装置在常温下将弹性薄膜围绕被包装件拉伸、紧裹，并且在其末端进行封合的一种包装方法。由于拉伸包装不用进行加热，所以消耗的能源只有收缩包装的1/20。拉伸包装可捆包单件物品，也可用于托盘包装之类的集合包装（见图7-72）。

⑤脱氧包装。脱氧包装是继真空包装和充气包装后出现一种新型除氧包装方法。脱氧包装是在密封的包装容器中，使用能够与氧气起化学作用的脱氧剂与之反应，从而除去包装容器中的氧气，达到保护内装物的目的。脱氧包装方法主要适用于某些对氧气特别敏感的物品及那些即使有微量氧气也会促使品质变坏

的食品包装。

知识链接

茶叶包装技术及方法分析

茶叶作为世界性三大无醇饮料之一，被誉为是21世纪的饮料，并以其天然、营养、保健的品质特点而备受世人青睐。茶叶作为一类特殊的商品，不完善的包装往往会使茶叶的形、色、香、味受到损坏，为了实现长时间的储存和运输，要对茶叶进行有效的包装。

1. 茶叶包装的技术要求：防潮、防氧化、防高温、遮光及阻气。

2. 茶叶的包装方法：作为一类特殊商品，由于受到自身和客观条件的限制，茶叶的包装不同于其他一般性商品的包装。目前，常用的茶叶包装方法主要有金属罐包装、纸盒包装、塑料成型容器包装、复合薄膜袋包装以及纸袋包装。

6. 货物合理化包装的途径

包装是物流的必要环节之一。包装设计不仅要考虑生产终结的要求，而且也要考虑流通的要求，尽量做到包装合理化。包装合理化途径主要有以下几种：

（1）包装要尽量做到简洁、适用。由于包装本身只起到保护作用，对产品使用价值没有任何意义。因此，在强度、寿命、成本相同的条件下，应该采用更轻、更薄、更短、更小的包装，这样可以提高运输、装卸搬运的效率，还可以减少成本。

（2）包装要做到标准化。包装的规格和托盘、集装箱关系十分密切。因此，包装要考虑到和运输车辆、搬运机械的匹配，从系统的角度来制定包装的尺寸标准。标准化的包装规格、单纯化的包装形状和种类有助于整体物流效率的优化。

（3）包装应尽量做到机械化。为了提高作业效率和包装现代化水平，各种包装机械的开发和应用是十分重要的。在包装过程中，应尽量运用机械操作，以减少人力耗费。

（4）包装单位要尽量做到大型化。包装的大型化有利于减少包装时间和提高包装效率。

（5）要注意节约包装材料，减少过度包装。在包装过程中，应该加大包装物的再利用程度，减少过度包装，开发和推广新型包装方式，从而减少对包装材料的使用。

完成任务

配送中心作业人员依次做好包装的准备工作，对货物进行包装和捆包以及加标和检重后，即完成货物包装任务。

技能训练

技能训练活动一：包装材料选择

【技能训练人员】

全班分为5个小组，一组8个人左右。

【技能训练准备】

模拟物品 4 种，纸箱 5 个，塑料袋 5 个，铁片 5 张，竹片 5 张。

【技能训练目标】

通过实训，让学生明白如何来选择包装材料，以及各种包装材料各自的优缺点。

【技能训练步骤】

有多个包装材料的具体成本数据及保护强度等，通过几方面的计算衡量，选出最优最适合的包装材料。

【技能训练作业】

（1）计算出不同包装材料成本；

（2）完成实训报告。

【技能训练评价】

填写包装方案选择训练评价表（见表 7－11）。

表 7－11　　包装方案选择训练评价表

班级		学号		姓名	
实训地点					
实训内容	包装方案选择实训				
评价标准	内　容			分值/分	实际得分
	熟悉各种包装材料			20	
	作业时与各种部门、人员配合好			20	
	成功计算成本			30	
	速度合理			30	
合　计				100	

注：满分为 100 分，60 分以下为不合格；60～70 分为合格；71～80 分为中；81～90 分为良好；91 分以上为优秀。

技能训练二：电脑包装 DIY 训练

【技能训练人员】

全班分为 4 组人员，每组 8 个人左右。

【技能训练准备】

模拟计算机 4 台，计算机纸箱 4 套，泡沫衬垫若干个（见图 7－73），纸类或者布类衬垫若干个（见图 7－74、图 7－75）。

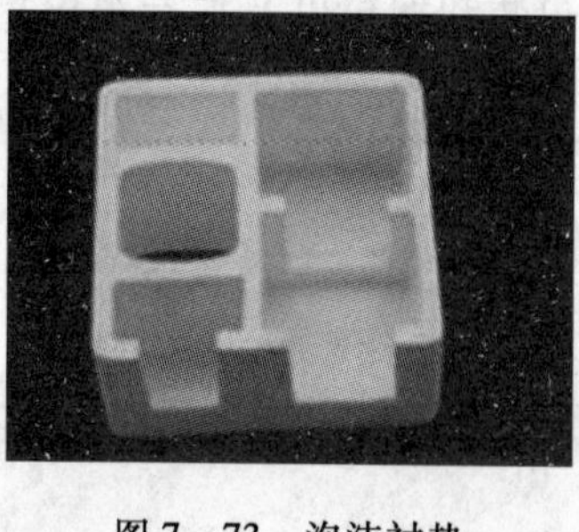

图 7－73　泡沫衬垫

图 7－74　纸类衬垫

图 7－75　布类衬垫

【技能训练目标】

通过实训，让学生清楚理解电脑包装应注意的一些事项，独自完成电脑包装，做到运输安全又节约成本。

【技能训练步骤】

学生可以自行选择先包装主机或者显示器，将主机或者显示器分别放到纸箱内，并做好防震工作，然后再用透明胶带捆好纸箱，力求做到既快又安全。

【技能训练练习】

撰写技能训练报告。

【技能训练评价】

填写电脑包装 DIY 训练评价表（见表 7－12）。

表 7－12　电脑包装 DIY 训练评价

班级		学号		姓名	
实训地点					
实训内容	电脑包装 DIY 训练				
评价标准	内　容			分值/分	实际得分
	作业熟悉流畅			20	
	作业时与各种部门、人员配合好			20	
	包装速度合理			30	
	对发生的问题处理恰当、到位			30	
合　计				100	

注：满分为 100 分，60 分以下为不合格；60～70 分为合格；71～80 分为中；81～90 分为良好；91 分以上为优秀。

技能训练活动三：包装作业综合训练

【技能训练人员】

分组，每组 1～3 个人。

【技能训练步骤】

1. 包装设计

要对需配送的物品进行包装设计，主要考虑三个方面的内容。首先，应根据物品的物理属性、化学性能和本身特点及运输中可能碰到的情况来选择包装容器，考虑选用软质包装容器还是硬质包装容器；其次，根据物流企业的 CI 或者其他要求，对包装品进行装潢设计；最后，设计包装容器上的文字。

要求：

（1）由学生自行收集表 7－13 中物品的物理特性，并选择表 7－14 中的包装物。

（2）要求学生设计出简易的装潢设计构图及文字，制作标签。

2. 性能试验

设备材料表见表 7－14。

表 7-13 材料列表

品 名	数 量	单 位
大豆	300	kg
T恤衫	300	件
餐具	100	套
茶叶	200	kg
散装白酒	100	kg
A4纸	50	包
食盐	50	kg

表 7-14 设备材料表

品 名	数 量	单 位
瓦楞纸箱	10	个
木板箱	10	个
包装罐	10	个
包装麻袋	10	条
泡沫塑料	10	块
机械：压力机		

机械：压力机

要求：

（1）由学生进行堆码试验。

（2）由教师示范压力机试验。

3. 包装作业

需准备机械设备清单（见表7-15）。

表 7-15 机械设备表

品 名	数 量	单 位
容积式填充机	1	台
计量泵式填充机	1	台
热压封口机	1	台
缝合式封口机	1	台
自动捆扎机	1	台

要求：根据前两个实验所选择的包装材料进行具体的包装，由教师指导并介绍使用各种填充机械、封口机械及捆扎机械。此外，还要介绍包装技术，指导贴好标签。

4. 包装检验

要求：由学生对已包装好的物品进行抽样检查，主要检查的内容如下。

（1）商品包装标志是否在规定的位置；

（2）商品包装标志是否符合商品的属性；

（3）包装有无破损。

【技能训练注意事项】

（1）包装装潢设计构图。包装装潢是结合包装容器造型，体现和完善设计构思的重要手段，起着对商品的信息传达、宣传和美化的重要作用。进行包装装潢设计构图时应注意以下几点：

①整体性：整体的构图能够使人一目了然，这是所有视觉艺术都必须达到的目的。

②突出主题：进行包装装潢设计时，需要设计者在所有要表达的各种要素中，用一个或者一组要素来发挥主题的作用，称为主要形象。

③兼顾主次：安排包装画面诸要素过程时，首先要突出主要部分，同时要兼顾次要部分，使其充分起到衬托主题和加强主要部分的作用。

（2）文字设计。文字是传达商品信息必不可少的组成部分。包装上的文字类型主要有以下几种：

①基本文字：包括牌号、品名、生产厂家及地址。这些文字通常安排在包装的主要展示面上。

②资料文字：包括产品成分、容量、型号及规格等。这些文字多安排在包装的侧面或背面，也可安排在正面。

③说明文字：包括产品用途、用法、生产日期、保质期及注意事项等。这些文字一般不安排在包装的正面，而且内容要简明扼要，字体应该采用规则的印刷字体。

④广告文字：用做宣传商品内容特点的推销性文字，有时可起到强大的促销作用。

（3）堆码试验是按照运输或仓库储存状态将包装件试验样品放在水平平面上，并在上面施加负载，使之经受类似于堆码的压力。

（4）压力机试验是将试验样品放在试验机的两个平行压板之间，然后均匀施加压力，直到负载压板位移到预定值或者试验包装件破裂为止。

（5）内外包装是否牢固、完整、干燥、清洁。

（6）有无易燃物品，包装是否能够保证物品不被洒漏。

【技能训练评价】

填写包装作业能力考核评价表（见表7-16）。

表7-16　　包装作业能力考核评分标准

考评人			被考评人	
考评地点				
考评内容	包装作业程序			
考评标准	具体内容		分值/分	实际得分/分
	包装设计	符合物品的物理属性、化学性能及本身特点，选择正确的包装材料	5	
		考虑到运输过程中可能遇到的情况，使用合理的包装材料	5	
		根据物流企业的CI或其他要求，对包装品进行装潢设计	5	
		在包装物上进行合理的文字设计	5	
		包装的装潢设计与文字设计别出心裁	5	

续表

	具体内容		分值/分	实际得分/分
考评标准	性能试验	迅速、正确按照运输或仓库储存状态将包装件试验样品放在水平平面上，并在上面施加负载，使之经受类似于堆码的压力	10	
		测试包装承受的压力	15	
	包装作业	正确、熟练使用包装机械	10	
		在相同时间和条件下的包装速度	15	
	包装检验	商品包装标志是否在规定的位置	5	
		商品包装标志是否符合商品的属性	5	
		文字设计是否符合商品特性	10	
		包装有无破损	5	
合　计			100	

注：考评满分为100分，60～74分为及格；75～84分为良好；85分以上（含85分）为优秀。

教学研讨

1. 如何组织货物包装作业任务的教学？在货物包装作业任务教学中需要注意哪些问题？

2. 日常生活中常用哪些包装方法？常见的包装容器有哪些？分别适用于哪些货物？常见的包装设备都有哪些？使用时需注意什么问题？通过学习，使学生对货物包装的认识获得哪些提高？

3. 探讨合理化包装的途径。

任务四　发货单的生成

任务描述

配货作业最后一个过程是生成发货单。本任务是指配货员对货物进行包装后，先进行货物的配载，将发往同一个客户或同一个地方的货物分拣在一起，之后生成发货单，等待送货。

任务分析

1. 对货物进行配载

配载也称“配装”，是指充分利用运输工具（例如货车、轮船等）的载重量和容积，采用先进的装载方法，合理地安排货物的装载。在配送中心的作业流程中安排配载，把多个用户的货物或者同一用户的多种货物合理地装载于同一辆车上，不但能够降低送货成本，提高企业的经济效益，还可以减少交通流量、改善交通拥挤状况。

由于配送货物品种和特性各异，为提高送货效率，确保货物质量，首先，必须对特性差异大的货物进行分类。接到订单之后，将货物按照特性进行分类，以便分别采取不同的送货方式和运输工具，例如按冷冻食品、速食食品、散装货物和箱装货物等货物类别进行分类配载。其次，配送货物也要有轻重缓急之分，必须初步确定哪些货物可配于同一辆车，哪些货物不能配于同一辆车，做好车辆的初步配装工作。因此，配送部门既要按照订单要求在运送计划中明确运送顺序，又要安排理货人员将各种所需的不能混装的商品进行分类，同时还应按照订单标明到达地点、用户名称、运送时间和商品明细等，最后按流向、流量和距离将各类商品进行车辆配载。

装车顺序或者运送批次一般按用户的要求进行安排，但是对同一车辆共送的货物装车则要将货物依照“后送先装”的顺序来进行。然而，有时在考虑有效利用车辆空间的同时，可能还要依据货物的性质（怕震、怕压、怕撞、怕湿）、形状、体积以及重量等，作出弹性调整。例如，轻货应放在重货上面，包装强度差的应该放在包装强度好的上面，易滚动的卷状、桶状货物要垂直摆放等。此外，货物的装卸方法也必须要依照货物的性质、形状、重量和体积等来作具体的决定。

具体车辆配装要根据需要配送货物的具体情况及车辆情况，主要是依靠经验或者简单的计算来选择最优的装车方案。

知识链接

配载时应注意的事项

1. 重货不能压轻货，大件货物不能压小件货物。
2. 注意运输工具的承重位置，不能偏重，或重心偏向。
3. 注意附加值高的货物装载位置，要相对保护起来。
4. 注意食品不能和有异味的、有毒的货物混装。
5. 液态物质要注意其包装的密封性，并且采取隔离措施。
6. 怕压、易碎、易变形的产品，在装载时要采取防护措施。

解决车辆配装量问题，在数据量小时还能够用手工计算，但是当数据量大时，依靠手工计算将变得非常困难，需要用数学方法来求解。现在已开发出车辆配装的软件，将配送货物的相关数据输入计算机中，即可由计算机自动输出配装方案。

2. 生成发货单

（1）拟定运送计划的主要依据。

①客户订单。一般客户订单对配送商品品种、规格、数量、送货时间、送达地点和收货方式等都有要求。因此，客户订单是拟定运送计划的最基本依据。

②客户分布、运输路线、距离。客户分布是指客户的地理位置分布。客户位置距离配送据点的距离远近、配送据点到达客户收货地点的路径选择会直接影响到输送成本。

③配送的各种货物的体积、形状、重量、性能、运输要求。配送货物的体积、形状、重

量、性能及运输要求是决定运输方式、车辆种类、载重、容积及装卸设备的制约因素。

④运输、装卸条件、运输道路交通状况、运达地点以及其作业地理环境、装卸货时间、天气等对输送作业的效率也起到相当大的制约作用。

（2）制定发货单，如表7－17所示。

表7－17　　发货单

发货方： 收货方： 预计到货时间：					
货品明细					
货品名称	批次	数量	单位	单价（元）	金额（元）

3. 送到暂存区，等待出库、发货

将货物送至暂存区，以等待发货。

相关知识

1. 货物配载的原则

（1）依据运输工具的内径尺寸，计算出其最大容积量。

（2）测量所载货物的尺寸重量，结合运输工具的尺寸，初步计算出装载轻重货物的比例。

（3）装车时，要注意货物摆放顺序和堆码时的方向，是横摆还是竖放，要最大限度地利用车厢的空间。

（4）配载时不仅要考虑到最大限度地利用车载量，还要具体情况具体分析，依据货物的价值来进行价值的搭配。

（5）以单位运输工具能够获取最大利润为配载的总原则。

知识链接

在物流行业中，一般按照货物的密度将货物分为轻泡货、重货、重泡货等。密度在1吨且大于3立方米，我们称之为轻泡货；密度在1吨且小于2立方米的为重货；密度在2.5立方米到3.5立方米之间且小于1吨，一般称之为重泡货。任何一种运输工具的载重量、可用体积都是有限制的，因此，对一个有限的运输工具如何装载，使其能最大限度达到其限定的载重量，同时又能够充分利用其体积容量，是物流配送活动中既能提高运输工具的利用率、同时又能够提高经济效益的一个关键的环节。

2. 货物配载的方法

（1）手工计算配载法。简单的配载可用手工计算。如需配送两种货物，货物A，容重

为 $A_{容}$，单件货物体积为 $A_{体}$；货物 B，容重为 $B_{容}$，单件货物体积为 $B_{体}$，车辆的载重量为 k 吨，最大容积为 $V_k(m^3)$，计算最佳的配载方案。

考虑到货物 A 和 B 尺寸组合和车辆内部尺寸不完全对等等客观因素，假设车辆有效容积是 $v\times90\%$ (m^3)。

设装入数量 x_A 的货物 A 和 y_B 的货物 B 之后，即可同时达到有效容积满载，其计算公式如下：

$$x_A A_{体} + y_B B_{体} = 90\% v$$

$$x_A A_{体} A_{容} + y_B B_{体} B_{容} = k$$

求得的 x_A 和 y_B 的整数值就为配载的数量，然后考虑卸货的先后，合理地安排货物的装载。

在日常生活中，由于配装的货物品种繁多，用于配装的车辆也很多，采用手工计算会有很大的困难，可采用其他的方法解决。

（2）利用微型计算机。先将常配送货物的数据及车辆的数据输入计算机存储，按计算程序编制软件，每次只要输入需配送的各种货物总量，计算机就会自动地输出配载结果。

（3）当条件比较恶劣、不可能利用计算机时，可从多种配送货物中选出容重最大、最小的两种，利用手算配载，其他的货物再选出容重次大以及次小的，以此类推，就可求出配载结果。

在实际工作中常常不可能每一次都求出配载的最优解，所以可以寻求最优解的近似解，将问题简化，节约计算时间，加快装车速度，也可取得综合的效果。解决配载最简单的方法就是要先安排车辆装运容重最大和最小的两种，在考虑卸货的基础上，把容重大的装在车子的下部，然后堆放容重小的货物，按照计划或按照经验配载，剩余容重居中的货物不再考虑配载而直接装车。不过也要顾及到分阶段向用户卸货，应当把后卸货的装在车厢内部，先到达用户的货物应装在易取的边部，否则就会延误整个配送速度，加大卸货的费用。

3. 理货主管工作内容

理货主管工作内容如表 7－18 所示。

表 7－18　　理货主管工作明细表

工作大项	工作细化	目标与成果
货物检查与核对	按货物发运凭单到指定的仓库提取货物，并核对货物品种、数量、规格、等级及型号等。	货物各项指标准确无误
货物的分拣包装	1. 检查货物的包装以及运输标志，对出库待运货物进行包装、拼装、改装或者加固包装后，填写装箱单，并且在出库货物外包装上写明收货人 2. 组织相关人员按照运输要求对货物包装进行贴标签、刷标记等作业	货物包装合理，包装费用控制在预算的范围内 贴标、刷唛作业规范
货物分类与发运	1. 按照货物的运输方式、流向和收货地点，将出库货物分类集中，填写货物启运单，并通知驾驶员提货发运 2. 协助货物的搬运、整理，进行堆码指导 3. 参与鉴定货运质量，分析货物残损的原因，划分事故责任	货物分类合理、有利于装卸作业 货物码放合格 货物在途残损率控制在__%以内

完成任务

配送中心作业人员将发往同一个客户或同一个地方的货物分拣在一起并生成发货单，最后将货物送到暂存区，等待出库、发货，即完成发货单的生成任务。

技能训练

技能训练活动：制定发货单

【技能训练人员】

分组，每组 2 ~4 个人。

【技能训练步骤】

(1) 建立小组。

(2) 依据货物信息对货物编制配载计划。

(3) 制定发货单。

【技能训练作业】

完成技能训练报告。

【技能训练评价】

对技能训练进行评价，填写制定发货单训练考评表（见表 7 -19）。

表 7 -19 制定发货单训练考评表

考评人				被考评人	
考评地点					
考评内容	发货单的制定				
考评标准	内 容			分值/分	实际得分/分
	对配载方法的选定			20	
	完成配载的过程			40	
	发货单的制定情况			40	
合 计				100	

注：考评满分为 100 分，60 ~74 分为及格；75 ~84 分为良好；85 分以上（含 85 分）为优秀。

教学研讨

(1) 如何组织发货单生成作业任务的教学？在发货单生成作业任务教学中需要注意哪些问题？

(2) 如何组织一次有效率的配货作业实训？

单元八
送货作业

送货作业指配货作业完成后，将用户所需的货物使用汽车或者其他运输工具从配送仓库或者配送中心送至客户的过程。配送的送货通常是一种短距离、小批量、高频率的运输形式。它以服务为目标，以尽可能满足客户需要为宗旨。

本单元包括送货安排、送货、审核客户与交货三大任务。

学习目标

- □ 知道送货的基本流程和基本原则
- □ 能够进行货物配送、统筹调度、货物装载以及交货装卸、费用结算等业务操作
- □ 了解货物知识、运输工具、相关机械设备以及货物运送途中安全保卫知识
- □ 能填写各项票据和货运记录
- □ 培养良好的职业操守、一丝不苟的工作态度及待人接物文明礼貌的优良礼仪风范
- □ 能设计送货教学实训内容

任务一　送货安排

任务描述

接到发货单后，调度员要分配任务进行运输调度与装卸作业，也就是根据配送计划所确定的配送货物数量、特性、服务客户地址、送货路线及行驶趟次等计划内容，指派车辆和装卸、运送人员，下达运送作业指示和车辆配载方案，安排具体的装车与送货任务，并将发货明细单交给送货人员或者司机。

送货人员必须完全依据调度人员的送货指示（派车单）来执行送货作业。当送货人员接到出车指示之后，将车辆开到指定的装货地点，然后与保管、出货人员清点分拣配组好的货物，再由装卸人员将已理货完毕的商品装载上车。

任务分析

1. 交接清点

出库货物经凭证审核、出库验收之后，要向提货人员点交，同时应将出库货物以及随行证件逐笔向提货人员当面点交。在点交过程之中，对于有些重要物品的技术要求、使用方法、注意事项，保管员应该主动向提货人员交代清楚，做好技术咨询服务工作。货物移交清楚之后，提货人员应在出库凭证上签名。货物点交之后，保管员应该在出库凭证上填写“实发数”、“发货日期”、“提货单位”等内容并签名，然后再将出库凭证有关联次同有关证件及时送交给货主，以便办理有关款项的结算。

当货物出库完毕之后，仓管员应及时填制货物出库单等（见表 8－1、表 8－2），将货物从仓库保管账上核销，取下垛牌，以保证仓库账账相符、账卡相符及账实相符；并将留存的仓单（提货凭证）、其他单证和文件等存档。

表 8－1　货物出库单

客户名称：__________					发货日期：___年___月___日		
发货仓库：__________					储存凭证号码：__________		
仓库地址：__________							
品名	货号	单位	单价	数量	金额	是否包装	备注
仓库主管：				仓库管理员：			提货人：

表 8－2　出库日报表

编号：							日期：___年___月___日	
编号	货物名称	规格	数量	单价	提货商	出货检验合格率	经办人	备注

2. 送货调度安排

送货调度是储运科人员接到相关发货通知单之后，根据相关信息调度运送资源，确定最优送货时间以及最佳送货运输方式。

（1）划分基本送货区域。首先，对客户区域作整体划分，将每一个客户分配在不同的基本送货区域中，作为配送决策的基本参考。例如，按行政区域或者按交通条件划分为不同的送货区域，然后在区域划分的基础上再作弹性调整，来安排送货的顺序。

（2）暂定送货的先后顺序。在考虑其他影响因素、作出最终送货方案之前，应先根据客户订单的送货时间将送货的先后次序进行大致的预定，为后面车辆配载做好准备工作。预先确定基本送货顺序可有效地保证送货时间，提高运作效率。

（3）车辆安排。车辆安排需要解决的问题是安排什么类型、多大吨位的配送车辆进行送货。一般企业拥有的车型有限，当本公司车辆无法满足需求时，可以外雇车辆。在保证送货运输质量的前提下，是组建自营车队，还是以外雇车辆为主，应该视经营成本和公司的经营利润而定。无论选用自有车辆还是外雇车辆，都要事先掌握有哪些车辆可供调派并符合要求，也就是这些车辆的容量和额定载重是否满足要求；安排车辆前，还必须分析订单上的货物信息，例如货物的体积、重量、数量、对装卸的特别要求等，综合考虑多方面因素之后，再作出最合理的车辆安排。

车辆安排后，填制派车单，如表 8－3 所示。

表 8－3　　　　派　车　单

编号：　　　　　　　　　　　　　　　　　　　　通知时间：____年____月____日

客户名称		联系电话	
用车原因			
送货人数			
货物抵达期限	____年____月____日____时～____年____月____日____时		
运送地点	货物名称	规格	数量
车辆要求			
车辆用途		车辆装载量	
车辆类型		座位	
车辆部门主管		通知部门主管	

（4）选择送货路线。知道了每辆车负责配送的具体客户之后，如何以最快的速度完成对这些货物的配送，也就是如何选择配送距离短、配送时间短、配送成本低的路线，还需要根据客户的具体位置、沿途的交通情况等作出判断。另外，还必须考虑有些客户或者其所在地点对送货时间、车型等方面的特殊要求，例如，有些客户不在中午或者晚上收货、有些道路在某个高峰期实行特别的交通管制等。配送路线的选择可利用有关的运筹模型辅助决策。

选定好送货路线之后，可根据表 8－4 评价路线方案的优劣。

表 8－4　　　　路线方案评分表

序号	评价指标	极差	差	较好	良好	最优
1	配送全过程的配送距离					
2	行车时间					
3	配送准时性					
4	行车难易					
5	动用车辆台次数					
6	油耗					
7	车辆状况					
8	运送量					
9	配送用户数					
10	配送总费用					

(5) 确定每辆车的送货顺序。做好车辆安排及选择好最佳配送路线之后，就可确定每辆车的送货顺序，从而估计出货物送到客户处的大致时间，通知客户。

3. 完成车辆积载

明确了客户的送货顺序之后，就可以按照一定的次序装车，以完成车辆的积载。

积载总的要求是“省力、节能、减少损失、快速、降低成本”。装车之前，应对车厢进行检查和清扫。因货物性质不同，装车前需要对车辆进行清洗、消毒的，必须达到规定的要求。装车过程中应防止货物的混杂、散落、漏损和砸撞，特别要注意有毒货物不得与可食用的货物混装、性质相抵触的货物不可以混装。装车的货物应数量准确，捆扎牢靠，并做好防丢措施。

积载的步骤包括以下几点：

(1) 装车堆积。堆积方式主要有行列式堆码方式和直立式堆码方式两种。

堆积时要注意的事项有以下几点：

- 堆码方式要有规律、整齐；
- 堆码不能太高；
- 货物在横向不得超出车厢宽度，前端不得超出车身，后端不得超出车厢的长度：大货车不应超过 2 米，载重量 1000 千克以上的小货车不得超过 1 米，载重量 1000 千克以下的小货车不应超过 50 厘米；
- 堆码时应重货在下，轻货在上；
- 包装强度差的货物，要放在包装强度好的上面；
- 货物应大小搭配，以便充分利用车厢载容积以及核定载重量；
- 按照顺序堆码，先卸车的货物后码放。

知识链接

堆 码 极 限

堆码极限是货物堆放的高度极限，是依据货物的重量规定的。例如，“堆码极限”标明 8 或 9，表明它的堆放高度不得超过 8 或 9 层，是货物堆放时的一个高度指标。

(2) 绑扎。

绑扎是配送发车前的最后一个环节，也是非常重要的环节，是在配送货物按照用户订单全部装车完毕之后，为了保证货物在配送运输过程中的完好，以及为了避免车辆到达各用户点卸货开厢时发生货物倾倒，必须进行的一道工序。

绑扎方法有平行绑扎、垂直绑扎和相互交错绑扎几种。

绑扎形式有单件捆绑，单元化、成组化捆绑，分层捆绑，分行捆绑和分列捆绑几种。

绑扎时应注意考虑以下几点：

- 绑扎端点要易于固定，而且要牢固；
- 可依据具体的情况选择绑扎的形式；
- 应注意绑扎的松紧度，避免货物或者其外包装损坏。

(3) 货车封盖。为防止雨雪湿损、日晒损坏货物，货物装车之后应进行封盖。一般采用帆布封盖（见图 8-1）或者移动车棚封盖（见图 8-2）。此外依据《道路管理条例》的规定，装载容易散落、飞扬、流漏的物品的车辆，需要封盖严密。

图 8－1　帆布封盖

图 8－2　移动车棚封盖

相关知识

1. 送货的特点

送货作业是物流配送中的重要业务环节之一。“配”与“送”有机结合，使送货达到一定的规模，利用一定的规模优势来获得较低的送货成本，使物流配送企业得到自己的利润。在送货作业当中，要时时强调“根据用户要求”、“按时送达指定地点”等宗旨，在满足用户利益的基础上才能争取本企业的利益。

送货作业包括配送调度的安排、搬运、积载、运输和交货。其作业程序为：积载——运输——交货。

送货是配送的终结。在送货流程中，除了要圆满完成货物的移交任务之外，有时还要进行货款（或者费用）的结算。

2. 选择配送路线的方法

选择配送路线的方法有很多种，以下是几种常见的选择方法：

（1）经验判断法。经验判断法是指利用行车人员的经验来选择配送路线的一种主观判断方法。一般是以司机的习惯行驶路线和道路行驶规定等为基本标准，拟定出几个不同的方案，通过倾听有经验司机和送货人员的意见，或直接由配送管理人员凭经验作出判断。这种方法的质量取决于决策者对运输车辆、用户的地理位置和交通线路情况掌握的程度，及决策者的分析判断能力与经验。这种方法尽管缺乏科学性，也易受掌握信息程度的限制，但是运作方式简单、快速、方便。这种方法通常在配送路线的影响因素比较多、难以用某种确定的数学关系表达时，或者难以以某种单项依据评定时采用。

（2）综合评价法。综合评价法是能够拟定出多种配送路线方案，评价指标明确，只是部分指标难以量化，或者对某一项指标有突出的强调与要求，而采用加权评分的方式来确定出配送路线。

综合评价法的实施步骤如下：

- 拟定配送路线的方案；
- 确定评价指标；
- 对方案进行综合评分。

3. 车辆积载的相关内容

（1）积载的具体要求。

- 装车之前应对车厢进行检查和清扫；

- 确定最恰当的装卸方式；
- 合理使用和配置装卸机械；
- 力求减少装卸次数；
- 防止货物装卸时混杂、散落、漏损和砸撞；
- 装车的货物应数量准确，捆扎牢固，做好防丢措施；卸货时要清点准确，码放、堆放整齐，标志向外、箭头向上；
- 提高货物集装化或者散装化的作业水平；
- 做好装卸现场的组织工作。

（2）影响配送车辆积载的因素。

- 货物特性因素。如轻泡货物体积大、重量小，车载利用率较低。
- 货物包装情况。如车厢尺寸与货物包装容器的尺寸不成整倍数关系，就无法装满车厢。
- 车辆运载特性。由于装载技术原因，造成不能装足吨位。如吨位利用率和车辆行程利用率的影响。
- 不能拼装运输。如有些危险品必须减载运送，才能保证运行安全。

（3）车辆积载的原则。车辆积载时应遵循以下原则：

- 轻重搭配的原则。在车辆装货时，必须将重货置于底部，轻货置于上部，避免重货压坏轻货，并且使货物重心下移，从而保证运输安全。
- 大小搭配的原则。例如到达同一地点的同一批配送货物，其包装的外部尺寸有大小，为了充分的利用车厢的内容积，可采取不同尺寸大小货物，在同一层或者上下层的合理搭配，以减少厢内留有的空隙。
- 货物性质搭配原则。拼装在一个车厢内的货物，其化学属性、物理属性不能够互相抵触。由于在交运时托运人已经包装好而承运人又不得任意的开封，因此，厢内货物因性质抵触而发生损坏，应由托运人负责，由此造成承运人损失者，托运人应该负赔偿责任。
- 到达同一地点的适合配装的货物应尽可能的一次积载。
- 确定合理的堆码层次及方法。可依据车厢的尺寸、容积、货物外包装的尺寸来确定。
- 积载时不应超过车辆所允许的最大载重量。
- 积载时车厢内货物重量应当分布均匀。
- 防止车厢内货物之间碰撞和玷污。

配送车辆的载重能力和容积能否得到充分利用，与货物本身的包装规格有很大关系。小包装的货物易降低亏箱率，同类货物用纸箱比用木箱的包装亏箱率要低一些。但亏箱率的高低还与采用的积载方法有关，恰当的积载方法能够使车厢内部的高度、长度及宽度都得到充分利用。

（4）提高车辆积载效率的具体办法。

- 研究各类车厢的积载标准，依据不同货物和不同包装体积要求，合理安排装载顺序，努力提高装载技术和操作的水平，力求装足车辆的核定吨位。
- 依据客户所需的货物品种和数量，调派适宜的车型承运。配送中心应根据经营商品的特性，配备和保持合适的车型结构。
- 凡是可以拼装运输的，应尽可能拼装运输，但是要注意防止拼装差错。

4. 调度主管和调度员工作内容

调度主管和调度员工作内容如表 8－5、表 8－6 所示。

表 8－5

调度主管工作明细表

工作大项	工作细化	目标与成果
配送货物调度	1. 依据客户订单或托运单制订合理的货物调度计划，并依据计划进行货物调度，做好货物的按时配送以及返程货物的及时提取工作。	因调度失误造成货物延误送达、未按时提取的次数每季度不超过____次
	2. 接到客户提货电话，应在最短时间内通知就近的驾驶员前去提货。	
	3. 协助相关人员做好铁路运输货物的短倒、上站和装车工作，协助做好海运货物的装箱或者发货安排工作。	
自有车辆调度	1. 依据业务上报的当天返程货物数量及当天到达货物的数量，合理制订出车计划，准确、快捷地调度公司的自由车辆。	车辆调配合理、有效，配送任务按时完成率达____%
	2. 合理安排车辆出勤，制订车辆的检修保养计划，以保证出车安全。	车辆保养按计划完成率达 100%
	3. 若驾驶员在运输途中反映车辆出现异常状况，应及时确认产生异常的原因及程度，本着节约的原则，确定维修地点以及维修方式。	车辆在途异常维修费用控制在预算范围内
配送单据管理	1. 定期或不定期地检查驾驶员填写“车辆行程、费用统计表”的规范程度，并在月底进行月度审核。	“车辆行程、费用统计表”抽检合格率达 ____% 以上
	2. 负责车辆的过桥过路费、油耗等费用的审核，做好短途运费以及相关费用的控制。	相关费用控制在预算范围内
	3. 做好与外挂司机就发货清单、货物托运单等相关手续的交接工作，并且做好相关单据的保管。	配送单据齐全、填写符合规范
驾驶员管理	1. 严格执行本公司自有车辆管理制度，负责对驾驶员的提货、开票等业务知识进行培训和考核。	驾驶员业务知识培训计划完成率达____%
	2. 每天跟踪驾驶员当天运费收取情况，发现异常时应及时查找原因，并上报给部门经理。	运费收取差错率为 0
	3. 若发现驾驶员在运输途中有怠工、拖延、公车私用的现象，应立即采取措施并追查责任。	不合格现象发生次数每季度不超过____次

表 8－6

调度员工作明细表

工作大项	工作细化	目标与成果
下达“派车单”	依据调度计划开具“派车单”，并且按单上的要求详细填好时限、客户名称、地点、路线、数量、价格和目的地等内容，及时下达给驾驶员以及其他相关人员。	“派车单”填写符合规范，及时下达率达 100%
车辆在途跟踪	1. 熟悉每位驾驶员的出车路线，跟踪车辆的在途状态，及时通知驾驶员就近提取客户托运的货物。	客户货物提取及时通知率达 100%
	2. 若货车在规定的时限内未返回公司，要及时进行电话追踪，发生异常状况时，应立即通知相关人员协助处理。	在途车辆异常反馈及时率达____%
配送单据管理	1. 督促驾驶员如实、准确地填写“车辆行程费用统计表”，月底汇总之后交调度主管进行审核。	“车辆行程、费用统计表”抽检合格率达 ____% 以上
	2. 整理、保管配送单据，如发货清单、货物托运单、过桥过路费以及油耗交易凭证。	配送单据齐全、归档及时率达 100%

完成任务

仓库作业人员与送货员做好货物交接清点，调度员完成送货调度安排，完成车辆积载后，即完成送货安排任务。

技能训练

技能训练活动一：送货调度安排

【技能训练人员】

分组，每6人一组。

【技能训练步骤】

（1）分工。储运科调度员1人，业务员1人，仓库调度员1人，运输队人员1人，发货人员1人，接货人员1人，各组相关人员可同时进行训练。

（2）业务员接到发货人员业务单之后，凭业务单开据“送货通知单”，送达储运科调度中心。

（3）储运科调度人员接到“送货通知单”之后，首先根据所送货物情况及送货目的地，计算出送货路径与相关运费，安排车辆，选择适宜的运输方式，安排运输人员。

（4）调度人员安排好相关送货车辆和相关运输人员之后，与仓库调度员联系，安排好装载货物的时间和地点，并且通知接货人员送货的到达时间。

【训练中注意事项】

（1）熟悉每个角色的工作职责，严格地按照训练程序进行。

（2）各职位间要及时沟通。

（3）单据要规范、认真填写。

（4）文明操作，严格遵守岗位职责，一丝不苟。

【技能训练作业】

完成技能训练报告。

【技能训练评价】

填写送货调度安排能力考核评分表（见表8－7）。

表8－7　送货调度安排能力考核评分表

考评人		被考评人	
考评地点			
考评内容	送货调度安排能力		
考评标准	内　容	分值/分	实际得分/分
	正确开据“送货通知单”	30	
	正确计算出货路径和有关运费	25	
	正确安排车辆和适宜的运输方式	25	
	即时通知接货人员送货到达时间	20	
	合　计	100	

注：考评满分为100分，60～74分为及格；75～84分为良好；85分以上（含85分）为优秀。

技能训练活动二：积载作业

【技能训练人员】

分组，每6人一组。

【技能训练步骤】

(1) 分工。发货员1人，库存管理1人，承运人1人，装卸工2人，储运科调度员1人，业务员1人，会计1人，各组相关人员可同时进行训练。

(2) 发货员接到调度员的“成品发货单”，到业务部开发票。

(3) 发货员与承运人凭发货单到仓库提货。

(4) 发货员、承运人与库管三方查验所提货物的规格、品种、数量以及质量等无误之后，装卸工装车。

(5) 发货人及承运人在“成品发货单”上签章。“成品发货单”第一、二联返业务部核对之后，第一联业务部存底，第二联会计核对入账；第三、四、五联则由承运人所执；第六联储运科自存。

【技能训练中注意事项】

(1) 配装作业时有关设备的使用。

(2) 熟悉每个角色的工作职责，严格按照训练程序进行。

(3) 严格遵守岗位职责，一丝不苟。

(4) 各种单据填写要认真规范，达到训练要求。

(5) 文明操作，注意安全。

【技能训练作业】

完成技能训练报告。

【技能训练评价】

填写配装作业能力考核评分表（见表8-8）。

表8-8 配装作业能力考核评分表

考评人		被考评人	
考评地点			
考评内容	积载作业		
考评标准	内　　容	分值/分	实际得分/分
	发货员凭“成品发货单”，到业务部开立发票	30	
	发货员与承运人凭“成品发货单”到仓库提货、备货	30	
	发货员、承运人与库管三方查验所备货物	30	
	发货人及承运人在“成品发货单”上签章	10	
	合　　计	100	

注：考评满分为100分，60～74分为及格；75～84分为良好；85分以上（含85分）为优秀。

教学研讨

（1）如何组织送货安排作业任务的教学？在送货安排作业任务教学中需要注意哪些问题？

（2）在进行配送路线选择时应当考虑哪些因素？

（3）如何组织车辆的积载？车辆积载时需注意哪些问题？

任务二 送　货

任务描述

完成送货安排之后，送货员与司机要根据配送计划所确定的最优路线和送货单，将货物在规定时间及时、准确地运送到客户手里。在运送过程中，送货员要随时注意路况等信息，并能与客户进行良好的沟通。

任务分析

1. 把握途中车辆、路况及气候等状况，及时传达相关信息

（1）送货员完成货物装载之后，行驶途中要随时与储运科调度人员联系，随时报告自己所处位置、行程以及所遇到的情况，保证送达时间和运送途中的安全，完成送货明细表（见表 8 -9）。货物若在运输过程中发生质量问题时，送货员应立刻通知有关人员进行解决。

表 8 -9　　　送货明细单

编号：

出货日期：20__年__月__日__星期：　　　　调度员：

出货顺序							配送运输										费用			备注
开始时间	结束时间	时间合计	分店	单数	金额	是否有尾数	车牌	分拣	司机	出发时间	到店时间	离开时间	到仓时间	总时间	超停时间	原因	里程	路费	燃油费	
合计																				

配送中心经理：　　　　调度主管：

（2）储运科调度人员要随时与收货人、送货员及业务部门联系，随时了解情况，处理途中问题，以保证送达时间，提高客户满意度。送货环节经常出现的问题以及解决的对策如表 8 - 10 所示。

表 8 - 10　　送货环节的问题及对策表

常见问题	原　因	对　策
送货时间太长	1. 送货路程太远 2. 运输工具速度太慢 3. 配送作业流程不合理 4. 送货路线规划不合理 5. 承诺送货时间太短	1. 将承诺的送货时间适当延长，但是要有竞争力 2. 重新规划送货路线 3. 调整配送作业流程 4. 选择小型送货车辆 5. 与其他配送中心共同配送
送货不及时，延迟	1. 送货时间估计不准确 2. 配送时限管理不严 3. 送货车辆和人员调度不当	1. 重新测算送货所需时间 2. 严格执行配送管理制度，送货车辆和人员合理调度，也可将送货外包出去
送货时间不稳定	1. 配送管理无章可循 2. 配送作业流程不规范 3. 配送车辆维护差 4. 配送人员业务素质不稳定 5. 配送作业波动大	1. 制定严格的配送管理规章制度和作业规范 2. 严格配送车辆的检修和保养制度 3. 加强配送人员培训 4. 合理安排配送资源，以降低配送需求波动对配送作业的影响 5. 重新规划送货路线

（3）驾驶员填写驾驶员记录表（见表 8 - 11）。

表 8 - 11　　驾驶员记录表

车号：　　　　驾驶员：　　　　日期：

顺序	送货地点	送货单	品名数量	客户名称	驾驶距离	驾驶时间	停留时间	时间合计	摘要
				预计驾驶里程			实际驾驶里程		

2. 掌握客户信息并与客户进行电话沟通

（1）掌握客户信息。送货员送货一定要熟悉货物与客户等相关信息，确认所送货物品名、数量、包装要求与客户所要求的是否一致，并掌握货物运达地址与收货方名称等相关信息。

（2）与客户进行电话沟通。送货员送货时需要与客户进行有效地电话沟通，以保证送货顺利完成。在与客户沟通时，送货员需掌握以下两点：

①自我介绍并确认对方身份。进行电话沟通时，自我介绍非常重要。例如，当电话接通后说："您好，我是某某物流公司的送货员。"一定要在开场白中很热情地表示友善的问候和自我介绍，这是开场白当中的第一个因素。接下来要确认对方身份，例如，"您这里是某

某公司（地）吧？您定的货物现已发货。”确认对方身份，以避免货物错发的情况。

②确认对方接货的可行性。送货员一般要花 1~2 分钟的时间来跟客户进行交流，这时你要很有礼貌地询问对方现在打电话是否方便，确定货物送到时间以及有无相关人员接货等，并尽可能回答客户的问题。同时还应注意，打电话给客户时一定要对客户的各个方面有一个较为完整的了解。

知识链接

送货员与客户沟通注意事项

1. 提高诚信送货服务水平

真诚为客户服务，是与客户友好合作和沟通的最好手段，亦是赢得客户信赖的保证。促进和加强真诚友好的沟通，形成相互的默契配合，提高送货工作效率，深入发展与客户的友好伙伴关系。

2. 善于抓住客户需求，帮助解决难点问题

实际中，客户的需求通常不相同。有的客户可能需要一个订货电话，有的客户可能需要追加订货产品，而有的客户渴望送货员能够及时反馈他们的需求等。送货员应及时帮助解决客户的问题，拉近与客户的距离，促进两者更加友好的合作。

3. 尊重客户应有的权益

有的客户所要的量虽然少，但对送货员来说，数量多与少应该一样对待，因为送货不仅是送达货物，更为重要的是实现客户的利益，切实尊重他们应享有的权益，促进与客户的关系。

4. 协助解决客户经营中存在的问题

虽然送货员的主要职责是送货，但是不少客户会把经营中存在的问题告诉送货员，送货员应力求能够协助客户解决经营中存在的问题。有时或许送货员的一句建议，就有利于双方工作的顺利开展。

相关知识

1. 送货作业要求

（1）时效性。时效性是配送客户最重视的因素之一，也就是要确保能在指定的时间内交货。送货是从客户订货至交货各阶段中的最后一个阶段，也是最易引起时间延误的环节。影响时效性的因素有很多，除了配送车辆故障之外，所选择的配送路线不当、中途客户卸货不及时等均会造成时间上的延误。因此，必须在认真分析各种因素的前提下，用系统化的思想和原则，有效地协调，综合管理，选择合理的配送路线、配送车辆和送货人员，使每位客户能够在预定的时间内收到所订购的货物。

（2）可靠性。可靠性是指将货物完好无缺地送达目的地，这是对配送中心的差错率及货损率的考核。要达到可靠性的目标，关键是提高配送人员以下几个方面的素质：

- 装卸货时的细心程度；
- 运送过程中对货物的保护；

- 对客户地点以及作业环境的了解；
- 配送人员的操作规范。

(3) 服务性。送货作业是配送末端服务，它通过上门服务直接与客户接触，是与客户沟通最直接的桥梁，在物流当中起着非常重要的作用，其服务质量好坏直接关系到销售或者供应商品的时间与质量，影响着配送的效果与企业的经营效益。

(4) 经济性。经济性就是以较低的费用完成配送作业。故配送企业不仅要强调高质量、便利化、敏捷化的配送服务，还要加强配送运输成本控制与管理。

2. 驾驶员工作内容

驾驶员工作内容如表 8－12 所示。

表 8－12　　驾驶员工作明细表

工作大项	工作细化	目标与成果
货物提取与配送	1. 凭“派车单”出车，认真确认出车路线并按照路线行车，及时、安全到达指定地点。	车辆正点到达率达到____%
	2. 单独上门提货时，负责清点货物的数量，核对价格、立方数或者重量，准确无误地开具“货物托运单”，双方（我方与客户方）签字确认。	收货差错率控制在____%以内
	3. 在装完货后，应在“派车单”上填好到达时间和离开时间，并请客户签字确认，给予服务评价；提货返回后要将“派车单”交调度员归档。	收货手续齐全
	4. 提货返回之后，立即通知仓储部负责人安排卸货，并现场监督卸货情况；卸货完毕，经仓库管理员验收无误之后，让仓库管理员在“货物托运单”的存根联和财务联上签字交接。	货物在途残损率低于____%
	5. 送货时，应于现场监督卸货作业，清点件数，与收货人做好货物以及相关手续的交接，清点无误之后请收货人在“送货回单”上签字确认。	货物配送及时率达到____%
	6. 提货、送货时，与客户交接货物，若是现金结算，应做好现金收款工作，回公司之后应在 1 小时内将现金上缴给出纳。	现金结算差错率为 0
车辆的维护保养	1. 做好车辆日常维护与保养工作，保持车况的良好和车辆的整洁。	作业车辆的完好率达到____%以上
	2. 出车之前，要先按照“车辆检查表”做好车辆的检查工作，做好点检记录；如实填写“车辆行程、费用统计表”，做好行驶路程以及公里数的记录。	每季度，交通安全事故发生率要控制在一次以内；车辆行程记录准确齐全
	3. 为配送路线规划提供合理化建议，严格按照要求做好车辆维修、过桥过路费及油耗等成本的控制。	车辆费用控制在预算范围内

与车辆相关的表格见表 8－13 至表 8－15。

表 8－13　　车辆检查表

车辆牌号		司机	
派车期限	____年____月____日____时～____年____月____日____时		
派车用途			
同行人员			
用车前检查			
车辆四周	刮伤	□有　□无	
	后视镜	□有　□无	
	胎压	□正常　□不正常	
	备胎及千斤顶	□有　□无	
车底	漏水	□有　□无	
	漏油	□有　□无	
引擎状况	机油	□适量　□补充	
	冷却水量	□适量　□不足	
驾驶位	汽油剩余量		
	里程数		
	喇叭	□良好　□不良	
	方向灯	□良好　□不良	
	雨刷	□良好　□不良	
	其他		
检查人签字		车辆主管签字	
返回时里程数		行驶里程数	
补给机油量		补给汽油量	
往返时间记录	出　____年____月____日____时____分	门卫签字	
	入　____年____月____日____时____分		

表 8－14　　车辆事故报告表

报告时间			
事故发生时间	____年____月____日____时____分		
事故发生地点			
事故发生车辆牌号			
事故发生种类	1. 人车相撞（□轻伤　□住院　□重伤　□病危　□死亡） 2. 车辆本身（□颠覆　□冲撞　□冲出路外　□零件损坏　□其他） 3. 车辆间相撞（□擦撞　□追撞　□冲撞　□其他）		
事故发生车辆情况			
驾驶员姓名		车辆同行人员	
见证人员姓名			

续表

当事人		对　方			
姓名		个人		车辆	
所属部门		姓名		司机姓名	
车种及年份		个人住址		公司名称	
证件号码		证件号码		联系方式	
驾照号码		联系方式		车种及年份	
保险公司		个人情况说明		车牌号码	
保险单号				驾照号码	
损失金额明细				损失金额	
备　注					

表 8－15　　车辆保养维修记录表

年度：							
日期	保养/维修	项目	原因	所花费用	保养前路码表数	经手人（签字）	主管（签字）

表 8－16　　车辆费用支出月报表

月度：									
上月里程				本月里程				行驶里程	
月度费用支出情况									
保险费		修理保养费		过桥费		汽油费		费用明细	
车辆	金额	车辆	金额	车辆	金额	车辆	金额		
								本月总费用	
								每公里费用	
合　计		合　计		合　计		合　计		每公里汽油费	
汽油费用明细表									
日期		金额		经手人		备注			
制表人：				会计：				审核人：	

知识链接

驾驶员安全责任书

为了保证车辆安全使用，确保正常安全营运和人身安全，驾驶员应与公司签订本安全责任书，并承诺按照此责任书的内容贯彻执行。

一、遵纪守法

本人将遵守交通法规，遵守安全操作的规程，遵守公司的各项规章制度，并本着对车辆负责，对行人安全负责，对国家的财产负责，对道路安全以及畅通负责，对集体荣誉负责的态度，时刻保持强烈安全意识。

二、认真学习

每月25日坚持参加公司组织的安全学习，若有班车出车，回班后补上。平时做到认真学习，阅读交通安全报刊，学习相关交通法规，注意从已经发生的交通事故事例中吸取教训，引以为戒，以确保自身安全行车。无故不参加学习，公司有权下令补学，若不补学可停开车。

三、车辆管理

加强营运车辆的维护和保养，坚持例保、一保、二保及定期综合检测制度。主动地配合公司建立健全车辆技术档案，定期检测，强制维护。严格执行维修卡记录制度，按照规定时间（3个月）和间隔里程（一类班线和夜班车5 000～6 000公里，其他的班线1万公里）进行二级以上保养维修作业。跨省超长客运车要坚持每趟次都作二级维护。车辆到达以后，负责做好检查移交工作，用车前对维修工维修过的部分作特别检查。按期进行季检、年检和节前车辆的检查。

强化车辆安全保险管理，营运车辆按照要求实行全额保险，保齐险种并缴纳安全保证金。凡未参加保险或者保险项目不全及未缴纳安全风险抵押金的车辆，公司不安排营运。

四、行车安全

本人按照规定对所驾车辆的安全技术状况认真做好出车前、行车途中、收车后的自检自查，尤其是制动、转向、传动系统及灯光信号装置检查。绝不酒后开车；不超载人和货；不违章行使；不擅自将车交给他人驾驶。对乘客要进行安全宣传，严禁违禁物品上车，并要随时注意车辆附属设施和行车物品的稳固，防止发生意外事故。长途行车、晚间行车及山路行车更注意安全。

五、交通事故

若出了交通事故，绝不逃离现场，应迅速向当地交警报案，保护现场，抢救伤员，积极地配合处理，并且向公司及车管办报案。

六、事故处理

1. 公司对次责者给予批评，依经济损失的大小给予处罚，以损失部分的主次责比率承担具体比例。

2. 对同责者，公司内通报批评，责令其停运整顿，并且扣除其全年安全奖。

3. 发生大事故造成恶劣影响的驾驶员，取消其资格证，不准上车驾驶。如果发生的事故造成公司经济损失，应该扣除责任人风险金，令其按事故的大小相应的承担事故的赔偿。

七、文本

本责任书一式三份，公司、驾驶员各一份，备案一份。

3. 送货车辆的行车作业管理

由于送货主要是短距离的卡车运输，故送货车辆的行车作业管理也是送货作业管理的主要内容之一。

尽管人们可通过建立数学模型使运输路线优化，利用计算机管理软件对车辆进行合理的调度及对货物实行有效配装，配送计划可以作得非常周详。但是，影响货物输送效率与配送服务质量的因素很多，其中不乏许多不可预期的因素。在货物输送过程中，往往会出现因临时的交通状况发生变化、天气变化、行车人员在外不按指令行车或者在驾驶过程中突发安全事故等难以直接控制或者不可控因素的影响而导致货物输送不能如期到达、货物受损等情况，从而使运输的成本上升，最终影响配送服务质量与配送效益。因此，在货物运输管理中必须加强行驶作业记录的管理和行车作业人员的考核与管理。

（1）行驶作业记录管理。行驶作业记录管理有驾驶日报表管理方式、行车作业记录卡管理方式和行车记录器的管理方式。

①驾驶日报表方式。通过行车驾驶员填写“汽车驾驶日报表”来记录货物的输送作业过程。汽车驾驶日报表主要包括运送内容、作业时间、行走公里、运送量及运费等项目（见表 8－17）。

表 8－17　　　　汽车驾驶日报表

日期　年　月　日　　　　星期　　天气　　温度　度　　　　单位

卡车号码	驾驶员	运送内容	作业时间（h）				行走（km）		燃料（L）	输送量（t）	同乘者	运费（元）	收款人运费计算				其他
			开始	终止	移动时间	合计	实际	空车					收款人	运费	人事费用	合计	

合计值	作业时间		行走公里		输送吨数		燃料升数		人事费用		支付费用	
	本日	累计	本日	累计	本日	累计	本日	累计	本日	累计	本日	累计

通过表单对配送车辆驾驶的情况作记录，除了能随时对车辆与驾驶员的品质及负担作评估调整之外，也能够反映出事前配送规划的效果，为后续的配送计划管理提供参考。

②行车作业记录卡管理方式。也就是对行车作业实行定时划卡制度。例如，日本大型连锁集团伊藤华堂，它们对配送车辆输送行车作业实行了高效率的管理方式。具体的方法是设立定时配送、划卡制度。也就是每一台配送车辆到店时要划卡，离店时也要划卡，到店至离店的时间就为卸货和验货的时间。配送中心依据信息中心获取的 POS 系统的信息来掌握配送车辆到店和离店时间，分析运送作业和货物抵达后的交、接货作业效率。若发现配送车辆比规定的时间早到或者晚到店 15 分钟的话（早到无人接货；晚到则会使商店失去最佳销售的机会），总部的职能部门就要按照合同规定，对运输的当事人处以罚款（委托运输公司运输的情况也一样）。对配送车辆每到一店都实行同样的划卡制度，这样，负责商品配送的配送中心就能够掌握车辆在途时间，从而规划较为合理的配送路线，以确保物流的通畅，使得各连锁分店能够顺利经营。

知识链接

GPS 车辆跟踪、定位与监控系统

车辆跟踪系统中，可利用 GPS 和电子地图实时显示出车辆的实际位置并随目标而移动，使目标始终保持在屏幕上；也可以打开多窗口，对多车辆实现多屏幕同时跟踪。同时，还应提供出行路线的规划和导航，规划路线可以自动规划，也可以实现人工设计。信息查询系统中，用户能在电子地图上依据需要进行查询。

话务指挥系统中，指挥中心可监测区域内车辆的运行状况，对被监控的车辆进行合理调度。指挥中心也可以随时与被跟踪目标通话，实行管理。

紧急援助系统中，可通过 GPS 定位和监控管理系统对遇有险情或者发生事故的车辆进行紧急援助。监控台的电子地图可显示求助信息和报警目标，规划最优援助方案，并且以报警声、光信号来提醒值班人员进行应急处理。

③行车记录器方式。行车记录器用途很广，只要是牵涉货品配送而且想要好好管理的配送业者，都可以将它运用在车辆行车配送上。目前国内外已经开始采用随车温度记录器及行车记录器方式，可以即时详细地掌握车辆配送情况。

利用温度记录器可随时监控车内温度状况。温度记录器多设置在货品温度需控制的配送车上，如对冷冻、冷藏食品的配送，温度记录器可以提供随时监控管理的功能，一旦货柜的温度太高或者太低，温度记录器就会马上发出警讯提醒配送人员注意，必须采取措施。并且这些资料的记录数据可以供事后管理人员检查。

利用行车记录器可掌握车辆配送过程中的行驶记录。行车记录器最主要的功能是能掌握车辆配送过程中的行驶状况，主要包括时间、历程数和行驶速度等。

（2）行车作业人员考核与管理。为确保行车作业能按照配送计划有效运行，需对行车作业人员进行考核和管理。对行车作业人员进行考核的数据，可通过“驾驶成绩报告书”（见表 8－18）、“配送人员出勤日报表”（见表 8－19）的方式来进行反馈。

表 8－18　　驾驶成绩报告书

日期　年　月　日　　单位

车辆号码	工作日数（日）	总车辆数（辆）	行走距离（m）	输送数量	燃料（L）	其他
合　计						

4. 提高送货效率的手段

为了提高送货效率，可以采取以下几种手段：

（1）消除交错送货。可提高整个配送系统的送货效率。如将原计划直接由各个工厂送至各客户的零散路线利用配送中心来整合，并且调配转送，这样可缓解交通网络的复杂程度，而且可以缩短运输距离。

表 8－19　　配送人员出勤日报书

趟次编号：　　车号：　　车种：

驾驶员姓名：　　配送员姓名：　　年　月　日

报到、交货地点	计划时间	到达时间	离开时间	经过时间	里程数	冷冻、冷藏温度	卸货箱数	送货单据号码	备注（延迟送达原因）

（2）开展直配、直送。由于商流与物流的分离，订购单可通过信息网络直接传给厂商，各工厂的产品可以从厂商的物流中心直接交货到零售店。这种利用直配、直送的方式可以大幅简化物流的层次，使中间代理商、批发商减少库存，而下游信息也能够很快地传达到上游。

（3）采用标准的包装器具。配送并不是简单的送货上门，而是要运用科学而合理的方法选择配送车辆的吨位及配载方式，确定配送路线，以达到“路程最短，每吨公里费用最小”的目标。采用标准包装工具，如托盘，可使送货中货物的搬运、装卸效率最高，而且便于车辆的配装。

（4）建立完善的信息系统能根据交货配送时间，车辆最大积载量，客户的订货量、件数及重量来选出一个最经济的配送方式；依据货物的形状、容积、重量及车辆的能力等，由计算机自动地安排车辆和装载方式，形成配车计划；在信息系统中输入每一位客户点的位置，计算机就会以最短的距离找出最便捷的路径。

（5）改善运货车辆的车载通信设施，可把握车辆以及司机的状况，传达道路信息或者气象信息，掌握车辆作业状况以及装载状况，传递作业指示，传达紧急信息指令，提高运行效率及确保安全运转。

（6）均衡配送系统的日配送量。通过与客户沟通，均衡客户配送量，通常可以采用以下的方式：

- 对大量订货的客户给予一定的折扣；
- 制订最低的订货量；
- 调整交货时间，对受季节性影响的产品，尽可能地引导客户提早预约。

知识链接

公路运输管理制度

第 1 章　总则

第 1 条　为了明确公路运输管理流程，明确人员权责，特制定本制度。

第 2 章　运输时间管理

第 2 条　各承运司机必须按公司运输配送部开具的“派车通知单”的要求，按时、保质、保量完成运输任务，每发生一次未按“派车通知单”的要求承运的事故，按《运输质量问题处罚标准》进行罚款。

第3条　如因不能及时到达给用户造成经济损失的，不仅赔偿损失而且要加重处罚。对3次以上未按规定时间到达的承运司机，按标准给其3~5倍的处罚，视情节轻重可暂停运输或解除合同。

第4条　承运柴油机的车辆，必须按装车时间要求按时到达×地入库装车，以保证按时完成装车任务，如不能及时到达厂家，造成客户生产线装车受到影响，除对承运司机按《运输质量问题处罚标准》进行处罚外，要相应赔偿客户的损失。

第5条　运输部人员及时将每台车辆所运输的货物的品种、数量和到达目的地的时间，在装车后立即用电传转告调度员。

第3章　运输过程管理

第6条　运输部要对所有运输途中的车辆进行信息监管，搜集信息，掌握情况，发生问题及时向领导汇报，同时采取措施，向客户说明情况。

第7条　承运司机的运输车辆在途中出现车辆故障和交通肇事等问题，不能按要求到达目的地。在出事后2小时内必须通过各种途径向配送部车辆调度员汇报详细情况，车辆调度员尽快采取措施进行处理。

第8条　在承运过程中，承运车辆对所承运的物品质量和数量负责，发生丢失、损伤、锈蚀等问题，承运司机要在客户要求时间内赔偿。如果不能在客户要求时间内赔偿，运输部在该承运司机的运费中直接扣除赔偿金额付给用户，并根据情况予以罚款。

第9条　承运司机必须保管好各种票据并按规定及时传递各种票据，否则根据情节轻重进行处罚，对严重影响正常工作者不予结算运费。

第10条　对承运过程中经常发生质量问题，偷换、盗窃所运物品，影响用户正常生产，损害公司声誉的承运司机，要根据情节轻重取消全部或部分运费。如果重复发生类似的问题，将取消其承运资格。

第11条　各承运司机必须根据运输部下达的指令，准时到达指定地点，办理结算手续及装卸车，不得以任何借口拖延，如有违反，将按规定处罚。

第12条　各承运司机接受处罚后，必须在下次装车前将罚金交公司运输部，运输部要按规定及时将罚款作账交公司财务部，如果承运司机不能按时上缴罚金，运输管理部不得给其分配任务。

第4章　运输质量处罚管理

第13条　承运司机未在规定时间内把货送到用户手中，影响用户生产，每晚一天罚款200元。

第14条　承运司机不得私自将承运的货物转主或委托其他车辆运输，如果发生上述情况，罚款500~1 000元。

第15条　承运司机在整个承运过程中有倒换、盗窃所运货物等行为者，要按货物价格的3~5倍进行罚款。

第16条　在承运过程中，所承运货物丢失、损失、锈蚀等，对承运司机视情节轻重予以200~1 000元不等的罚款。

第17条　承运司机在运输过程中，由于交通事故和临时故障不能在规定时间到达目的地，且在出事后2小时内不能及时向公司汇报的，罚款500元/次，如果造成较大影响，可加重处罚。

第 18 条　承运司机不能按要求传递票据或将票据涂改或损坏的，罚款 100 ~ 200 元，如果丢失，视影响程度进行罚款。

第 19 条　承运司机到达运送目的地，要热情服务和交接，协助卸车，如因服务态度不好造成用户投诉的，视情况罚款 100 ~ 500 元。

第 5 章　附则

第 20 条　本制度由运输配送部制定，报总经理审批通过后执行。

第 21 条　本制度解释权归运输配送部所有。

完成任务

送货员在送货途中把握好途中车辆、路况及气候等状况，并及时传达相关信息，并将货物安全、准时、保质地送至指定目的地后，即完成送货任务。

技能训练

技能训练活动：运送

【技能训练人员】

分组，3 ~ 6 个人一组。

【技能训练步骤】

(1) 分工。送货员 1 人，司机 1 人，储运科调度人员 1 ~ 2 人，接货人员 1 ~ 2 人，各组等相关人员可以同时进行训练。

(2) 送货员装载完货物之后，行驶途中要随时与储运科调度人员联系，随时报告自己所处的位置、行程及所遇到的情况，以保证送达时间和运送途中的安全。

(3) 储运科调度人员要随时与接货人员、送货员及业务部门联系，随时了解情况，处理途中问题，保证送达时间，以提高客户满意度。

【技能训练注意事项】

(1) 运送途中，要注意安全，遵守交通规章制度。

(2) 严格遵守岗位职责，一丝不苟。

(3) 保持通讯畅通，严格按训练程序进行。

(4) 文明操作，注意安全。

【技能训练作业】

(1) 讨论送货过程中出现的问题及解决的方案。

(2) 完成技能训练报告。

【技能训练评价】

填写送货作业能力考核评分表（见表 8 – 20）。

表 8－20　　送货作业能力考核评分表

考评人		被考评人	
考评地点			
考评内容	送货作业能力		
考评标准	内　　容	分值/分	实际得分/分
	承运人行驶途中随时与储运科调度人员联系	35	
	储运科调度人员随时与接货人员、承运人、业务部门联系	35	
	遵守交通规章制度	30	
	合　　计	100	

注：考评满分为 100 分，60～74 分为及格；75～84 分为良好；85 分以上（含 85 分）为优秀。

教学研讨

（1）如何组织送货作业任务的教学？在送货作业任务教学中需要注意哪些问题？

（2）探讨送货途中可能出现的问题都有哪些？如何避免或解决问题？通过学习，使学生对送货认识获得哪些发展？

（3）提高送货效率的手段都有哪些？

任务三　审核客户与交货

任务描述

送货作业的最后一项任务是审核客户与交货。当货物送达目的地之后，送货员要核对收货人的信息，同收货人一同对货物进行清点，审核无误后，待收货人签收后，整个送货过程全部完成。

任务分析

1. 审核客户信息

当货物按照指定的时间、送达指定地点后，送货人员应协助收货单位将货物卸下车，放到指定的位置，同时，送货员应审核客户信息与送货单上是否一致，并与收货单位收货人员一起清点货物，检验外包装完好的情况，大件数，相关产品质量，货物是否受潮、霉变及腐蚀等。

2. 收货单据签字

完成客户信息审核和货物确认之后，送货员需要在“送货回单”（见表 8－21）上填写相应的项目，收货方在“送货回单”上签字盖章，办理货物的交接手续。同时，请客户填好配送质量跟踪表（见表 8－22）。

表 8－21　　送货回单　　编号：

车号：	车型：	驾驶员：		
出车		送达时间：		
出货方：		送达地址：		
提货方：				
货品编号	货品名称	类型	重量	收货方签字（签字）
				运行部调度： 日期：

表 8－22　　配送质量跟踪表

×××配送质量跟踪表

发送日期：　年　月　日

______客户经营部：

我公司承担______配送业务，我们对质量的承诺是：安全准确、文明储运、优质高效、客户至上。为了实现上述承诺，不断改进业务质量，恳请贵单位真实填写以下栏目：

1. 送货汽车车号	
2. 送货人员服务态度	好　一般　差
3. 送货汽车车况	好　一般　差
4. 装载是否合理	是　否
5. 送达货物的品名、规格、数量是否与送货清单相符	是　否
6. 到货是否准时	是　否
7. 货物污染、淋湿、破损情况及程度	
8. 在哪些方面还需改进请提宝贵意见	

3. 交货

做好送货完成确认交割工作（送货签收回单）之后，送货员将货物交给收货人，若约定为货到付款，送货员应在收货人签收之后收取货款。若约定为货到后延期支付货款的，相关业务人员必须在送货员验收完货物之后，收取收货人开具的收货凭证，并要收货人在送货单上签章，作为日后付款的凭证。

知识链接

送货员交货沟通事项

送货员的主要职责就是准确、及时地将货物送到客户手中，但是送货不是简单的“手到手”的传递动作，送货员还要在送货途中抓住机会和零售客户进行面对面、点对点的沟通与交流，多接触、了解、倾听他们的经营情况和建议，掌握他们反馈的市场信息，以便更好地为他们服务。俗话说得好：“一切从沟通开始”，做好了与零售客户的沟通工作，对我们的送货工作将起到事半功倍的效果。

首先，应加强与零售客户的沟通。若送货员将货物送到零售客户店里，核对完货物的数量和货款后就立马走人，很难培养与零售客户的感情。送货员将货送到零售客户手中的同时，应挤出时间和零售客户进行适当的交流，增进双方的感情，使零售客户更加信任并且支持送货工作。

送货员将货送到零售客户店时，零售客户通常喜欢向送货员打听一些关于品牌走势和紧俏货物分配方面的信息。此时，若送货员一问三不知，一推了事，零售客户就会认为送货员“脸难看，事难办”；若回答不准确，零售客户则可能认为“不讲诚信”。因此，遇到这种情况，送货员要热情地为他们解疑释惑。若送货员实在无法回答，应对零售客户提出的意见和要求做好记录，及时地向客户经理等人员求助，最终给零售客户一个满意的答复。这样才能不断地提高零售客户的满意度和信任度。

其次，应加强与消费者的沟通。在货物销售过程中，消费者也是不可忽视的群体。送货员经常会在零售客户店里碰到消费者，也会有消费者向送货员提出一些问题。遇到这种情况时，送货员不能因为送货时间紧而表现得不耐烦，要耐心细致地向消费者讲解相关问题，给消费者一个满意的答复。

最后，应加强与本公司其他人员的沟通。由于送货员频繁地与零售客户进行面对面的接触，零售客户容易把问题向送货员反映。因此，送货员也就能了解到电访员的服务是否让零售客户满意、客户经理的拜访是否及时到位等。这样，送货员就会将客户经理、电访员的工作与零售客户联系在一起。他们的工作哪方面不到位，送货员可及时与其沟通。这样可以为零售客户提供更高质量和更全面的服务，不断提高零售客户的忠诚度，提高物流企业的运行效率。

相关知识

1. 货运主管与送货员的工作内容

货运主管工作内容如表 8-23 所示。

送货员工作内容如表 8-24 所示。

2. 交货注意事项

（1）销售经理应经常地留意下属是否严守交货日期。

（2）若发生迟延交货的情形或者送错货物的情况时，应分析其原因，并图谋对策。

表 8-23 货运主管工作明细表

工作大项	工 作 细 化	目标与成果
运输路线规划	1. 依据公司物流合同的要求和货物的特点，设计最佳送货路线及运输方式，报领导审批之后，组织执行。	配送效率达成率达100%
	2. 重要合同需反复设计多套运输路线，会同有关部门和人员进行综合评选，选择合适的运输路线报领导审批之后，组织执行。	配送效率达成率达100%
运输商选择	依据物流服务合同以及货物的性质，评价公司有无能力独自承担运输，若无力承担全部运输责任，广泛寻找运输商，选择合格的运输商报领导审批之后，签订运输合同，并监督、检查其执行情况。	确保货物准时运抵客户指定地点
突发问题处理	1. 及时受理运输过程中的突发事件，积极制订问题的解决措施。	突发事件及时解决率达____%
	2. 对重大丢失、损毁等事故，应亲临现场，根据情况制定解决的办法，报领导审批之后，组织解决，及时总结问题产生的原因。	重大事故及时解决率达100%
	3. 评价送货员的工作质量、任务及时完成率和费用情况。	评价及时、公正
货物交接手续办理	1. 货物运输之前，协同仓储部相关人员办理货物出库手续，并签字确认。	货物出库手续齐全
	2. 货物运抵目的地时，办理货物交接验收手续，并且及时提交有关人员，并向客户催款。	货物交接验收手续齐全

表 8-24 送货员工作明细表

工作大项	工 作 细 化	目标与成果
运输前工作	1. 货物发运之前，指导并协助装卸人员搬运、堆码、装载待运货物。	货物发运手续齐全，装载差错率控制在____%以内
	2. 查验所运货物的数量及包装的情况，办理相关运输手续。	发运手续齐全
送货途中管理	1. 在货物运输途中，依据货物特性进行保管，并保证货物安全到达目的地。	货物在途完好率达到____%
	2. 遇到突发事件应立即向公司相关领导汇报，并及时给予解决。	突发事件及时解决率达到____%
	3. 在运输途中，货物出现损坏，应尽快进行修复。	货物损坏修复程度达到____%
货到交付	1. 将货物按客户要求运送到指定地点交货卸车，进行货物验收，办理交付手续，并与客户进行交流，做到周到服务。	货物按时送达率到达100%；客户满意度评分达____分
	2. 签发护运票，做好护运记录。	护运记录齐全

（3）应对专门业者作必要的教导与指示，以防止客户对公司产生不良的印象。

（4）要与专门业者密切地洽商、联系。

完成任务

送货员将货物送至目的地后，做好核对收货人的信息，同收货人一同对货物进行清点，审核无误且收货人签收后，即完成审核客户与交货任务。此时，整个送货过程也就完成。

技能训练

技能训练活动：签收和货款结算

【技能训练人员】

分组，3～6个人一组。

【技能训练步骤】

1. 签收。收货人和送货人对货物数量、包装等进行核查，确认无误之后，收货人在送货回单上签收。

2. 货款结算。若约定为货到付款，送货员应在收货人签收之后收取货款。若货到后延期支付货款的，相关业务人员必须在送货员验收完货物之后，收取收货人开具的收货凭证，并要收货人在送货单上签章，以作为日后付款的凭证。

【技能训练注意事项】

（1）熟悉每个角色的工作职责，严格按训练程序进行。

（2）各种单据填写要规范、认真，达到熟练程度。

（3）严格遵守岗位职责，一丝不苟。

（4）文明操作，注意安全。

【技能训练作业】

（1）讨论签收和货款结算时可能出现的问题及解决方案。

（2）完成技能训练报告。

【技能训练评价】

填写签收和货款结算能力考核评分表（见表8－25）。

表8－25　签收和货款结算能力表

考评人		被考评人	
考评地点			
考评内容	签收和货款结算		
考评标准	内　容	分值/分	实际得分/分
	正确签收	30	
	正确结算货款费	30	
	与客户良好沟通情况	30	
	严格按照训练程序进行	10	
	合　计	100	

注：考评满分为100分，60～74分为及格；75～84分为良好；85分以上（含85分）为优秀。

教学研讨

(1) 如何组织审核客户与交货作业任务的教学？在审核客户与交货作业任务教学中需要注意哪些问题？

(2) 如何组织一次有效率的送货作业实训？

单元九

退换货作业

商品退换货是指配送中心按配送合同将货物发出后，由于某种原因，客户将商品退回或换回公司的情况。商品退换货会减少公司的营业额，降低利润，因此企业要了解导致商品退货的原因，加强营业管理，提高营运绩效。实施商品的退换货服务，是配送中心售后服务中的一项基本任务。本单元包括退换货在店验收及退换货处理两项任务。

学习目标

- ☐ 能分析商品退换货原因
- ☐ 会进行退换货单证的填写与处理
- ☐ 能明确商品退换货处理方法
- ☐ 能识别在店验收工作流程
- ☐ 能进行退换货物的分类处理
- ☐ 能设计退换货作业的教学内容

任务一　退换货在店验收

任务描述

针对需要退换货的商品，我们首先要将这种商品进行在店验收。验收时，先要对货物进行检查，分析退换货的原因，对符合退换货条件的货物填制退换货单据并取回货物。

任务分析

1. 检查货物

(1) 确认退换货原因。退换货是由很多方面造成的，如发货人在按订单发货时发生错误；在运输途中产品损坏；客户在订货时发生错误；产品本身有缺损等。一般来讲，由以下原因造成商品退换货情况属于合理退换货原因：

①瑕疵品回收。生产厂商在设计、制造过程中生产出有质量问题的商品，开始销售后才由消费者或厂商自行发现有重大缺失，必须立即部分或全部回收，这种情形不常发生，但有时却是不可避免的。从物流企业的角度来说，必须立即将消息传达到所有客户，而且要采取最快速的方法将商品收回，集中处理。在此类事件中，物流中心虽不会有直接的成本损失，但快速地配合可降低损害，增进与厂商及客户间的关系，也是物流中心处理意外事件能力的体现。

②搬运中损坏。由于包装不良或搬运中剧烈振动，造成商品破损或包装污损，这时必须重新研究包装材料的材质、包装方式和搬运过程中各项上、下货动作，找出真正原因加以改善。

③商品送错退回。由于物流中心本身处理不当所产生的问题，使客户收到的商品种类或数量与订单不符，必须换货或退回，这时必须立即处理，减少客户抱怨。但更重要的是，查核资讯传达过程中所出现的问题，找出原因后，配送中心应立即采取有效的措施，如在常出错的地方增加控制点，以提高正确率。

④商品过期退回。一般的商品都有有效期限，为了保证消费者的利益，要从货架上卸下过期的货品，不可再卖，更不可更改到期日。过期商品的处理在环保法规限制下，必须找合格的丢弃物处理商处理，由回收到销毁，均需投入许多成本，所以要事前准确分析商品的需求，或以多次少量配送，来减少过期商品的产生。认真分析过期商品产生的原因，提前提醒进货商或零售商，或要求客户分担部分处理费用，是根本的解决之道。

(2) 货物清点。

①数量清点。退货商品送达配送中心后，接货入库的验货人员首先要查验退货商品的数量。由于配送中心的工作非常繁忙，通常会有几辆卡车同时到达，逐车查验收费时间，且送货卡车又不愿久等，所以一般采取“先卸后验”的方法，即由卡车送货人员按不同的商品分别堆码托盘，验货员接过随货同行单据，用移动式计算机终端或其他方法查阅核对实际送达商品与预报的商品是否相符。几辆卡车同时卸车，先卸毕先验收，交叉进行，既可节省人力，又可加快验收速度；既可便利点验，又可防止出现差错。

验货人员在清点退货商品数量时，首先，要注意商品的计量单位和“细数”，正确统计退货商品数量。“细数”是商品包装内部的数量。其次，要大体确定退货物品有无损失，是否为商品的正常状态，若有异常，贴上标志，暂时隔离，等待进一步的品质清点。对易碎流质类商品卸车时，应采取“边卸边验”的方式，通过“听声音、看异状”等手段，发现问题，分清责任。同时，配送中心在进行数量验证时，除了验收大件外，还需对散装、畸形、零星等各种商品实施清点验收。另外，进行退货商品数量验收时还要同时进行商品规格验收，即根据单据核对退回商品的品名、规格、数量。

②品质清点。分清退回商品的品质并合理分配使用退回商品，是配送中心处理销货退回的重要工作内容，具体有以下几项：

第一，收货点验。收货点验时，由于交货时间短和现场工作条件的限制，一般只能用"看"、"闻"、"听"、"摇"、"拍"、"摸"等感官检验方法，检验范围也只能是商品的包装外表。收货点验的方法见表9－1。

表9－1　收货点验的方法

方法	在验收流汁商品时，应检验包装外表有无污渍，若有污渍，必须开箱检查。
	在验收含有玻璃成分的制品时，要件件摇动或倾倒细听声音，若发现破碎声音，应当场开箱检查破碎细数和程度，以明确交接责任。
	在验收香水、花露水等商品时，除了"听声音"外，还要在箱口处"闻"一下，如果闻到香水味刺鼻，可以判定内部商品必有异状。若开箱检查内部没有破碎，应注意检查瓶盖的密封状况。
	在验收棉织品等怕湿商品时，要注意商品包装外表是否有水渍。
	验收时，还要注意商品的出厂日期和有效期。
	检验货物箱的外包装时，要注意纸箱封条是否破裂，箱盖（底）板是否粘牢，纸箱内包装是否外露，纸箱是否受过潮湿。

第二，质量部门检验。企业质量检验部门在实验室里利用各种仪器、器具和试剂，运用化学及生物学的方法，对退回商品作进一步的品质检验。质量部门检验内容见表9－2。

表9－2　质量部门检验的内容

内　容	方　法
物理检验	利用各种量具、量仪、天平、秤或专业仪器来测定商品的一些基本物理量
力学检验	通过各种力学仪器测定商品的力学性能
电学检验	利用显微镜、折光仪等光学仪器进行商品光学性能的检验
光学检验	利用显微镜、折光仪等光学仪器进行商品光学性能的检验
热学检验	利用热学仪器检验商品的热学质量特性，包括熔点、凝固点、沸点、耐热性、导热性及热稳定性
微生物检验	采用微生物技术手段进行商品中有害微生物的检验
化学检验	根据一定的、已知的、能定量完成的化学反应进行商品的容量分析和气体分析

2. 签收货物，填制退换货单据

若客户退货原因明显为公司的责任，退换货人员签收货物，填制退换货单据，及时帮助客户处理退换货。

若销货退回的责任在客户，退换货人员应向客户说明判定责任的依据、原委及处理方式，如果客户接受，则请客户取消退货要求；如果客户仍坚持退货，退换货人员须委婉地向客户作进一步的说明，若客户仍无法接受时，再同市场部门作深层次的协商，以"降低公司损失至最小，且不损及客户关系"为原则加以处理。

相关知识

1. 退换货单据的内容

退货相关单据如表9－3至表9－6所示。

表9－3　　　　退　货　单

退货单位：						退货单位编号：	
收料库：						收料库编号：	
原发料编号：							年　月　日
器材编号	品名规格	单位	数量		计划单价	金额	工程项目或退货原因
			退货	实收			
收料：				退货：			开单：

表9－4　　　　退料单（一）

编号：			日期：　年　月　日
材料名称		材料编号	
材料重量（数量）		规格	
实收数量		退回数量	
退料原因			
备注			
验收主管		验收专员	
采购验收		采购专员	
审批：		审核：	填表人：

表9－5　　　　退料单（二）

退料部门：								编号：	
原领料批号：								日期：　年　月　日	
退料名称	材料编号	退料量	实收量	退料原因					
				溢领	省料	不适用	品质差	订单取消	其他
备注：									
登账：		点收：			主管：			退料人：	

表 9 – 6　　退料月统计表

编号：							日期：年　月　日	
品名	规格	材料编号	退回数量	实收数量	单价	金额	原料价格	退料原因

完成任务

退换货人员收货时先要对货物进行检查，分析退换货的原因并取回货物，即完成退换货在店验收任务。

技能训练

技能训练活动：商品的退换货在店验收

【技能训练目标】

（1）了解商品退换货在店验收的重要性。

（2）掌握商品在店验收的步骤。

【技能训练人员】

（1）学生每 5 人为一个小组，每个小组定一名组长。

（2）以组为单位完成商品的在店验收。

（3）教师带队，现场指导。

【技能训练步骤】

（1）熟悉商品退货原因。

（2）检查退换货商品。

（3）填制相关退换货单据。

【技能训练注意事项】

（1）熟悉每个角色的工作职责，严格按训练程序进行。

（2）一丝不苟，认真做好每个环节的工作。

【技能训练评价】

填写商品退货处理能力评价评分表（见表 9 – 7）。

教学研讨

（1）如何组织商品退换货在店验收作业任务的教学？在商品退换货在店验收作业任务教学中需要注意哪些问题？

（2）检查货物的方法及其适用范围有哪些？

（3）这种退换货单据的填制方法是什么？

表 9－7　商品退货处理能力评价评分表

考评人		被考评人	
考评地点			
考评内容	商品退换货在店验收		
考评标准	内　容	分值/分	实际得分/分
	熟悉商品退货原因	25	
	检查商品质量时认真、仔细	40	
	会填制相关退换货单据	35	
合　计		100	

注：考评满分为 100 分，60～70 分为及格；71～80 分为中；81～90 分良好；91 分以上为优秀。

任务二　退换货处理

任务描述

经过退换货在店验收之后，对于取回的退换货商品，要进行退换货物的分类处理、退换货的追踪处理及货物理赔退返处理等，保证退货业务的顺利进行，不断完善客户服务水平。

任务分析

1. 退换货物分类处理

对于客户退回的商品，配送中心的销售部门和质量管理部门要对退换货商品进行分类处理。

（1）对于无质量问题、无包装不良等标记的货物，在确保退换货的基本信息没有出现误差后进行退换货处理，并由企业的库存部门填写“退回商品入库单”（见表 9－8），将退货商品重新入库。

表 9－8　退回商品入库单

编号：					入库日期：　年　月　日	
客户		检验员		入库专员	客服人员	
品名	规格	生产厂家	入库日期	退/换	退回原因	储位
备注						
相关负责人签字确认：					日期：　年　月　日	
编制：					填表人：	

在安排退货商品货位时，要遵循“先进先出”的原则，按照商品第一次入库的时间安排其货位，以便在出库的时候安排这些商品首先出库，避免超过其保质期限。

（2）对于货物本身不存在质量问题、包装不良等能够再利用的货物，经过重新加工，处理后可再行入库。

（3）对于损失严重、失去使用价值的货物，按照公司有关规定作销毁处理。

2. 退换货追踪处理

商品退货时，客户常常抱怨。质量管理部门应追踪销货退回时的处理情况及成效，并将追查结果予以记录，及时通知客户。与此同时，质量管理部门应冷静地接受客户的抱怨，并抓住抱怨的重点，分析事情发生的原因，找出解决方案。在问题解决后，还要对客户加强后续服务，使客户对企业保有良好的印象。最后，质量管理部门还要对客户抱怨以及销货退回处理情况进行登记存档，作为今后配送工作改善及查核的参考。

3. 理赔退返管理

对于易发生退换货的商品，配送中心的销售人员在执行销售合同过程中，往往根据经营商品的具体情况，统一给予经销商某一额度的理赔费用或补偿金，用以支付日常发生的商品退换损失。理赔费用额度的确定，通常根据经销商的性质、规模，经营商品的性质、种类，经营风险的大小因素来决定。

（1）理赔原则。配送中心面对经销商退回的商品进行处理时，要遵循一定原则，如表9－9所示。

表9－9　理赔的基本原则

原　则	
及时原则	对于客户提出的退货要求，不管合理与否，配送中心一定要及时给予处理，及时了解情况、分析原因、提出解决方案，争取在最短的时间里达到客户满意。
效益原则	配送中心要积极主动地提出解决问题的方法，缩短处理问题的时间，通过对问题的妥善解决，加强双方的进一步合作，推动双方获得更大的经济效益。
关系原则	配送中心在处理退货问题时，要本着与客户进行密切合作的态度，一切从维系交易双方的合作关系出发，利用关系营销的思想与手段，树立以客户为中心的经营理念，重承诺，守信用，与客户建立良好的交易关系。

（2）验收和退赔。对于经销商因商品质量缺损提出退回的商品，配送中心要经过验收，视不同情况区别对待（见表9－10）。

表9－10　对退回商品的处理方法

类　别	处　理　方　法
对故障机的处理	对经销商退返的故障机，配送中心应立即通知机器生产厂家进行修复处理，修复后退还经销商，原则上不予更换、不予退货。
故障货品的处理	对保修期内故障货品予以免费维修，不收维修费和故障元件费用。
	三年保修期外的故障货品，按公司标准规定收取维修费和元件费用。
	所有非生产质量问题引起的损坏以及附件（如接线、遥控器等）遗失，材料、配件补充费用由经销商承担。

故障货品修复后，经销商凭“接收清单”保管联提回商品，并在备注栏注明“已归还”字样并签名。同时，配送中心还应计算出经销商应付修复费用，并列出清单，由经销商支付费用。

（3）退赔商品的处理。若经销商提出退赔的商品无法修复，配送中心的销售部门要会同市场部门、财务部门及生产厂家进行审核，确认无误后，经审批人员签名和财务核实，按商品退货作业流程实施商品退货。仓管人员凭已审批的“商品退换货申请表”，办理货物验收入库手续，同时填写“商品退换货验收情况表”。

（4）结算理赔费用。结算理赔费用时，配送中心要与经销商依据相应的指标进行。结算理赔费用的主要指标如表 9－11 所示。

表 9－11　　理赔费用的主要指标

指　标	指标具体含义
退赔数量	一定时期内实际发生的商品理赔退返数量
退赔品种	一定时期内实际发生理赔退返的商品品种类别
退赔期限	配送中心和经销商还要确定合理的退赔期限

相关知识

1. 商品退货的原因

商品退货会减少公司的营业额，降低利润，因此企业要检讨商品竞争力，了解导致商品退货的原因，加强营业管理，提高营运绩效。

通常发生退货或换货的主要原因如表 9－12 所示。

表 9－12　　一般商品退货原因分析表

退货原因分析	
依照协议退货	对超市与配送中心定有特别协议的季节性商品、试销商品、代销商品等，协议期满后，剩余商品配送中心将给予退回。
有质量问题的退货	对鲜度不佳、数量不足等有瑕疵的商品，配送中心也将给予退换。
商品过期退回	一般的食品或药品都有相应的有效期限，通常配送中心与供应商定有协议，商品的有效期一过，就予以退货或换货。
搬运途中损坏退货	由于包装不良，货物在搬运中受到剧烈振动，造成产品破损或包装污损的商品，配送中心将给予退回。
商品送错退回	凡是有效期已超过 1/3 以上的商品，以及商品条码、品相、规格、细数、重量、数量与订单不符，都必须换货或退回。
次品回收	产品在设计、制造过程中存有问题，但在销售后，才由消费者或厂商自行发现。存有重大缺失的商品，必须立即部分或全部回收。此种情况虽不常发生，但却是不可避免的。

2. 商品退货管理原则

配送中心在处理客户的退货时，不管是“经销商的退货”，还是“使用者的退货”，都必须遵循一定的原则，其内容见表 9－13。

表 9 - 13　　商品退货管理原则

商品退货管理原则	
责任原则	商品发生退货问题，配送中心首先要界定产生问题的责任人，还要鉴别产生问题的商品是否由自己送出，从而作出最佳的解决方案。
费用原则	配送中心实施商品退换时，除由配送中心自身原因导致的商品退换外，通常需要对要求进行商品退换的客户加收一定的费用。
条件原则	配送中心应当事先决定接受何种程度的退货，或者在何种情况下接受退货，并且规定相应的时间作为退换期限。
凭证原则	配送中心应规定客户以何种凭证作为退换商品的证明，并说明该凭证有效使用的方法。
计价原则	退货的计价原则与购物价格不同。配送中心应将退货的作价方法进行说明，通常是取客户购进价与现行价的最低价进行结算。

3. 商品退货、换货的处理方法

（1）无条件重新发货。对于因为发货人按订单发货发生错误，则应由发货人重新调整发货方案，将错发货物调回，重新按原正确订单发货，中间发生的所有费用应由发货人承担。

（2）重新发货或替代。对于因为产品有缺陷、客户要求退货，配送中心接到退货指示后，营业人员应安排车辆收回退货商品，将商品集中到仓库退货处理区进行处理。一旦产品回收活动结束，生产厂家及其销售部门就应立即采取步骤，用没有缺陷的同一种产品或替代品重新填补零售商店的货架。

（3）收取费用，重新发货。对于因为客户订货有误而发生退货的，所有退货费用由客户承担，退货后，再根据客户新的订货单重新发货。

（4）运输单位赔偿。对于因为运输途中产品受到损坏而发生退货的，根据退货情况，由发货人确定所需的修理费用或赔偿金额，然后由运输单位负责赔偿。

4. 退货、换货的相关配合处理

不论错误是什么原因造成的，除了立即回收外，配送中心还须做好以下的相关配合处理工作：

（1）立即补送新货以减少客户抱怨。

（2）会计账目上也应立即修正，以免收款或付款错误，造成进一步的混乱。

（3）若有保险公司理赔，应立即依照保险理赔程序办理，包括保留现场证据或拍照存证，在规定时间内通知保险公司，准备索赔文件和损失计算，并通知本企业法律顾问一起处理。

（4）分析退货原因，作为日后的改进参考。在退货或换货的处理过程中，切记不要立即与客户争吵或追究责任。将有效期限将至的商品立即以低价方式拍卖，也是降低回收成本的好方法。

完成任务

退换货人员对于取回的退换货商品进行退换货物的分类处理、退换货的追踪处理及货物理赔退返处理后，即完成退换货处理任务。

技能训练

技能训练活动：商品的退货处理

【技能训练目标】

（1）了解退货管理的重要性。

（2）掌握退货商品的处理方法。

【技能训练人员】

（1）学生每5人为一个小组，每个小组定一名组长。

（2）以组为单位完成商品退货处理。

（3）教师带队，现场指导。

【技能训练步骤】

（1）根据实际情况对退货商品进行处理。

（2）做好退货处理的相关配合工作。

【技能训练注意事项】

（1）熟悉每个角色的工作职责，严格按训练程序进行。

（2）一丝不苟，认真做好每个环节的工作。

【技能训练评价】

填写商品退货处理能力评价评分表（表9-14）。

表9-14　商品退货处理能力评价评分表

考评人		被考评人	
考评地点			
考评内容	商品退货处理		
考评标准	内　容	分值/分	实际得分/分
	熟悉商品退货原因	35	
	能正确对退货商品进行处理	40	
	做好商品退货的相关处理工作	25	
合　计		100	

注：考评满分为100分，60~70分为及格；71~80分为中；81~90分良好；91分以上为优秀。

教学研讨

（1）如何组织商品退换货处理作业任务的教学？在商品退换货处理作业任务教学中需要注意哪些问题？

（2）组织一次有效率的商品退换货作业实训。

参考文献

[1] 杜凤顺：《仓储实务》重庆大学出版社，2009 年版。

[2] 史小峰：《仓储作业实务》化学工业出版社，2009 年版。

[3] 刘毅：《仓储作业实务》机械工业出版社，2006 年版。

[4] 韩岗：《如何进行仓储物料管理》北京大学出版社，2004 年版。

[5] 邹晓春：《仓储部规范化管理工具箱》人民邮电出版社，2008 年版。

[6] 劳动与社会保障部教材办公室组织：《物流仓储与配送管理实训》中国劳动社会保障出版社，2006 年版。

[7] 胡国良：《仓储与配送管理实务》清华大学出版社，2008 年版。

[8] 钱芝网：《仓储管理实务情景实训》电子工业出版社，2008 年版。

[9] 姜大立：《物流仓储与配送管理实训》中国劳动社会保障出版社，2006 年版。

[10] 张念：《仓储与配送管理》东北财经大学出版社，2004 年版。

[11] 王宵涵：《物流仓储业务管理模板与岗位操作流程》中国经济出版社，2005 年版。

[12] 劳动与社会保障部教材办公室组织：《配送物流员》中国劳动社会保障出版社，2006 年版。

[13] 吕军伟：《物流配送业务管理模板与岗位操作流程》中国经济出版社，2005 年版。

[14] 王淑荣：《配送作业实务》科学出版社，2007 年版。

[15] 黄为平：《电子商务岗位综合实训》上海财经大学出版社，2009 年版。

[16] 邱雪峰，彭仲文：《物流案例及实训》化学工业出版社，2009 年版。

[17] 武晓钊：《物流公司岗位综合实训》上海财经大学出版社，2006 年版。

[18] 全琳琛：《物流管理工作细化执行与模板》人民邮电出版社，2008 年版。

[19] 李斌成：《配送作业实务》化学工业出版社，2009 年版。

[20] 钱芝网：《配送管理实务情景实训》电子工业出版社，2009 年版。

[21] 陈百建：《物流实验实训教程》化学工业出版社，2006 年版。

[22] 乜堪雄：《物流管理实验实训教程》东南大学出版社，2007 年版。

[23] 郑文岭：《企业物流实训》中国劳动社会保障出版社，2006 年版。

[24] 朱凤仙，罗松涛：《物流配送实务》清华大学出版社，2008 年版。

[25] 李守斌：《配送作业实务》机械工业出版社，2007 年版。

[26] 何倩茵：《物流案例与实训》中国纺织出版社，2004 年版。

[27] 张健雄：《物流员》中国劳动社会保障出版社，2004 年版。

[28] 武德春:《现代物流仓储与配送》苏州大学出版社，2004 年版。
[29] 李永生:《仓储与配送管理》机械工业出版社，2005 年版。
[30] 曹前锋:《物流管理案例与实训》机械工业出版社，2004 年版。
[31] 郝渊晓:《现代物流配送管理》中山大学出版社，2001 年版。
[32] 刘斌:《物流配送营运与管理》立信会计出版社，2002 年版。
[33] 宋杨:《运输与配送管理》大连理工大学出版社，2006 年版。
[34] 霍光明:《仓储与配送实务》人民交通出版社，2005 年版。
[35] 郑克俊:《仓储与配送管理》科学出版社，2006 年版。
[36] 宋伯慧:《物流配送管理》机械工业出版社，2004 年版。